JN316728

スポーツ権と不祥事処分をめぐる法実務

第一東京弁護士会
総合法律研究所
研究叢書⑤

第一東京弁護士会 総合法律研究所
スポーツ法研究部会 編著

―― スポーツ基本法時代の
選手に対する
適正処分のあり方

清文社

発刊のごあいさつ

　この度、第一東京弁護士会「総合法律研究所研究叢書」の第5巻目として本書を発刊する運びとなりました。
　第一東京弁護士会は、平成8年2月に各種法律問題の調査研究等を行う委員会として総合法律研究所を設置しました。以来、総合法律研究所は、第一東京弁護士会のシンクタンクとして、さまざまな分野における法制度の研究、発表を行ってきました。現在、総合法律研究所には10を超える研究部会が設置されていますが、その中で本書の執筆、編集を担当したスポーツ法研究部会は、スポーツ法という新分野を研究する部会として注目される研究部会の一つです。
　近時、社会におけるスポーツへの注目度がさらに高まり、メディアでも連日多くのスポーツに関するニュースが報じられていますが、スポーツ界における不祥事や選手に対する処分も話題となり、大きな関心を集めています。このような時期に本書を発刊できることは、法律実務家のみならずスポーツ関係者の方々にも理解を深めていただく一助となり得るものと確信し、大変嬉しく思っております。
　最後に、本書を発刊できましたのは、貴重な情報をご提供くださったスポーツ団体関係者の皆様、熱意をもって研究と執筆にあたられたスポーツ法研究部会の方々のご尽力によるものであり、深く感謝申し上げます。また、本書の発刊にあたり、ご指導、ご協力をいただいた株式会社清文社の東海林良様、折原容子様にも厚く御礼申し上げます。

平成25年6月

　　　　　　　　　　　　　　　　第一東京弁護士会
　　　　　　　　　　　　　　　　　　会長　横溝髙至

発刊にあたって

　本研究叢書は、様々な法分野に関する活動を続けております第一東京弁護士会総合法律研究所の各研究部会が、研究活動の多彩な成果を広く公表し、法律実務に携わる方々に役立つ情報を提供することを目的として発刊されたものです。

　第一東京弁護士会総合法律研究所は、平成8年2月に、当弁護士会における会員の自己研鑽を促進するとともに、その研究成果を発表、蓄積することによって当弁護士会のシンクタンクとなることを目指して設立されました。現在までに、本書の編集・執筆を担当したスポーツ法研究部会のほか、会社法、倒産法、金融商品取引法、知的所有権法、遺言信託実務、行政法、CSR、中国法、租税訴訟実務、現代中近東法、組織内法務、医事法といった多種多様な対象分野を掲げた研究部会において、多くの会員弁護士の参加（平成25年3月31日現在1000名を超えています）を得て、実務に基づく問題意識を出発点として、レベルの高い調査研究活動が行われています。

　今回発刊される本書は、本研究叢書第5弾にあたり、当研究所スポーツ法研究部会において、近時広く注目を浴びるに至ったスポーツを巡る法律関係について、長期間にわたる地道な研究活動と新たな法分野に対する試行錯誤に基づく実践を踏まえた内容を、多角的かつ理論的に研究したものであり、これまでの実例等を踏まえながら、この分野に関する議論を大きく進化させるものと考えられます。

　今後も、当研究所では、実務的かつ学術的な観点から、各研究部会の活動を踏まえたタイムリーかつ斬新な視点に基づく研究成果を、本研究叢書のシリーズとして公表していきたいと考えております。

　本書が、各方面で法律実務に携わる多くの方々に読まれ、お役に立つことができれば望外の幸せです。

平成25年6月

第一東京弁護士会総合法律研究所委員長
弁護士　武井洋一

はじめに

　当スポーツ法研究部会では、本書のテーマ「スポーツ選手の不祥事処分のあり方」について、平成22年から研究に着手しました。スポーツ基本法の制定・施行を見据え、スポーツ権やスポーツ団体のガバナンスの確立に資するため、不祥事処分のあるべき姿を提案しようというのが始まりでした。先行的な研究及び不祥事処分の具体的な情報が乏しい中、過去の報道を逐次収集し、検討しましたが、過去の報道から読み取ることのできる情報は十分なものではなく、帰納的に不祥事処分のあるべき姿を導くには至りませんでした。

　しかしながら、法律実務家の集団として各自が培った民事・刑事・行政事件の経験にもとづき、議論を積み重ね、関係各所にヒアリングを実施することで、スポーツ選手の不祥事処分の理想像を示すことができたと考えております。

　今後は、本書で示した不祥事処分のあり方を叩き台として、関係各所よりご意見ご批判をいただきながら、スポーツ権及びスポーツ団体のグッド・ガバナンスの確立に向けて、引き続き研究を行っていく所存です。

　最後に、この研究を進めるにあたって、さまざまな示唆や最新の議論を提供いただくなどご尽力をいただきました、スポーツ法実務の先達である川添丈先生（表参道総合法律事務所）、山崎卓也先生（Field-R法律事務所）及び松本泰介先生（Field-R法律事務所）に感謝申しあげます。また、当部会のヒアリングに快く応じていただいた公益財団法人日本体育協会、公益財団法人日本学生野球協会、公益財団法人日本高等学校野球連盟及び公益財団法人日本スポーツ仲裁機構の皆さまに厚く御礼申しあげます。

平成25年6月

第一東京弁護士会総合法律研究所
スポーツ法研究部会部会長
弁護士　大橋卓生

【編集委員・執筆者一覧】

◆編集委員

川添丈　山崎卓也　大橋卓生　松本泰介

◆執筆者

安藤尚徳	飯田寛樹	石原遥平	大塚翔吾	大西哲平
大橋卓生	笠松航平	加藤志郎	工藤杏平	久保田翼
合田雄治郎	下田一郎	杉原嘉樹	竹内教敏	田中恵祐
柘植寛	恒石直和	椿原直	難波隼人	松岡太一郎
森田豪丈	山辺紘太郎	山本晋太郎	山本唯倫	渡邉健太郎

本書の構成

　本書では、スポーツ選手に対する不祥事事案における処分のあり方をテーマとして、その処分を公正かつ適正なものとするために、以下の五つの章にわたって検討を行います。

第1章　総論

> 第1章では、「総論」として、スポーツの世界を法的に分析する際の基本的な考え方となるスポーツ権という言葉の意味やその内容について確認するとともに、不祥事事案における処分とスポーツ権の侵害との関係、そしてスポーツ権の実現のために関係者が果たすべき役割について、考えてみたいと思います。

【構成】

1. スポーツ権とは何か

　スポーツ権の法的根拠や海外における現況、裁判上でのスポーツ権の扱いについて検討しています。

　　1　スポーツ権を意識しよう
　　2　スポーツ権の法律上の根拠
　　3　スポーツ権の内容
　　4　スポーツ権は裁判所で救済を受けることができる権利か？
　　5　不祥事事案の処分にあたって考えるべきこと

2. スポーツ選手の不祥事処分紛争によるスポーツ権の侵害

　不祥事の際の処分により加えられるスポーツ権に対する制約と侵害の区別や、スポーツ権の侵害の類型、スポーツ権侵害の裁判上の救済の可否を検討

しています。
　　1　不祥事処分によるスポーツ権の侵害
　　2　裁判所による法的判断の可否（法律上の争訟）
　　3　法的判断の限界（部分社会の法理）

3．スポーツ権の実現のために
　スポーツ権の実現のためにスポーツ選手・指導者、スポーツ選手等が所属する団体および法律の専門家である弁護士の三者がどのような役割を果たすべきかをそれぞれ検討するとともに、不祥事が生じてしまった場合の対応と不祥事処分に対する不服申立手続について概観しています。
　　1　スポーツ選手・指導者が果たす役割
　　2　団体が果たす役割
　　3　弁護士が果たす役割
　　4　不祥事事案への対応
　　5　スポーツ選手への処分の不服申立て

第2章　処分の概要

> 次に第2章では、「処分の概要」として、スポーツ選手に不祥事があった場合に、誰から、どのような根拠に基づいて、どのような処分が下されることがあり得るのか、処分をする団体ごとに整理して、全体を俯瞰してみていきます。

【構成】

1．スポーツ団体による処分
　スポーツ団体に所属するスポーツ選手を念頭に、スポーツ団体からなされる処分と処分の限界を概観しています。
　　1　処分の法的根拠と種類
　　2　処分の限界

2. 学校による処分

学校の部活動でスポーツをする学生の選手を念頭に、学校からなされる処分と処分の限界を概観しています。

- 1 処分の法的根拠と種類
- 2 処分の限界

3. 会社による処分

会社に籍を置いている社会人選手を念頭に、会社からスポーツ選手に対してなされる処分と処分の限界を概観しています。

- 1 処分の根拠
- 2 処分の種類
- 3 処分事由
- 4 処分の限界

4. プロスポーツ団体・クラブチームによる処分

プロスポーツ選手を念頭に、プロスポーツ団体・クラブチームからスポーツ選手に対してなされる処分と処分の限界を野球、サッカー、バレーボールの例をもとにみています（上記 1.ないし 3.と重なる部分もありますが、プロに関しては 4.の中で独立の整理をして紹介しています）。

- 1 プロ野球における処分
- 2 サッカーにおける処分
- 3 バレーボールにおける処分

第3章　手続のあり方

続いて第3章では、「手続のあり方」として、スポーツ選手や監督やコーチ等の指導者に不祥事があった場合に、その所属するスポーツ団体がこれに対する処分を決める手続について、考察したいと思います。
具体的には、本書では、処分を決める手続に関するルールのあるべき姿の一つとしてモデル処分手続規則（以下、「モデル規則」といいます）を作成しまし

たので、まずは総論としてモデル規則の基本となる重要な考え方を説明した後、次に各論としてモデル規則について具体的に解説を行っていきます。

【構成】
1. 総論（モデル規則の基本となる重要な考え方）
モデル規則の基本となる重要な考え方について説明しています。
　1 指導原理
　2 機関の分離
　3 意見陳述の機会の付与、決定内容および決定理由の告知

2. 各論（モデル規則 総則）
モデル規則中の後述の事実調査委員会と処分審査委員会に共通する事項について説明しています。
　1 総論
　2 各論

3. 各論（モデル規則 事実調査手続）
モデル規則中の事実調査手続について説明しています。
　1 機関
　2 事実調査委員会の役割
　3 事実調査委員会の構成（モデル規則第3条第2項第1号、同条第3項）
　4 事実調査請求（モデル規則第7条第1項）
　5 調査権限（モデル規則第8条）
　6 調査対象（モデル規則第7条第3項第2号、第3号）
　7 調査期間（モデル規則第7条第5項）
　8 除斥期間（モデル規則第7条第6項）
　9 任務の終了（モデル規則第7条第2項、第3項）

4. 各論（モデル規則 処分審査手続）
モデル規則中の処分審査手続について説明しています。
　1 機関

    2 処分審査委員会の役割
    3 処分審査委員会の構成（モデル規則第3条第2項第2号）
    4 処分審査の原則（モデル規則第10条）
    5 事案解明のための措置（モデル規則第11条）
    6 聴聞手続（モデル規則第11条第1項第1号）
    7 弁明の機会の付与手続（モデル規則第11条第1項第2号）
    8 処分の通知（モデル規則第14条）
    9 処分決定の効力（モデル規則第15条）

5. 各論（モデル規則 不服申立手続）

モデル規則中の不服申立手続について説明しています。

    1 処分に対する不服申立手続
    2 モデル規則における不服申立手続
    3 その他の不服申立制度

6. 各論（モデル規則 その他）

モデル規則中の上記 2.から 5.以外の事項について説明しています。

    1 処分の解除・変更（モデル規則第17条）
    2 規則の改正手続（モデル規則第18条）
    3 遡及適用（モデル規則第19条）

7. 小規模スポーツ団体におけるモデル規則の活用についての提言

第4章　量刑のあり方（1）これまでに起きた不祥事事案の分析

> 第4章および第5章では、不祥事事案における量刑のあり方について検討します。まず第4章では、「これまでに起きた不祥事事案の分析」として、これまでに実際に起こったスポーツ選手やその所属団体の不祥事事案を高校生・大学生・社会人の三つの場合に分けて、具体的な事案において、どういった考慮要素のもとでどのような量刑が下されているかについて、考察します。なお、本部会で調査を行った不祥事事案につきましては、本書の資料編に表形式で掲載

しています。

【構成】

1. 一般的な量刑の考慮要素

まず、本章全体に関連する一般的な量刑の考慮要素について解説します。

2. 高校スポーツ不祥事における量刑の考慮要素

高校スポーツ関係者が不祥事を起こした過去の事案について、不祥事の類型ごとに考慮要素を検討します。

 1 総論
 2 類型ごとの不祥事事案の分析〜生徒による不祥事〜
 3 類型ごとの不祥事事案の分析〜指導者等による不祥事〜
 4 まとめ

3. 大学スポーツ不祥事における量刑の考慮要素

大学スポーツ関係者が不祥事を起こした過去の事案について、不祥事の類型ごとに考慮要素を検討します。

 1 総論
 2 類型ごとの不祥事事案の分析〜部員の不祥事〜
 3 類型ごとの不祥事事案の分析〜指導者等による不祥事〜
 4 まとめ

4. 社会人・プロスポーツ不祥事における量刑の考慮要素

社会人・プロスポーツ関係者が不祥事を起こした過去の事案について、不祥事の類型ごとに考慮要素を検討します。

 1 総論
 2 類型ごとの不祥事事案の分析
 3 まとめ

第5章　量刑のあり方（2）「あるべき処分」の検討

> 最後に第5章では、「『あるべき処分』の検討」として、スポーツ選手やその所属団体に不祥事があった場合に、どういった考慮要素のもとでどのような処分が下されるべきかについて、検討を行います。そして、本章の末尾に類型ごとに考慮要素を整理した「量刑ガイドライン」を提案します。

【構成】

1. 総論

そもそもスポーツ団体による処分にはどのようなものがあるか説明した上で、いわゆる連座制のあり方や、過剰な自主処分（自粛）の問題点についても考察していきます。

　1　スポーツ団体による処分の種類
　2　連座制について
　3　過剰な自主処分（自粛）の問題点について

2. スポーツ選手の不祥事に対する「あるべき処分」の検討

スポーツ選手が、①暴力・いじめ、②飲酒・喫煙（未成年の場合）、③交通違反、④わいせつ事犯、⑤財産犯の不祥事を起こした場合の五つの類型に分けて、スポーツ団体による処分のあり方について、それぞれ検討・提案します。

　1　暴力・いじめ
　2　未成年者の飲酒・喫煙
　3　交通違反
　4　わいせつ事犯
　5　財産犯

3. 指導者・部等の不祥事に対する「あるべき処分」の検討

監督・コーチ等の指導者や部（チーム）が不祥事を起こした場合の、スポーツ団体による処分のあり方について、昨今大きな話題となった体罰の問

題についても考察しながら、検討します。
　　1　指導者の不祥事
　　2　部の不祥事
4. 量刑ガイドライン
　これまでに検討した内容を一覧化するために、ガイドラインの形にまとめました。

資料
　・モデル規則
　・モデル規則関連文書雛形
　・判例評釈
　・スポーツ法関連法規
　・不祥事事案集

目次

発刊のごあいさつ
発刊にあたって
はじめに
本書の構成

第1章
総 論

1. スポーツ権とは何か ……………………………………………………… 2

　　1│スポーツ権を意識しよう ── 2

　　2│スポーツ権の法律上の根拠 ── 3

　　　　[1] スポーツの価値 3

　　　　　（1）個人的な価値 3

　　　　　（2）社会的な価値 4

　　　　　（3）国際的な価値 4

　　　　[2] スポーツ権を定めた規定の存否 4

　　　　[3] スポーツ権の法律上の根拠 4

　　　　　（1）憲法第13条の意義 5

　　　　　（2）憲法第25条の意義 5

　　　　[4] 世界におけるスポーツ権の捉え方 6

　　3│スポーツ権の内容 ── 7

[1] 誰のための権利なのか　*7*

　　　[2] 何をする・もとめる権利なのか　*8*

　4 | スポーツ権は裁判所で救済を受けることができる権利か？──*8*

　　　[1] スポーツ権は実体的な権利か　*8*

　　　[2] 裁判所の救済は受けられないのか　*9*

　5 | 不祥事事案の処分にあたって考えるべきこと ── *10*

2．スポーツ選手の不祥事処分紛争によるスポーツ権の侵害 ……… *11*

　1 | 不祥事処分によるスポーツ権の侵害── *11*

　　　[1] スポーツ権の「制約」 *11*

　　　　（1）スポーツをする権利の制約　*11*

　　　　（2）スポーツをみる権利の制約　*12*

　　　　（3）スポーツをささえる権利の制約　*12*

　　　[2] スポーツ権の「侵害」 *13*

　　　　（1）権利間の調整　*13*

　　　　（2）人権の性質　*14*

　　　[3] スポーツ権の侵害の類型　*15*

　　　　（1）三つの類型に基づく分類　*16*

　　　　（2）不祥事を行った者以外との関係　*17*

　　　　（3）過剰な自粛　*18*

　2 | 裁判所による法的判断の可否（法律上の争訟）── *19*

　　　　（1）裁判所の立場　*19*

　　　　（2）裁判所の立場に対する批判 *20*

　3 | 法的判断の限界（部分社会の法理）── *22*

　　　[1] 部分社会の法理 *22*

　　　[2] 裁判所による救済はスポーツ団体にとって望ましいか *23*

3. スポーツ権の実現のために …………………………*26*

　1 | スポーツ選手・指導者が果たす役割── *26*

　　　[1] はじめに *26*

　　　[2] スポーツ権侵害の類型 *26*

　　　　（1）「する」権利 *27*

　　　　（2）「しない」権利 *27*

　　　　（3）「ささえる」権利 *28*

　　　[3] スポーツ選手・指導者が果たす役割 *28*

　　　　（1）事前の予防 *29*

　　　　（2）事後の対応 *29*

　　　[4] スポーツ権を主張するメリット *31*

　　　　（1）不法行為との関係 *31*

　　　　（2）憲法上の他の権利等との関係 *32*

　　　　（3）弁護士の役割 *32*

　2 | 団体が果たす役割── *33*

　　　[1] スポーツと関わる団体 *33*

　　　[2] スポーツと団体の関わり方 *35*

　　　　[3] スポーツ基本法におけるスポーツ団体の責務 *36*

　　　　　　（1）スポーツを推進する義務 *37*

　　　　　　（2）事業を適正化する義務 *38*

　　　　　　（3）迅速かつ適正に紛争を解決する義務 *40*

　　　　　　（4）その他の義務 *40*

　　　　[4] スポーツ権の実現のために団体が果たす役割 *41*

3｜弁護士が果たす役割——*43*

　　　　[1] 弁護士が関与する意義 *43*

　　　　[2] 弁護士の関与する場面 *43*

　　　　[3] 専門性としてのスポーツ法 *44*

　　　　[4] 不祥事案件への弁護士の関与 *44*

4｜不祥事事案への対応——*45*

　　　　[1] 第三者委員会の利用 *45*

　　　　[2] 第三者委員会の組織 *46*

　　　　[3] 第三者委員会の役割 *47*

　　　　[4] 第三者委員会の具体例 *47*

5｜スポーツ選手への処分の不服申立て——*48*

　　　　[1] 裁判手続 *48*

　　　　[2] 日本スポーツ仲裁機構（JSAA）のスポーツ仲裁の利用 *49*

　　　　[3] 日本スポーツ仲裁機構（JSAA）のスポーツ調停の利用 *50*

　　　　[4] スポーツ仲裁裁判所（CAS）の利用 *51*

第2章
処分の概要

1. スポーツ団体による処分 …………………………………………… 57

　1 | 処分の法的根拠と種類 —— 57

　　　[1] 法的根拠 57

　　　[2] 処分事由 57

　　　[3] 処分の種類 57

　2 | 処分の限界 —— 58

　　　[1] スポーツ団体の裁量 58

　　　[2] 裁量逸脱 59

　　　　（1）「国内スポーツ連盟の決定がその制定した規則に違反している場合」について 59

　　　　（2）「規則には違反していないが著しく合理性を欠く場合」について 59

　　　　（3）「決定にいたる手続に瑕疵がある場合」について 60

　　　　（4）「制定した規則自体が法秩序に違反しもしくは著しく合理性を欠く場合」について 61

2. 学校による処分 ……………………………………………………… 62

　1 | 処分の法的根拠と種類 —— 62

　　　[1] 学校による処分の性質 62

　　　[2] 学校による処分の根拠 62

　　　　（1）法令 62

　　　　（2）校則 63

　　　[3] 学校による処分の種類 64

　　　　（1）事実行為としての懲戒 64

　　　　（2）法的な効果を伴う懲戒 64

　2 | 処分の限界—— 64

　　　[1] 処分権者の裁量 64

　　　[2] 処分の限界 65

　　　　（1）実体面 65

　　　　（2）手続面 67

　　　　（3）私立と公立の違い 67

3. 会社による処分 …………………………………………………………… 69

　1 | 処分の根拠 —— 69

　2 | 処分の種類 —— 70

　　　[1] 譴責・戒告 70

　　　[2] 減給 70

　　　[3] 出勤停止 70

　　　[4] 懲戒解雇・諭旨解雇 71

　3 | 処分事由 —— 71

　　　[1] 経歴詐称 71

　　　[2] 職務上の非違行為 71

- [3] 業務命令違反 *71*
- [4] 職場規律違反・不正行為 *72*
- [5] 私生活上の行為 *72*

4 | 処分の限界 —— *72*

- [1] 処分の相当性 *72*
- [2] 適正な手続 *73*

4. プロスポーツ団体・クラブチームによる処分 …… *74*

1 | プロ野球における処分 —— *74*

- [1] 日本野球機構における処分 *74*
  - （1）処分の根拠 *74*
  - （2）処分を下す場合 *74*
  - （3）処分の種類 *75*
- [2] 球団による処分 *75*
  - （1）処分の根拠 *75*
  - （2）処分を下す場合 *75*
  - （3）処分の種類 *76*
- [3] 検討すべき不服申立て手段 *76*
  - （1）コミッショナーに裁定を求める提訴 *76*
  - （2）JSAAへの仲裁・調停申立て *76*
  - （3）裁判所への提訴 *76*
- [4] 実例1 *77*
  - （1）事案 *77*
  - （2）本事案の処分内容 *77*

[5]　実例2　77
　　　　　（1）　事案　77
　　　　　（2）　本事案の処分内容　78

　2 │ サッカーにおける処分 —— 78
　　　[1]　Jリーグにおける処分　78
　　　　　（1）　処分の根拠　78
　　　　　（2）　JFA基本規程に基づき処分を下す場合　78
　　　　　（3）　JFA基本規程に基づく処分の種類　79
　　　　　（4）　JFA基本規程に基づく処分の手続　79
　　　　　（5）　Jリーグ規約に基づき処分を下す場合　80
　　　　　（6）　Jリーグ規約に基づく処分の種類　80
　　　　　（7）　Jリーグ規約に基づく処分の手続　81
　　　　　（8）　JFA選手契約書に基づき処分を下す場合　81
　　　　　（9）　JFA契約書に基づく処分の種類　81
　　　[2]　検討すべき不服申立て手段　81
　　　　　（1）　裁定委員会に対する再審査請求　81
　　　　　（2）　CASへの仲裁申立て　82
　　　　　（3）　裁判所への提訴　82
　　　[3]　実例　82
　　　　　（1）　JFA基本規程に基づく処分　82
　　　　　（2）　Jリーグのクラブチームによる個別の処分　83

　3 │ バレーボールにおける処分 —— 83
　　　[1]　Vリーグ機構における処分　83
　　　　　（1）　処分の根拠　83

        （2）処分が下される場合 *83*

        （3）処分の種類 *84*

    [2] チームによる処分 *85*

    [3] 検討すべき不服申立て手段 *85*

        （1）裁定委員会に裁定を求める提訴（裁定委員会規程）*85*

        （2）JSAAへの仲裁・調停申立て *85*

        （3）裁判所への提訴 *85*

    [4] 実例 *86*

        （1）事案 *86*

        （2）本事案の適用規程 *86*

        （3）本事案の処分内容 *86*

第3章
手続のあり方

1. 総論（モデル規則の基本となる重要な考え方） *91*

1 指導原理—— *91*

    [1] 事実調査・処分審査 *91*

    [2] 不服申立て *92*

    [3] 指導原理 *93*

        （1）適正性 *93*

        （2）中立性 *93*

        （3）独立性 *93*

        （4）迅速性 *94*

        （5）透明性 *95*

2 | 機関の分離 —— 95

    [1] 事実調査・処分審査の手続 95

    [2] 手続の分配 96

    [3] まとめ 96

3 | 意見陳述の機会の付与、決定内容および決定理由の告知 —— 97

    [1] 意見陳述の機会の付与 97

    [2] 決定理由の告知 97

2. 各論(モデル規則 総則) ……… 98

1 | 総論 —— 98

2 | 各論 —— 98

    [1] 目的（モデル規則第1条）98

    [2] 免責（モデル規則第2条）98

    [3] 委員の選任（モデル規則第3条）99

        （1）同条第1項について 99

        （2）同条第2項について 99

        （3）同条第3項について 100

    [4] 委員の任期（モデル規則第4条）101

        （1）同条第1項について 101

        （2）同条第2項について 101

        （3）同条第3項について 101

    [5] 処分手続等の非公表（モデル規則第5条）102

　　　　　(1) 同条第1項 *102*

　　　　　(2) 同条第2項 *102*

　　　[6] 代理人（モデル規則第6条）*102*

　　　　　(1) 同条第1項 *102*

　　　　　(2) 同条第2項 *103*

　　　　　(3) 同条第3項 *103*

　　　　　(4) 同条第4項 *103*

3. 各論（モデル規則 事実調査手続）……………*104*

1 | 機関── *104*

2 | 事実調査委員会の役割── *104*

　　　[1] 総論 *104*

　　　[2] 適正、中立かつ迅速な調査 *105*

　　　[3] 処分審査請求の濫用による弊害防止・処分審査の充実 *106*

3 | 事実調査委員会の構成（モデル規則第3条第2項第1号、同条第3項）── *107*

4 | 事実調査請求（モデル規則第7条第1項）── *108*

5 | 調査権限（モデル規則第8条）── *108*

6 | 調査対象（モデル規則第7条第3項第2号、第3号）── *109*

　　　[1] 処分事由に該当すると疑われる事実の存否について *109*

　　　[2] 情状等について *109*

[3] 除斥期間（モデル規則第7条第6項） *109*

　7 | 調査期間（モデル規則第7条第5項）── *110*

　8 | 除斥期間（モデル規則第7条第6項）── *110*

　　　[1] 総論 *110*

　　　[2] 除斥期間の始期 *111*

　9 | 任務の終了（モデル規則第7条第2項、第3項）── *111*

　　　[1] 処分申請 *111*

　　　[2] 処分申請を行わない旨の決定 *112*

　　　[3] 事実調査を開始しない旨の決定 *112*

4. 各論（モデル規則　処分審査手続） *113*

　1 | 機関── *113*

　2 | 処分審査委員会の役割── *113*

　　　[1] 中立性および適正性 *114*

　　　[2] 迅速性 *114*

　3 | 処分審査委員会の構成（モデル規則第3条第2項第2号）── *115*

　　　[1] 委員会の員数 *115*

　　　[2] 委員の構成 *115*

　　　[3] 第三者委員 *115*

　　　[4] 委員が処分審査に加わることができない場合 *116*

[5] 兼務の禁止 *116*

4 | 処分審査の原則（モデル規則第10条）── *116*

    [1] 処分審査委員会の役割（同条第1項）*116*

    [2] 書面審査の原則（同条第2項）*117*

    [3] 処分決定に際しての出席要件・議決要件（同条第3項）*117*

    [4] 処分審査委員と処分対象者の接触禁止（同条第5項）*117*

    [5] 処分決定期間（同条第6項）*117*

5 | 事案解明のための措置（モデル規則第11条）── *118*

6 | 聴聞手続（モデル規則第11条第1項第1号）── *118*

    [1] 対象となる場合 *118*

    [2] 方式（モデル規則第12条）*118*

        （1）予定される処分の内容 *119*

        （2）処分の対象となった事実 *119*

        （3）処分の内容を決めるに考慮すべき事実 *119*

        （4）聴聞の期日および場所 *119*

7 | 弁明の機会の付与手続（モデル規則第11条第1項第2号）── *120*

    [1] 対象となる場合 *120*

    [2] 方式（モデル規則第13条）*120*

8 | 処分の通知（モデル規則第14条）── *121*

    [1] 書面通知 *121*

[2] 通知事項 *121*

　　　　　(1) 処分対象者の表示 *121*

　　　　　(2) 処分の内容 *121*

　　　　　(3) 処分の手続の経過 *121*

　　　　　(4) 処分の理由 *121*

　　　　　(5) 処分の年月日 *122*

　　　　　(6) 処分決定に不服がある場合には、処分対象者は日本スポーツ仲裁機構に対して処分審査委員会の行った処分決定の取消しを求めて仲裁の申立てを行うことができる旨およびその申立期間 *122*

　　　[3] 記録の保管 *122*

　9 │ 処分決定の効力（モデル規則第 15 条）──── *123*

　　　[1] 効力の発生時期 *123*

　　　[2] 効力の不喪失 *123*

5．各論（モデル規則　不服申立手続） *124*

　1 │ 処分に対する不服申立手続──── *124*

　2 │ モデル規則における不服申立手続──── *124*

　　　[1] 処分決定に対する不服申立て（モデル規則第 16 条）*124*

　　　[2] JSAA における仲裁（スポーツ仲裁）*125*

　　　　　(1) スポーツ仲裁制度 *125*

　　　　　(2) 仲裁の申立て *125*

　　　　　(3) 審理手続 *126*

　　　　　(4) 仲裁判断 *126*

    [3] 自動受諾条項（モデル規則第16条第1項）*127*

    [4] 他の不服申立ての禁止（モデル規則第16条第2項）*128*

    [5] 不服申立てによる不利益処分等の禁止（モデル規則第16条第3項）*128*

  3 │ その他の不服申立制度 —— *129*

    [1] 裁判所に対する民事訴訟の提起 *129*

    [2] CAS に対する仲裁申立て *130*

6. 各論（モデル規則 その他） ……………………………………*131*

  1 │ 処分の解除・変更（モデル規則第17条）—— *131*

  2 │ 規則の改正手続（モデル規則第18条）—— *132*

  3 │ 遡及適用（モデル規則第19条）—— *132*

7. 小規模スポーツ団体における
   モデル規則の活用についての提言 ……………………………*134*

第4章

量刑のあり方(1)
これまでに起きた不祥事事案の分析

1. 一般的な量刑の考慮要素 …………………………………………*139*

2. 高校スポーツ不祥事における量刑の考慮要素…………………*140*

1 | 総論 —— 140

2 | 類型ごとの不祥事事案の分析〜生徒による不祥事〜 —— 141

 [1] 暴力・いじめ *141*

  （1）事案 *141*

  （2）量刑の考慮要素 *144*

 [2] 飲酒・喫煙 *145*

  （1）事案 *145*

  （2）量刑の考慮要素 *146*

 [3] 財産犯 *147*

  （1）事案 *147*

  （2）量刑の考慮要素 *149*

 [4] その他の非行 *150*

  （1）事案 *150*

  （2）量刑の考慮要素 *152*

3 | 類型ごとの不祥事事案の分析〜指導者等による不祥事〜 —— 152

 [1] 暴力行為 *153*

  （1）体罰により生徒が自殺した事案 *153*

  （2）量刑の考慮要素 *153*

 [2] セクハラ・パワハラ *154*

 [3] その他の不祥事 *154*

  （1）事案 *154*

  （2）上記事案について *155*

4 | まとめ —— *155*

3. 大学スポーツ不祥事における量刑の考慮要素……………………*157*

1 | 総論 —— *157*

2 | 類型ごとの不祥事事案の分析〜部員の不祥事〜 —— *158*

[1] 暴力 *158*

（1）事案 *158*

（2）量刑の考慮要素 *162*

[2] 飲酒・喫煙 *163*

（1）事案 *163*

（2）量刑の考慮要素 *164*

[3] わいせつ事犯 *165*

（1）事案 *165*

（2）量刑の考慮要素 *169*

[4] 財産犯 *170*

（1）事案 *170*

（2）量刑の考慮要素 *173*

[5] その他の不祥事 *174*

（1）事案 *174*

（2）量刑の考慮要素 *177*

3 | 類型ごとの不祥事事案の分析〜指導者等による不祥事〜 —— *177*

[1] 暴力行為 *178*

（1）事案 *178*

(2) 量刑の考慮要素 *179*

    [2] その他の不祥事 *179*

        (1) 事案 *180*

        (2) 量刑の考慮要素 *181*

4 | まとめ —— *182*

4. 社会人・プロスポーツ不祥事における量刑の考慮要素 ……… *183*

1 | 総論 —— *183*

2 | 類型ごとの不祥事事案の分析 —— *183*

    [1] 暴行・傷害 *183*

        (1) 事案 *184*

        (2) 量刑の考慮要素 *185*

    [2] 未成年者の飲酒・喫煙 *185*

        (1) 事案 *186*

        (2) 量刑の考慮要素 *186*

    [3] 交通違反（交通事故を含む）関係 *186*

        (1) 事案 *187*

        (2) 量刑の考慮要素 *190*

    [4] わいせつ関係 *191*

        (1) 事案 *191*

        (2) 量刑の考慮要素 *192*

    [5] 財産犯 *192*

        (1) 事案 *192*

            （2）量刑の考慮要素 *194*

        [6] 賭博 *194*

            （1）事案 *194*

            （2）量刑の考慮要素 *195*

        [7] 薬物関係 *195*

            （1）事案 *195*

            （2）量刑の考慮要素 *196*

        [8] 暴力団との交際 *196*

            （1）事案 *196*

            （2）量刑の考慮要素 *197*

    3 | まとめ —— *197*

第5章

量刑のあり方(2)
「あるべき処分」の検討

1. 総論 ……………………………………………………………… *200*

    1 | スポーツ団体による処分の種類 —— *200*

        [1] 注意、厳重注意 *201*

        [2] 謹慎処分、出場停止 *201*

        [3] 登録抹消、登録資格喪失 *202*

        [4] 罰金、公表 *202*

    2 | 連座制について —— *203*

［1］「連座制」の意味 *203*

　　　［2］連座制の当否と注意点 *204*

　3│過剰な自主処分（自粛）の問題点について────*205*

2. スポーツ選手の不祥事に対する「あるべき処分」の検討…………*207*

　1│暴力・いじめ────*207*

　　　［1］対象行為 *207*

　　　［2］処分方法 *208*

　　　　　（1）処分対象者 *208*

　　　　　（2）具体的な処分内容 *208*

　　　　　（3）指導者に対する処分 *209*

　　　［3］主な考慮要素 *210*

　　　　　（1）加害部員の人数 *210*

　　　　　（2）加害部員と被害部員の関係 *210*

　　　　　（3）被害部員の人数 *211*

　　　　　（4）行為態様 *211*

　　　　　（5）結果の程度 *212*

　　　　　（6）動機 *212*

　　　　　（7）学校・会社等から受けた処分の有無 *212*

　2│未成年者の飲酒・喫煙────*213*

　　　［1］対象行為 *213*

　　　［2］処分方法 *214*

　　　　　（1）処分方法 *214*

　　　　（2）処分対象者 *214*

　　　　（3）指導者に対する処分 *215*

　　[3] 主な考慮要素 *216*

3 | 交通違反 —— *217*

　　[1] 対象行為 *217*

　　[2] 処分方法・主な考慮要素 *217*

　　　　（1）処分方法 *217*

　　　　（2）処分対象者 *221*

　　　　（3）指導者に対する処分 *221*

4 | わいせつ事犯 —— *222*

　　[1] 対象行為 *222*

　　[2] 処分方法 *222*

　　　　（1）処分対象者 *222*

　　　　（2）具体的な処分内容 *223*

　　　　（3）各カテゴリー（高校・大学・社会人）による処分の特徴 *223*

　　　　（4）指導者に対する処分 *224*

　　[3] 主な考慮要素 *225*

　　　　（1）犯罪の性質 *225*

　　　　（2）行為態様 *225*

　　　　（3）結果（被害）の程度 *225*

　　　　（4）動機・目的 *226*

　　　　（5）刑事処分の有無 *226*

5 | 財産犯 —— *227*

　　　　［1］対象行為 *227*

　　　　［2］処分方法 *227*

　　　　　　（1）処分対象者 *227*

　　　　　　（2）具体的な処分内容 *228*

　　　　　　（3）指導者に対する処分 *228*

　　　　［3］主な考慮要素 *229*

3. 指導者・部等の不祥事に対する「あるべき処分」の検討 …………*230*

　　1 │ 指導者の不祥事 ── *230*

　　　　［1］暴力・いじめ・セクハラ *230*

　　　　　　（1）対象行為 *230*

　　　　　　（2）処分方法 *231*

　　　　　　（3）主な考慮要素 *232*

　　　　［2］交通違反 *233*

　　　　［3］その他の犯罪行為 *233*

　　　　　　（1）対象行為 *233*

　　　　　　（2）処分方法 *233*

　　　　　　（3）主な考慮要素 *234*

　　2 │ 部の不祥事 ── *234*

　　　　［1］対象行為 *234*

　　　　［2］処分方法 *235*

　　　　［3］主な考慮要素 *235*

　　　　　　（1）主導者の役職 *235*

　　　　　　（2）関与した人数 *236*

（3）期間・回数 *236*
　　　（4）目的・動機 *236*
　　　（5）結果の程度 *236*

4. 量刑ガイドライン……………………………………………*237*

コラム │ 体罰は指導の一環？── *241*

資料

- ・モデル規則── *246*
- ・モデル規則関連文書雛形── *253*
- ・判例評釈── *258*
- ・スポーツ法関連法規── *267*
- ・不祥事事案集── *288*

【凡　例】

本書では、法令・文献等を以下のように略記しています。

民法　民	民集　最高裁判所民事判例集	日本スポーツ仲裁機構　JSAA
行政手続法　行手法	判例タイムズ　判タ	スポーツ仲裁裁判所　CAS
労働基準法　労基法	判時　判例時報	国際スポーツ仲裁理事会　ICAS
モデル処分手続規則　モデル規則	集民　最高裁判所裁判集民事	
	労判　労働判例	

なお、事例等の団体名等は基本的に当時の名称を記載しています。

第1章 総論

1.
スポーツ権とは何か

1 | スポーツ権を意識しよう

　スポーツ権という言葉は、わが国では、昭和40年代後半から使われ始めたようです。そのきっかけや議論の過程は、本書の目的ではないので、割愛するとして、注目すべきは、スポーツを単なる個人の趣味ではなく、法的に保護する価値あるものとしてスポーツ権を用いたことにあります。

　本書では、スポーツ選手が不祥事を起こした場合の処分のあり方をテーマにしています。不祥事を犯した選手が、所属するチームやスポーツ団体から処分を受けるのは当たり前の話のようですが、そこにはスポーツ権が大きく関わってくるのです。

　極端な例ですが、ある選手がごく軽微な不祥事を犯した場合に、その選手を、所属するチームやスポーツ団体から除名してしまうような事案においては、裁判所やスポーツ仲裁において、行き過ぎた処分として無効とされるでしょう。なぜなら、行き過ぎた処分により、処分を課されたスポーツ選手は、そのチームやスポーツ団体でスポーツをすることができなくなってしまうからです。つまり、これはそのスポーツ選手のスポーツをする権利を侵害する場面といえます。それゆえ、チームやスポーツ団体としては、不祥事を起こしたスポーツ選手に処分を課す場合であっても、当該スポーツ選手のスポーツ権を侵害しないように注意をする必要があるのです。

　一方で、このような注意を払うことは、スポーツ選手のスポーツ権を保護するだけではなく、所属チームやスポーツ団体にもよいことがあります。スポーツ選手のスポーツ権を侵害しないように注意して処分するためには、チームやスポーツ団体は、規則を整備し、選手の言い分をきちんと聴いたう

えで、公平に処分する等スポーツ基本法等の法に沿った措置を講じていくことになります。このことは、チームやスポーツ団体のコンプライアンスやガバナンスの確立・強化につながります。大相撲の八百長問題や、全日本柔道連盟の女子強化選手に対するコーチのパワハラ問題等、各種問題に対する団体側のまずい対応により問題をより大きくしてしまったことは記憶に新しいところです。スポーツはルールに則って行うものです。そのスポーツにおいて重要な役割を担うチームやスポーツ団体も、ルールに則って運営することが求められているのです。現在、スポーツ団体においても社会的な責任が問われるようになっていることをふまえれば、コンプライアンスやガバナンスの確立・強化は所属するスポーツ選手のみならず、世間一般に対する大きなアピールポイントになります。

このように、不祥事処分において、スポーツ権を意識することは、スポーツ選手のみならず、チームやスポーツ団体にとっても利益になるといえます。

2 | スポーツ権の法律上の根拠

[1] スポーツの価値

冒頭で、スポーツを法的に保護する価値があるためスポーツ権が主張され始めたという話しをしましたが、具体的にはどのような価値がスポーツに認められるのでしょうか。その答えは、平成23（2011）年に成立したスポーツ基本法（以下、スポーツ基本法）の前文に記載されています。ここには、多様な価値があることが明記されていますが、主に以下の三つの価値に分けられます。

（1）個人的な価値

スポーツは、私達個々人が健康で文化的な生活を営むうえで必要不可欠なものとなっています。また、スポーツを通じて、他者との協同、公正さや規律を培う等個々人の人格形成に大きな影響を及ぼします。

(2) 社会的な価値

　　スポーツを通じて、人と人、地域と地域との交流を促進し、地域の一体感や活力を醸成し、地域社会の活性化につながります。

(3) 国際的な価値

　　スポーツの国際的な交流や貢献により、国際相互理解を促進し、国際平和に大きく貢献します。
　スポーツには、こうした価値があるからこそ、権利として法的に保護されるに至っているといえます。

[2] スポーツ権を定めた規定の存否

　スポーツ基本法を含めて、法律でスポーツ権という言葉を明記した規定は存在しません。
　もっとも、法律に明記されていないからといって、法律上の根拠がないことにはなりません。例えば、プライバシー権や著名人の肖像等の有する顧客吸引力を保護するパブリシティ権等も法律に明記されていませんが、裁判を通じて、権利として確立しています。これらの権利は、憲法第13条から導かれる人格権を根拠とすると説明されています。[注1]

[3] スポーツ権の法律上の根拠

　では、スポーツ権はどのような法律を根拠とするのでしょうか。
　プライバシー権やパブリシティ権のように、確立した裁判所の判断はありませんが、憲法上に根拠があると解されています。これは、スポーツ権は、憲法上で保障された人権の一つであるという考えです。
　日本の法体系は、憲法を頂点としており、国会の制定する法律は憲法に違

(注1)
　プライバシー権につき、前科照会事件・最判昭和56年4月14日判タ442号55頁、宴のあと事件・東京地判昭和39年9月28日判タ165号184頁等。パブリシティ権につき、ピンクレディー無断写真掲載事件・最判平成24年2月2日判タ1367号97頁

反することはできないとされています。このため、スポーツ権が人権の一つとして憲法上保障されているというのは、大きな意味を持つことになります。

具体的な憲法上の根拠については、諸説ありますが、憲法第13条と第25条が根幹的な根拠となると考えます。

(1) 憲法第13条の意義

憲法第13条は、個人が人として有する人格（その人らしさ）の確保を保障しており、このために必要な人権を包括的に幸福追求権として定めています。幸福追求権は、自由権（国家から強制されず、自由に行動できる権利）であり、国家から介入・干渉を拒否できることを意味します。

スポーツ権は、その幸福追求権の一つとして保障されると考えます。

例えば、スポーツをするかどうか、スポーツ団体に所属するかどうか、ある競技大会に参加するかどうか等の決定は、誰からも強制されることなく、自らの責任で決定することができるのです。

元来、スポーツは、個々人で親しんできたものであり、人格の形成に大きな影響を及ぼしてきたことに鑑みれば、スポーツ権は自由権を根拠とすると考えるのが自然です。

(2) 憲法第25条の意義

憲法第25条は、個人の努力によってはいかんともし難い社会的な弊害を是正し、自由や平等を実質的に保証するため、国に対し立法や政策を要求できる生存権（社会権）を定めた規定です。

スポーツ基本法の前文にも明記されているとおり、スポーツは、健康で文化的な生活を営むうえで必要不可欠なものとなっています。そのためには、個々人の能力に応じてスポーツができる環境の整備が必要になります。

このような環境の整備をすることは、個々人ではできず、国や地方自治体の力が必要です。そうすると、スポーツ権を実質的に保障するためには、国や地方自体による環境整備が不可欠となります。それゆえ、憲

法第25条もスポーツ権の根拠規定となると考えられます。

これにより、国や地方自治体は、誰もがスポーツをすることができ物的環境（競技場等）や人的環境（スポーツ指導者の養成等）を整備することになります。

もっとも、憲法第25条に基づき、国や地方自治体に、具体的なスポーツ環境の整備を請求するには、具体的な立法が必要となります。

スポーツ基本法が成立しましたが、これは「基本法」とあるように具体的な立法とはいえず、今後、具体的な立法を行なっていくための理念・方針を定めたものに過ぎません。スポーツ権を実質的に保障するためにも、速やかに、スポーツ基本法に基づいた具体的な立法をすることが期待されています。

このほか、スポーツ権の根拠として、スポーツに教育的要素があることをふまえれば、憲法第26条の教育を受ける権利も根拠として挙げられるでしょう。実際、公益財団法人日本学生野球協会は、日本学生野球憲章の前文において、学生野球の枠組みを学生の教育を受ける権利の問題として捉える旨を述べています。

また、プロスポーツ選手等スポーツをすることを職業にしている選手については、職業選択の自由や営業の自由を定めた憲法第22条、勤労の権利を定めた憲法第27条を根拠に挙げることができるでしょう。

以上みてきたように、スポーツ権は憲法上保障されている人権であるといえます。

[4] 世界におけるスポーツ権の捉え方

スポーツ権を人権と捉える考え方は、日本特有のものではありません。

国際的にみても、次のとおり、スポーツ権を人権と捉えています。

昭和50（1975）年3月に採択された「ヨーロッパ・みんなのためのスポーツ憲章」の第1条において「すべての個人は、スポーツに参加する権利を持つ」と規定しています。

昭和53（1978）年11月に、ユネスコ（国際連合教育科学文化機関）にて採

択された「体育およびスポーツに関する国際憲章」は、その前文において、同憲章は国際連合憲章および世界人権宣言に基づくものであることを明記し、第1条において「体育・スポーツの実践はすべての人にとって基本的権利である」と規定しています。また、第5条において「十分な施設と設備は体育・スポーツに不可欠である」と規定しています。

　民間レベルでも、国際オリンピック委員会は、オリンピック憲章の「オリンピズムの根本原則」第4項において、「スポーツを行うことは人権の一つである」と規定しています。

3 | スポーツ権の内容

[1] 誰のための権利なのか

　これまでは、「スポーツ権＝スポーツをする権利」、という前提で進めてきました。スポーツをする権利というと、スポーツをする人だけが対象であるかのように理解されがちです。

　しかしながら、スポーツへの関与は、「する」以外にも「みる」「ささえる」という形態があります。このことから、スポーツ権は、スポーツをする人だけでなく、スポーツをみる人・スポーツをささえる人も加えて考える見解が主流になっています。

　スポーツ基本法では、その前文において、次のとおり定めています。

　スポーツを通じて幸福で豊かな生活を営むことは、全ての人々の権利であり、全ての国民がその自発性の下に、各々の関心、適性等に応じて、安全かつ公正な環境の下で日常的にスポーツに親しみ、スポーツを楽しみ、又はスポーツを支える活動に参画することのできる機会が確保されなければならない。(筆者下線強調)

　これは、スポーツ権は、すべての国民が有することを確認したものと解さ

れています。そして、スポーツ権が「する・みる・ささえる」という三つの場面で確保されなければならないことも明確にされています。

[2] 何をする・もとめる権利なのか

例えば、所有権であれば、物を排他的に支配し、その物を独占して使用し、収益を得たり、処分したりできる権利であることが民法に規定されています。また、著作権であれば、著作物を排他的に支配し、無断で複製する等他人による利用行為を禁止する権利であることが著作権法に規定されています。

これに対して、現在のところ、具体的にスポーツ権を定めた法律は存在しておらず、明確にその内容が定義されていません。もっとも、前述した憲法上の根拠をふまえれば、スポーツ権は、自由権という側面と社会権という側面を有することになり次のような内容であると指摘できます。

自由権的側面から導かれる権利の内容としては、スポーツにおける自己決定権（人格的自律）です。具体的には、スポーツをする自由やスポーツに参加する自由等です。

社会権的側面から導かれる権利の内容としては、国や地方公共団体に対する施設等環境整備の請求権等です（このような権利は、前述のとおり、具体的な立法が必要となります）。

4 スポーツ権は裁判所で救済を受けることができる権利か？

[1] スポーツ権は実体的な権利か

以上にみたとおり、スポーツ権は人権として憲法で保障されていますが、具体的な法律（実体法）においてスポーツ権が定められていないため、その内容があいまいに感じてしまいます。さらにいえば、スポーツ権にいう「スポーツ」自体の定義をした法律もありません。スポーツ基本法は、前文で「スポーツは、心身の健全な発達、健康及び体力の保持増進、精神的な充足感の獲得、自律心その他の精神の涵養等のために個人又は集団で行われる運

動競技その他の身体活動であ」ると明記しています。しかし、前文はそもそも法律上の効力はない部分ですので、これはスポーツの定義規定とは解されていません。

このためスポーツ権は、あいまいであり、実体法上の根拠もないため、現時点においてスポーツ権が侵害されたとして裁判所に訴えても、当然には救済を受けられない、と考えられています。

[2] 裁判所の救済は受けられないのか

スポーツ権は、具体的な立法がなされていない現時点において、ほんとうに裁判所で救済を受けられないのでしょうか。

前述したプライバシー権やパブリシティ権は、実体法上の根拠規定がありませんが、裁判所で救済されています。よって、実体法上の根拠がないということは、裁判所で救済が受けられない絶対的な理由にはならないと考えられます。

そうすると、権利の内容があいまいであるという点が問題なのでしょうか。

しかし、社会権的側面から生じる権利は、具体的な立法が必要であるとしても、自由権的側面から生じる自己決定権については、権利の内容としてあいまいとはいえないのではないでしょうか。

また、「スポーツ」の定義がないといっても、私たちが日常的に「スポーツ」として認識しているものの大部分は「スポーツ」に該当するのではないでしょうか。「スポーツ」に該当するか否かで認識が分かれるとすれば、チェスや囲碁等ではないかと思います。(注2)

こうして考えてみると、スポーツ権の内容は、①中核となる「スポーツ」や自由権的な権利の内容は具体的になっているが、②「スポーツ」にあたるか否かの境界線や社会権的な権利の内容が明確になっていない、と整理できるのではないでしょうか。

(注2)
　平成22年に中国の広州で開催されたアジア競技大会では、野球や水泳等と並んで囲碁、中国象棋、チェスがスポーツ競技として実施されています。

そうであるならば、スポーツ権のうち具体的になっている部分（①）の侵害にあたるような場合は、裁判所が救済してしかるべきではないでしょうか。少なくとも、法律実務家である私たち弁護士は、このように考えて、権利救済を図るべく努力していく必要があると考えています。

5 不祥事事案の処分にあたって考えるべきこと

これまで述べてきたとおり、処分されるスポーツ選手は、スポーツ権を有しているので、これを侵害しないように配慮することが必要です。

一方、処分する側（チームや団体）は、それぞれ私的自治が保障されており、組織の規律を維持するため、構成員の処分に一定程度の裁量を有すると考えられています。

不祥事事案の処分の場面においては、「スポーツ権 vs 団体の自治（規律の維持）」という構図になります。「スポーツ権」と「団体の自治（規律の維持）」とが天秤にかけられており、不祥事の程度に応じて、両者のバランスがとれるような処分を科すことになります。起きてしまった不祥事に対し、いかにバランスをもって処分を科すかについては、本書のメインテーマになりますので、次章以下で詳しく検討したいと思います。

（大橋卓生）

2.
スポーツ選手の不祥事処分紛争による スポーツ権の侵害

1 | 不祥事処分によるスポーツ権の侵害

[1] スポーツ権の「制約」

　スポーツ権とは、前節でみたとおり、スポーツをする権利、スポーツをみる権利、およびスポーツをささえる権利の三つに整理することができます。

　この、「権利」という文言が、法律的にどのような意味を有するかについては後述しますが、まずは、スポーツをすること、スポーツをみること、およびスポーツをささえることは、個人の権利であることを前提とします。

　議論が未発達な点ではありますが、スポーツ権を前述のように整理すると、例えば以下のようなものが、スポーツ権の「制約」に該当すると考えられます。なお、スポーツ権の「制約」と、スポーツ権の「侵害」とは、区別して考えなければなりません（[2]参照）。例えば、スポーツ団体の団体自治に基づいて、あるいは他の権利との調整に際してスポーツ権を「制約」しても、ただちにスポーツ権の「侵害」とはならないからです。ただし、スポーツ権を「侵害」する場面においては、必ず前提としてスポーツ権の「制約」があるといえることから、まずはスポーツ権の「制約」について、検討を加えていきます。

(1) スポーツをする権利の制約

　　まず、スポーツをする権利との関係では、スポーツをする機会を制限することがこれにあてはまります。例えば、選手としての資格を剥奪することは、競技会等に参加し、スポーツをする機会を制限することになるので、スポーツをする権利の制約といえます。一定期間の出場停止処

分といったものも、出場停止処分の期間中は競技会等に参加できず、スポーツをする機会を制限することになり、スポーツをする権利の制約といえます。

　では、スポーツ団体やチームに対して制裁金を支払うケース等はどうでしょうか。これらは団体の規則等にもよりけりですが、一般的には制裁金を支払わなければ、選手としての資格が剥奪されたり、一定期間の出場停止処分が科されたりすることが予定されているでしょう。したがって、間接的にスポーツをする機会を制限するものといえ、スポーツをする権利の間接的な制約といいうるでしょう。

　プロボクシングやバスケットボールのように、複数のスポーツ団体等が並列的に存在する場合に、特定のスポーツ団体等において処分されたとしても他のスポーツ団体等において競技ができることをどのように考えるべきでしょうか。この点については様々な考え方がありえます。スポーツをする上で、一つの重要な価値として、より高いレベルの競技会に出場するということが挙げられるでしょう。そうすれば、特定のスポーツ団体に所属できないことで、より高いレベルの競技会（例えばオリンピックやワールドカップ）に出場できなくなることは、スポーツをする権利の制約といいうるものと考えられます。

（2）スポーツをみる権利の制約

　次に、スポーツをみる権利との関係では、スポーツをみる機会を制限することがこれに当てはまります。

　例えば、特定の人物を試合会場に入場を制限することがスポーツをみる権利の制約であることは明らかです。

（3）スポーツをささえる権利の制約

　さらに、スポーツをささえる権利との関係では、選手をささえる（指導する）機会を制限することがこれにあてはまります。端的なものとしては、指導者としての資格を剥奪することは、当然選手をささえる機会を

制限することになるので、スポーツをささえる権利の制約といえます。

　また、公益財団法人日本学生野球協会の日本学生野球憲章第15条第1項のように、日本学生野球協会の承認を受けなければ、学生野球資格を持たない者との交流ができないとすることもまた、スポーツをささえる権利の制約といえるでしょう。

　コーチングについてライセンス制度を設け、ライセンスがないと指導を禁じるということも、間接的に指導の機会を制限することになるので、スポーツをささえる権利の間接的な制約といえます。

[2] スポーツ権の「侵害」

　さて、ここまでは、スポーツ権の「侵害」ではなく、「制約」という文言で、各行為に説明を加えてきましたが、これには理由があります。すなわち、スポーツ権の「制約」がなされているとしても、そのことがただちにスポーツ権の「侵害」とはならないのです。その理由は二つあります。

(1) 権利間の調整

　一つは、権利といえども無制約に行使ができるものではないということです。権利と権利が衝突しあうことは常にありうることで、そのような場合には、他の権利や法的利益との調整が必要となります。例えば、表現活動は自由であるからといって、わいせつ表現や他人の名誉を毀損する表現をすれば、刑事罰を受けることがあります。自己の表現の自由が保護されるとしても、他方で個人の人格的自由が保護に値する以上、両者は調整されねばならないのです。

　スポーツ権でも同じことがいえます。例えば、不祥事が発生した場合に、一定の不利益処分を下し、結果としてスポーツ選手のスポーツをする権利に制約が生じるとしても、そのことがただちにスポーツ権の侵害となるわけではありません。極端なケースをいえば、競技会において犯罪行為を行ったために逮捕・勾留された結果、その後の競技会に出場できなかったとしても、逮捕・勾留が正当な根拠に基づいて行われている

限りにおいては、スポーツ選手のスポーツをする権利が制約されていても、スポーツをする権利の侵害とはいえないでしょう。

　特に、スポーツ権の制約の場面において、スポーツ団体には、団体自治権があるということは忘れてはなりません。以下でも述べるように、適切な団体自治権の行使の一環としてスポーツ権の制約がなされたとしても、それはスポーツ権の侵害とはなりません。ただし、適切な団体自治権の行使とはどのようなものなのかということについては、常に注意深く考える必要があります。

(2) 人権の性質

　もう一つは、そもそも（スポーツ権に限らず）人権というのは、個人が国家との関係で有する権利であり、私人間においては直接に人権を行使することができるわけではないと考えられているということです。つまり、先ほど例に挙げたような刑事手続のように、国家が直接個人の人権を制約する場合には、当然人権を直接に主張することができますが、国家ではない者（私人）であるスポーツ団体や所属するチームとの関係では、人権は直接主張できるものではないのです。ただ、国家に対して人権が保障されているということの趣旨を考えれば、私人との関係であっても、人権を無視するような態度は許されないと考えられます。そこで、私人間の関係であっても、例えば信義則（民１②）や権利濫用（同１③）、あるいは公序良俗（同90）等、一般規定を媒介して、人権規定を間接的に適用することができるというのが現在の通説的な見解となっています(注1)。直接的に人権規定を適用できないということが、果たしてどの程度の意味を有するのかについては、考え方の分かれるところではありますが、一般的には、人権規定を直接に適用する場面と比較すると、相対的に権利を主張することが困難であると考えられています。なお、スポーツ団体の中には、全国的な規模を有し、必然的に権力的な性

(注1)
　芦部信喜『憲法（第５版）』（岩波書店、平成23年）112頁

質を有する団体もあります。このような団体については、いわゆる社会的権力として、国家と同視できるだけの権力を有するという見方もあります。このような見方に立つと、一部のスポーツ団体に対しては人権規定を直接に適用できるという立場もありうるかもしれません。

　このように、理論的には困難な問題が残るところではありますが、以下においては問題点を省いて、私人間においても、スポーツ権を「侵害」する（結果的に、先ほど述べた民法上の一般規定に違反している）ことがあるというかたちで、以下説明を続けます。

[3] スポーツ権の侵害の類型

　スポーツ団体や所属するチームがスポーツ選手に対して不利益処分を下すことは、第2章において後述するとおり、例えば労働契約に基づく懲戒権の行使としての不利益処分であったり、あるいは当事者間の契約上の合意に基づく不利益処分であったりすることが通常です。処分する側にも正当な権利や法的利益があり、処分する側がそれらを行使する場合には、当然にスポーツ権が優先するとはいえず、権利間の調整が必要となります。

　したがって、スポーツ権の侵害といえるのは、①処分する側に団体自治権等の正当な権利や法的利益がない場合や、②処分する側の正当な権利や法的利益と比較して、スポーツ権がより保護に値する場合であるにもかかわらず、スポーツ権を制約することをいいます。

　また、権利を制約する場合には、適正な手続に基づいて行われなければならないということも、日本の裁判法理上、確立されてきています。そのため、処分する側の正当な権利や法的利益の行使として、スポーツ権を制約することが許される場面であっても、③適正な手続に反して不利益処分がなされた場合には、これもまたスポーツ権の侵害ということができます。以下、この三つの類型に分けて、スポーツ権の侵害が生じる場面を整理してみましょう。

(1) 三つの類型に基づく分類

　スポーツ権が意識される以前は、スポーツをすることに対して制約を加えることになっても、そこに法的な問題が存在することすら意識されてきていませんでした。そのため、特に処分を受けるべき理由がないにもかかわらず、団体自治の名目のもと、処分がなされるケースもないわけではありませんでした。

　団体自治というのは、団体が有する自律的な内部規範に基づいて自治を行うことです。したがって、この内部規範から逸脱して自由な判断を行うことや自由な手続に基づいて処分を行うことはできないのです。逆にいえば、適切な内部規範に基づいて手続・判断をする限り、処分を行ったとしてもスポーツ権の侵害が生じることはありません。

　スポーツ基本法の制定等に伴い、スポーツ権に対する意識は高まってきましたが、現在においても、例えば実際には不祥事を行っていないのに、不祥事を行ったと事実を誤認して処分を行うケース等が、少なからず存在します。これは、①処分する側に正当な権利や法的利益がないにもかかわらず処分をすることで、スポーツ権を侵害する類型にあたります。また、処分に値する不祥事があるにしても、相対的にみれば軽微な不祥事であるにもかかわらず、いきなり選手としての資格を剥奪する等の行き過ぎた処分がなされることもあります。このような例は、②処分する側の正当な権利や法的利益と比較して、スポーツ権がより保護に値する場合であるにもかかわらず、分不相応な処分がなされ、結果としてスポーツ権が侵害されている類型ということができるでしょう。

　さらに、これらと関連して、実際に不祥事があったのか、事実の調査が不十分な場合や、不祥事の有無について、処分を受けるスポーツ選手に対して言い分を述べる機会を与えない等のケースも散見されます。これらは、③適正な手続に反して不利益処分を行うことでスポーツ権を侵害する類型にあたります。

(2) 不祥事を行った者以外との関係

　ここまでは、不祥事を起こしたスポーツ選手が、自ら処分を受ける場合に、そのスポーツ権との関係で侵害が生じる場合とはどのような場合なのかについてみてきました。しかし、スポーツ権が問題となるのは、不祥事を起こしたスポーツ選手が処分され、そのスポーツ権が制約される場合に限られないということについても、留意する必要があります。すなわち、スポーツおよびスポーツに関する不祥事に対する処分の特徴として、不祥事を行った者と処分を受ける者とが、また、処分を受ける者とスポーツ権の制約を受ける者とが、それぞれ異なることが相当程度あるのです。

　前者については、例えば、高校の野球部の部員のうちの一部が不祥事を行った場合に、部全体が出場停止の処分を受けることがあります。この場合、不祥事を行った一部の部員については、自ら不祥事を行った者として処分を受けます。しかし、不祥事を行っていない部員については、自らが不祥事を行っていないにもかかわらず、処分を受け、スポーツ権が制約されることになります。一部の部員が不祥事を起こしたから、他の部員も連帯して処分を受けなければならないということが、果たしてスポーツ権を制約する理由として合理的なものといえるのかについては、大いに問題となるところです。この点については、第5章において詳しくみていくこととします。他にも、サポーターに不祥事がある場合に、チームが処分を受ける場合等も、不祥事を行った者と処分を受ける者とが異なる場合といえます。

　後者については、特定のスポーツ選手が処分を受けることで、そのスポーツ選手のスポーツをする権利が制約を受けることになるのは当然ですが、スポーツをみる権利およびスポーツをささえる権利は、当然ながら、スポーツ選手のみに生じるものではありません。

　例えば、平成23年には一連の不祥事で大相撲春場所の開催が中止されました。この場合、相撲をみたい、相撲をささえたいファンのスポーツをみる権利またはスポーツをささえる権利が制約されているというこ

17

とができます。このような場合に、ファンのスポーツをみる権利、スポーツをささえる権利は、さらに問題を複雑なものとします。まず、ファンがその権利を理由として、何らかの法的な主張ができないのかが問題となります。また、ファンが何らかの法的な主張ができない場合に、今度は処分を受けたスポーツ選手が、ファン全員の権利を援用して、法的な主張ができないのか、さらなる問題が生じます（いわゆる「第三者の憲法上の権利の侵害」に関する問題として、憲法学上議論がなされている論点と、軌を一にする問題と考えられます）。

（3）過剰な自粛

これまでみてきた例はいずれも、具体的な処分がなされたケースばかりですが、具体的な処分が実際には存在しないにもかかわらず、スポーツ権が侵害される場合があるということについても、注意する必要があります。

典型例が、ある不祥事があった場合に、不祥事を行ったことを理由に、チームが競技会への出場を辞退したり、活動自体を一時的に休止したりする、過剰な自粛の問題です。自粛する当事者が真意に基づいて自粛するケースは問題とならないのですが、スポーツ団体等から自粛を強要されるケースについては、具体的な処分がなくとも、実際にはスポーツ権は侵害されていることになります。このような場合に、スポーツ選手のスポーツ権をどのように保護していくかについては、さらなる考察が必要となります。

例えば、行政事件訴訟法を参考にすると、実際に処分がなくても国民の権利が行政によって制限される場合があることに鑑みて、訴訟の類型が追加された経緯があります。どのような手当をすることが望ましいかは断言しがたいところですが、スポーツ権の発達に伴い、将来にはこのような場合に対しても、スポーツ選手の権利を確保すべく、何らかの手当を行う必要が生じてくるのではないでしょうか。

2 │ 裁判所による法的判断の可否 (法律上の争訟)

　ここまでは、不祥事処分によってスポーツ権が侵害されるとはどのような場合を指すのかみてきました。ではこれらの場合について、スポーツ選手が裁判所において、自らのスポーツ権が侵害されていることを理由に、裁判を提起して、自らのスポーツ権を回復することができるのでしょうか。
　現在までに、日本の裁判所において、不祥事処分にかかわらず、スポーツ権があることを明示した裁判例はありません。
　もちろん、従来、不祥事処分を含め、スポーツ権の侵害であることを主張して訴訟をすることができないわけではありませんが、そこにはいわゆる、法律上の争訟性（または事件性）という問題が生じます。

(1) 裁判所の立場

　　学説的な対立については省略すると、裁判所が判断できるのは、「法律上の争訟」（裁判所法3①）、つまり、当事者間の具体的な権利義務または法律関係の存否についての確認を求めるものである必要があると解されています。この具体的な権利義務または法律関係の存否についての確認を求めるものでなければ、訴訟を提起しても、裁判所はスポーツ権の侵害の有無について判断することなく、訴えを却下することになります。
　　従来スポーツ権の侵害に関する裁判においては、この具体的な権利義務と呼ばれるものがないとして、訴えそのものが却下されることが少なからずありました。例えば、特定の競技会に出場できないことは、スポーツ選手にとっては極めて重要なことと考えられますが、特定の競技会に出場できないというだけでは、従来の裁判例によれば、当事者間の具体的な権利義務または法律関係の存否についての確認とはいえないと考えられることが多いです。特定の競技会に出場できないとしても、その結果スポーツ選手において具体的な損害が生じているわけではないというのが、その理由のようです。

第1章 総論

　一例を挙げると、社団法人全日本学生スキー連盟が、ある大学のスキー部の全日本学生スキー選手権大会への出場を無期限に停止する旨の理事会決議を下した結果、同スキー部がある競技会の出場資格を失ったことについて、同大学が社団法人全日本学生スキー連盟を相手取って、競技会に出場することのできる資格を有すること等の確認を求めた裁判において、特定の競技会に出られる資格については、「社会生活上の利益にかかわるものとはいえるが、同大会の参加資格が直ちに被告会員（筆者注：同スキー部を指します）と被告との間の権利義務ないし法律関係にかかわるとは認め難い」として、法律上の争訟性を否定しています。(注2)

（2）裁判所の立場に対する批判

　果たしてこのような裁判所の態度が適切か、特定の競技会に出場することを目指して心血を注いできたスポーツ選手の立場からすれば、競技会に出場することの意義を軽視するものであり、看過しがたいものであると考えられます。

　この点、意識しなければならないのは、法律の解釈は時代の要求に伴い、変化していくものであるということです。典型的なものがプライバシー権やパブリシティ権です。

　プライバシー権は、法律上明記されているわけではありませんが、裁判例の積み重ねによって、現在は個人の有する権利であることに争いはありません。

　また、パブリシティ権というのは、商品の販売等を促進する顧客吸引力を有する、氏名や肖像の顧客吸引力を排他的に利用する権利のことをいうとされます。パブリシティ権を明示的に定める法律はないため、かつては権利として意識されていない時代も長くありました。しかし、関係者がその権利性を繰り返し議論し、不当な行為に対しては積極的に警告を繰り返し、場合によっては訴訟を提起する等して、自らの権利を守

（注2）
東京地判平成22年12月1日判タ1350号240頁

2. スポーツ選手の不祥事処分紛争によるスポーツ権の侵害

ろうと努力してきた結果、最高裁は「肖像等を無断で使用する行為は、①肖像等それ自体を独立して鑑賞の対象となる商品等として使用し、②商品等の差別化を図る目的で肖像等を商品等に付し、③肖像等を商品等の広告として使用するなど、専ら肖像等の有する顧客吸引力の利用を目的とするといえる場合に、パブリシティ権を侵害するものとして、不法行為法上違法となると解するのが相当である。」として、パブリシティ権の存在を認めるとともに、パブリシティ権が侵害される場合について、その判断をするに至ったのです。(注3)

このように、法律上に明文がなくとも、時代の流れとともに、社会構造が変化し、人々が権利について意識するようになり、権利獲得のために努力することで、裁判所も権利の存在を認めるということは、少なからずあることです。

スポーツ権に関する議論も同様であると考えられます。現在はスポーツ基本法が制定されたことにより、スポーツ権の存在自体は理解されるようになってきました。しかし、どのような場面において、スポーツ権が認められるのかについては、スポーツ基本法も明示していませんし、まだ議論が発達しておりません。

ただし、スポーツ基本法の理念からすれば、スポーツをする・みる・ささえる、それぞれの立場から、スポーツ権はなるべく広く保障されるべきです。裁判で実際に具体的な争訟性がすぐに認められるものかはわかりませんが、法律家はスポーツ選手と協働して、スポーツ権の存在を強く訴えかけていく必要があると考えられます。

(注3)
最判平成24年2月2日民集66巻2号89頁

3 | 法的判断の限界（部分社会の法理）

[1] 部分社会の法理

　すでに述べたとおり、スポーツ権に関する訴訟を提起しても、法律上の争訟性という壁がありますが、たとえ法律上の争訟性があると認められても、裁判所は以下のように述べており、すべての法律上の争訟が司法審査の対象にならないことを明らかにしています。

　　法律上の係争といっても、その範囲は広汎であり、その中には事柄の特質上裁判所の司法審査の対象外におくのを適当とするものもあるのであって、例えば、一般市民社会の中にあってこれとは別個に自律的な法規範を有する特殊な部分社会における法律上の係争ごときは、それが一般市民法秩序と直接の関係を有しない内部的な問題にとどまる限り、その自主的、自律的な解釈に委ねるのを適当とし、裁判所の司法審査の対象にはならないものと解するのが、相当である。(注4)

　この判決を前提にすると、「一般市民社会の中にあってこれとは別個に自律的な法規範を有する特殊な部分社会における法律上の係争」と呼ばれるものに該当する場合には、たとえ法律上の争訟性を有していても、裁判所は実体的な判断をすることなく、訴えを却下することになります。
　実際に、法律上の争訟性が認められても、この、部分社会の法理によって、訴えが却下された事例も少なからずあります。例えば、前述でも引用した社団法人全日本学生スキー連盟に関する訴訟においては、請求のうち一部については、法律上の争訟性がないと判断しましたが、その他の部分については法律上の争訟性があるものの、部分社会の法理によって訴えを却下したのです。

(注4)
　最判昭和52年3月15日民集31巻2号234頁

その論理はこのようなものでした。

　本件についてみると、本件各処分は、被告が、学生スキー連盟としての団体の内部規律を維持し、組織目的を達成するために、定款14条4項に基づきその会員である原告スキー部に対し行った懲戒作用である。このような処分に係る被告と原告との間の関係は、被告の団体内部における問題であって、一般市民法秩序と直接の関係を有するものということはできない。他に本件各処分が一般市民法秩序と直接の関係を有することを基礎付ける具体的な事実の主張及び立証はない。そうすると、本件各処分は司法審査の対象とならないから、甲請求に係る訴えは不適法である。

　また、同判決は、社団法人全日本学生スキー連盟所属の大学スキー部は男子部109大学、女子部80大学に及んでおり、非常に多くの者が社団法人全日本学生スキー連盟に関与しており、このような団体的法律関係で多数人の関与が生ずる部分社会においては、部分社会の内部問題につき司法審査権を及ぼすことに言及しました。また、紛争を対世的画一的に確定することにより法的安定を図る要請が強く、団体の自律的な解決にゆだねるのは妥当でないとの主張に対しては、部分社会の法理は、部分社会である団体の内部問題については当該団体の自律権を尊重して原則として司法審査の対象としないというものであり、部分社会を形成する団体の規模の大小により取扱いに差異は生じないとしました。

　このように、スポーツ権について社会的に認知され、法律上の争訟性が認められるようになったとしても、前述の判決にいう「一般市民法秩序と直接の関係」がない限り、裁判所に訴えを提起しても、実体的な審理ができないことになります。

[2] 裁判所による救済はスポーツ団体にとって望ましいか

　裁判所のこのような判断について、どのように考えるべきでしょうか。問題点は明白です。結局のところ、スポーツ権を侵害されたスポーツ選手に救済の機会がないのでは、全く意味がないのです。

第1章　総論

　この問題を解決する上では、二つの考え方があります。

　一つは、スポーツ選手側から、スポーツ権が侵害されることが「一般市民法秩序と直接の関係」を有するものであるということを、裁判所に対して積極的にアピールしていくことが考えられます。スポーツ権がいかに重要なものであり、一般市民法秩序において重要な意味を有するものであるか、社会的に認知されるようになれば、裁判所が、それぞれの問題について、「一般市民法秩序と直接の関係」を有するものとして取り上げるようになり、救済の機会を与えるようになる可能性があります。

　しかし、スポーツ選手がこのように主張することで、実際に裁判所による判断が容易になされるようになれば、スポーツ団体にとっては致命的な問題が生じる可能性があります。すなわち、判決でいう「部分社会」の法理というのは、そもそもどうして認められたのかという問題です。前述の判決によると部分社会というのは、「一般市民社会の中にあってこれとは別個に自律的な法規範を有する特殊な」存在であるから、その自律的な法規範に基づいた判断を尊重するというのが、裁判所の立場であります。逆にいえば、安易に裁判所に判断を委ねることは、自律的な法規範に基づいた判断が尊重されなくなることを意味し、スポーツ団体としての自立を失うことになりかねません。スポーツ団体が自主独立、自己決定を失うことは、スポーツ団体にとって運営上致命的な支障を生むおそれもあります。

　したがって、スポーツ団体としては、不利益処分に関する紛争が裁判所で判断されるようになる前に、自らの自立を守るために、自律的に、不祥事に対して適正かつ適切な処分を下す仕組みを作ることが不可欠となるのです。スポーツ団体が客観的な基準を設け、適切な手続を経て、処分を下すのであれば、スポーツ選手のスポーツをする権利が保障される一方で、スポーツ団体の自律性を維持することもできるのです。

　ただし、客観的な基準や適切な手続を、スポーツ団体の内部で全て準備することには困難が伴います。例えば、自己の判断の正当性を客観的な立場から検証するために、仲裁受諾条項を設け、スポーツ選手が望めば一般財団法人日本スポーツ仲裁機構（以下、JSAA）の仲裁手続を利用できるようにする

2. スポーツ選手の不祥事処分紛争によるスポーツ権の侵害

等、中立かつ公正な第三者機関を利用することも考えられます。

　本書では、各スポーツ団体がどのような手続をとり、どのような内容の処分を下すことが望ましいか、その指針を示しています。手続や処分の具体的内容については各章に譲りますが、次節においては、各当事者が不祥事処分に対してどのように向き合うべきか、論じていきます。以下で述べるとおり、スポーツ選手、スポーツ団体、そしてそれらを支える法律専門家である弁護士が、それぞれの立場から、不祥事に対して適正かつ適切な処分を下す仕組みを作るために、努力することが求められているのです。

（椿原　直）

3. スポーツ権の実現のために

1 | スポーツ選手・指導者が果たす役割

[1] はじめに

　スポーツ権を実体ある権利として実現していくために、まず、スポーツ権を行使する主体であるスポーツ選手や指導者が権利を自覚し、声を上げることが必要です。ここでは、スポーツ選手や指導者が果たすべき役割を中心に述べていきます。

[2] スポーツ権侵害の類型

　スポーツ権を実体ある権利として実現していくためには、その前提として、様々な場面において、当事者が自らのいかなるスポーツ権が侵害されているのかということを具体的に自覚できなければなりません。当事者自身が、日常のスポーツ活動の様々な場面において自らの権利が侵害されているという自覚があって初めて憲法上の権利としてそれを主張していくことの素地ができることになるからです。しかしながら、スポーツ権は法律的な概念であるため、法律の知識がない一般の国民にとっては、いついかなる態様で自らの権利の侵害がなされているかがわかりづらい部分があります。

　そこで、以下では、いくつかのスポーツ権の侵害の場面を列挙し、その場面において誰のどのような権利がどのような態様で侵害されているのかを考えてみます。

　ひと口にスポーツ権といっても、その際にいかなるスポーツ権が問題となるかという点については様々な類型が存在します。

3. スポーツ権の実現のために

(1)「する」権利

例えば、スポーツ選手自身が軽度の不祥事しか起こしていないにもかかわらず出場停止等の重い処分を受け、大会の出場資格を剥奪されるような場合は、スポーツ選手自身が、その不祥事により自らの「する」スポーツ権をないがしろにしてしまう典型的な場面といえます。本書が基本的に念頭に置くのはこの類型のスポーツ権の侵害事例であり、詳細は次章以降で述べます。

チーム内部でのいじめ問題等の場合を考えてみると、どうでしょう。いじめ問題によりいじめの加害者が処分を受ける場合には、加害者が自らの「する」スポーツ権をないがしろにしている場面であることはもちろんです。しかしながら、この場合ではそれに加えて、いじめがなされることによりいじめの被害者自身が円滑にスポーツを楽しむことができなくなるということになります。したがって、この場面では、加害者のいじめという行為により、加害者自身の権利をないがしろにしているのみならず、いじめの被害者の「する」スポーツ権をもないがしろにしている場面であるということができることになります。

(2)「しない」権利

では、仮に政府が国民の健康増進を目的として日本国民全員になんらかのスポーツを定期的に行うことを義務づける法律を成立させた場合はどうでしょうか。国民が政府によってスポーツをすることを強制するということは、国民がスポーツを押しつけられない（すなわち「しない」）権利を侵害しているということができる可能性があります。

これは、例えば少年野球やサッカーのグラウンドの近所に住んでいる人たちが、自らの近隣のグラウンドで行われているスポーツをする際の騒音に悩まされているような場合にも同様です。近隣住民が、問題となっているスポーツを「みない」もしくは「ささえない」権利を侵害しているものということができる可能性があるからです。

(3)「ささえる」権利

　次に、スポーツを「ささえる」権利の場面に目を移してみたいと思います。例えば、スポーツの指導者が不祥事を起こしたとします。そして、その不祥事によりチームが出場停止等の処分を課され、大会への出場資格を剥奪されてしまうような場合は、指導者の不祥事により、スポーツ活動に支障をきたす教え子のスポーツ選手のスポーツを「する」権利がないがしろにされているといえます。そして、指導者自身がスポーツを「ささえる」権利をないがしろにしている場合であるということになります。近年では、大阪市の高校のバスケットボール部で起きた、顧問の教諭による部員への体罰を巡る一連の問題等も記憶に新しいところです。

[3] スポーツ選手・指導者が果たす役割

　ここまで、様々な場面において、それがいかなる態様のスポーツ権の侵害であるのかについて列挙してきました。スポーツ権の実現のためにスポーツ選手および指導者が果たす役割は、究極的にはこれらの場面につき理解を深め、自らの行動によりいかなる者のいかなる権利が侵害されうるのか、また第三者の行動により誰のどのような権利が侵害されうるのかにつき認識を持つことであるといえます。もちろん、スポーツ権を実現するために法的手段に出る場合は最終的には法律の専門家である弁護士等の手に委ねられることは事実であり、その点は後に詳述します。

　しかしながら、スポーツ選手や指導者等の当事者が、自らのスポーツ権が侵害されていると自覚してそれを発信しない限り専門家のもとに問題が持ち込まれることはありません。当事者が自らの権利について意識を持つことが、スポーツ権実現のための手段に至る端緒となるのです。特に指導者は、スポーツ選手に対して技術的な指導をするとともに精神的な指導をする立場にあるのですから、このような側面も考慮した指導をすることが求められることになります。

　具体的にスポーツ権侵害の場面を自覚するために重要な点ですが、①不祥

事等を起こさないようにするという事前の予防の場面と、②もしも不祥事等を起こしてしまった場合の事後の対応の場面という二つの場面に分けて考えることができるものと考えられます。

(1) 事前の予防

　事前の予防の点は、まずは、当然のことですが、スポーツ選手自身が不祥事等を起こさないように自らを律するよう自覚を持つということが重要であると考えられます。不祥事等を起こすことで、自らのスポーツ権をないがしろにしてしまうことになる他、チームスポーツであれば他の選手のスポーツ権を害したり、ファン（みる人）のスポーツ権を制約することにもなります。指導者も同様にこうした自覚が必要です。加えて、スポーツ選手が不祥事等を起こしたり、それと誤解されるような行動をとることがないよう正しい指導方法を身につけることも必要になります。

(2) 事後の対応

　事後の対応については、課された処分が不当である等の不公平・不公正な処分をされた場合に、声を上げることが大切になります。不祥事を起こした当事者であるスポーツ選手や指導者がスポーツ権侵害だと主張することは、躊躇を覚えるかもしれません。また、ややもすると、自分の犯した不祥事を差し置いて権利ばかりを主張する人間と理解されるおそれがあり、かえって主張した本人やスポーツ権の確立のためにマイナスになる可能性があります。

　ここでは、やたらめったら権利主張をすることを勧めるものではありませんが、不公正・不公平な処分に対しては、自らの権利侵害を毅然と主張していく必要があります。そのためには、第三者の視点から事実および処分を客観的に見てもらう必要があります。そこで、少しでも処分の手続や内容に疑問を感じた際には、勇気をもって弁護士もしくは身近にいる協力者に相談することがもっとも重要であると考えられます。スポーツ権自体が訴訟の俎上

第1章　総論

には乗りづらい側面はあるにしても、スポーツ団体によっては、団体独自の不服申立手続等が定められている場合もありますし、JSAA等の仲裁機関を利用して問題の解決を図ることも選択肢として十分に考えられます。スポーツ法を専門とする弁護士に相談をすれば、スポーツ選手等が権利を主張することによる事実上の不利益等も加味した適切な選択肢を提示することが可能となります。

　不祥事ではなくドーピングの事案ですが、サッカーのJリーグの川崎フロンターレに所属する選手が、体調不良に伴う脱水症状に対する応急処置として、チームドクターによる生理食塩水等の点滴注射を受けたことにつきJリーグよりドーピングの嫌疑をかけられ、同選手が出場停止等の処分を課された事案がありました。同事件において、同選手は知人のつてをたどって弁護士に相談をし、最終的にはCASにおいて自らが潔白であることを証明しました。(注1)

　ここで同事件の詳細を述べることはしませんが、同事件では、Jリーグ側が国内の仲裁機関であるJSAAでの仲裁に同意しなかったため、同選手はCASにおいて判断を仰がざるを得ず、そのための通訳費用等で数千万円の出捐を余儀なくされたといわれています。(注2) 同選手はそこまでの経済的・時間的損失を負担してでも、自らのスポーツ選手としての尊厳が侵害されている状態を回復したかったということであり、同選手の勇気ある行動により実際に同選手の潔白は証明されています。

　その後、世論は同選手に対する同情の声と、Jリーグ側に対する非難の声を上げるようになりました。Jリーグが今後同じような処分を行う際には、世論の厳しい視線が向けられることとなるでしょう。それのみならず、Jリーグはもちろんのこと、同種のスポーツ団体等は、今後、軽々に選手に恣意

(注1)
　Arbitration CAS 2008/A/1452 Kazuki Ganaha v/ Japan Professional Football League, award of 26 May 2008
(注2)
　我那覇和樹選手弁護団「我那覇選手を応援してくれた全てのかたへのお礼とご報告」

的な処分を課することはできず、処分を行う際には適切な検討を重ねられることが期待できるといえるものと考えられます。これも、同選手が適切な手続に従い自らの権利を証明したことが大きく寄与しているといえるのです。

同事件では、同選手に点滴治療を施した医師も JSAA に対して仲裁申立てをする等しています。これは、将来的には、スポーツドクターである同医師がスポーツ選手を「ささえる」権利を実現しようとした試みであったとみられることになるでしょう。

なお、数千万円といわれる同選手の手続費用については、同選手に対する募金等が行われ、その一定部分が補われたということです。

[4] スポーツ権を主張するメリット

次に、上記のように当事者としてスポーツ権実現のためにとるべき行動の指針として、スポーツ権を主張することの具体的なメリットについて簡単に論じてみます。特に、他の法律構成や憲法上の主張が考えられる場合にスポーツ権を独自に主張することに意味があるのかという点につき、問題になると思われる事案があるので、いくつかの場面を列挙します。

(1) 不法行為との関係

まず、スポーツ権を主張するメリットとして、民法上の不法行為の成否の判断における考慮要素としてスポーツ権が機能する場面が挙げられます。不法行為において侵害された権利・利益の性質が、憲法上の権利であるか否かは、損害賠償における具体的な損害額の算定や、不法行為の効果等に関して有利に働く場合があると考えられるので、これはスポーツ権主張によるメリットが生じる典型的な場面といえるかもしれません。

例えば、プライバシー権の侵害があったとして不法行為に基づく請求をする場合に、侵害された権利が人格権に基づくものであるものとして、損害賠償請求のみならず、差し止め請求が認容されることがある等、侵害されたものが憲法上の権利であることで、より強力な法的効果

を得られることが少なくありません。

　事例としては、プロ野球の中日ドラゴンズの応援団が、平成20年度において楽器・応援・旗等を用いて観客を組織化しまたは統制して行われる集団による応援の申請を不許可とされたことが憲法上の人格権の侵害である等として球団を提訴したいわゆる中日応援団訴訟があります。(注3)原告らが球場でプロ野球を観戦することおよび応援団方式による応援をすることは、原告らの幸福追求権の一環として憲法上保護されているものであるとの主張が原告よりなされました。同裁判においては、球場でプロ野球を観戦することや応援団方式による応援をすることは主催者の裁量的判断に優越する人格権ないし法律上保護された利益であることはできないとして請求が認められませんでした。しかし、もしこの場面でスポーツ権が具体的権利性を有するまでになっていれば、人格権の侵害であるものとして原告側の請求が認容されていたかもしれません。

（2）憲法上の他の権利等との関係

　次に、憲法上の他の権利や概念と重複して主張しうる場合が考えられます。例えば、スポーツをするにあたって男女間で差別的な扱いがなされていることにより、一方の性別の当事者が制約を受けているという場合を考えてみます。その当事者は、自らが性別に基づく不合理な差別を受けているものとして平等原則違反（憲法14）を主張してこれを争うと同時に、自らのスポーツ権を侵害されたとしてその主張を補強することが可能となります。複数の憲法上の主張が成り立つことになれば当事者としてはそれだけ自らの権利を実現することができる可能性が高くなるため、スポーツ権を主張することにメリットがあるということができます。

（3）弁護士の役割

　以上、スポーツ権のメリットを記載してきましたが、スポーツ権のメ

（注3）
名古屋高判平成23年2月17日審決集57巻第2分冊376頁

リットを発揮するためには前述のとおり、スポーツ権が憲法上の権利として具体的権利性を有することが必要です。この点、現状では、仮にスポーツ権を裁判上主張したとしてもなかなか即時にスポーツ権を根拠とした法律上の救済を受けることは難しいかもしれません。

しかしながら、例えば現在では裁判例において一定の市民権を得たと評価されている日照権等も、最初は現在のスポーツ権と同様、裁判上の救済が受けづらい権利として考えられていました。ところが、時代が進むにつれて憲法上の権利に対する考え方も変わり、その間の弁護士等の専門家によるたゆまぬ主張の甲斐もあって、日照は現在では快適で健康な生活に必要な生活利益であると指摘され、権利濫用等の判断の際の受忍限度論の一内容として考慮されるようになりました。(注4)

もちろん、その背景には高度経済成長期を経て高層ビル等が乱立して住環境が悪化したことにより、国民全体の住環境に対する権利意識が向上したという事情がプラスに作用しているという側面はあります。しかしながら、弁護士が各時代において手を抜かずに日照権を主張し続けてきたという事実を軽視することはできないでしょう。

また、スポーツ権を実現するためには裁判上主張していくとともに、具体的な権利を付与できるような立法がなされるよう働きかけていくということも手段として考慮すべきであるものと考えられます。

(飯田寛樹)

2 団体が果たす役割

[1] スポーツと関わる団体

現代社会において、私達がスポーツをしたり、スポーツをみたり、またはスポーツをささえる活動を行う上で、団体の存在は欠かせません。例えば、

(注4)
最判昭和47年6月27日民集26巻5号1067頁

第1章　総論

　一人で黙々とランニングをするだけというのであれば、なんらかの団体との関わりを意識することはないのかもしれませんが、それにとどまらず、学校の陸上部に入ったり、会社の実業団に所属したり、マラソン大会に出場したりということになれば、必然的に学校、会社やマラソン大会を主催する団体と関わることになります。また、私達が、プロのスポーツチームの試合やその他のスポーツイベントを観戦するときには、プロリーグ・クラブやイベントを主催する競技団体等が関わっていることは簡単にイメージできるかと思います。

　もっとも、一口にスポーツに関わる団体といっても、実に様々な団体があります。

　例えば、競技会の開催等を行う、国際オリンピック委員会や日本オリンピック委員会、そしてそこに加盟する各競技の団体等があります。選手がオリンピック等のより高いレベルでスポーツをするためには、これらの団体に所属しなければその資格が与えられない場合がある等、この競技団体とスポーツの関わりは非常に大きいものといえます。

　また、選手が従業員として会社のスポーツチームに所属する場合には、その会社がスポーツに深く関わることになります。特に昭和期の日本においては、従業員の士気高揚や会社のPRの一環としての目的を持った、実業団によるスポーツ活動が盛んでした。近年、不況の影響もあって名門の実業団チームでさえ解散等の危機に瀕しており、実業団スポーツは衰退の一途をたどっていますが、アマチュアスポーツにおいて、いまだ実業団の存在というものは欠かせません。

　他に、スポーツとの関係で学校の存在も欠かすことはできません。日本においては、高校野球をはじめとして、学校での部活動としてのスポーツに、生徒の教育面からの高い価値が認められてきたといえます。(注5)

　そして、高いレベルのスポーツに関わるのは、プロリーグ・クラブといった団体です。スポーツの興行自体を目的とし、選手が所属し、その団体から報酬を得て生計を立てているという点で、スポーツとの関わりは非常に直接的です。

これら以外にも、例えば、スポーツイベントのスポンサーとして資金を援助する企業や、テレビ中継や雑誌への掲載等を行う団体、会場の設営や観客の整理等を行うボランティア団体等、スポーツに関わる団体は無数に存在します。

[2] スポーツと団体の関わり方

　これらの団体のスポーツへの関わり方も様々で、それがスポーツ権との関係で積極的な意味合いを持つ場合もあれば、消極的な意味合いを持つ場合もあります。

　積極的な意味合いとしては、選手に活動の場を提供したり、スポーツが経済的に成り立つように資金を集約し、それを選手に分配するという経済的な仕組みを担ったりすることで、スポーツ権の実現に寄与するという面があります。スポーツにおいて、単に1人で黙々と運動をして満足することのみにとどまらず、誰かの指導を受けたり、チームメイトと切磋琢磨したりするためには、学校の部活や会社の実業団等に所属し、そこで活動することが必要でしょう。また、プロスポーツやその他のスポーツイベントの興行のためには、多額の資金が不可欠となりますが、これを選手自らが用意することは困難ですから、団体が資金の受け皿として資金を集約し、収益を選手に分配するという役割を担うことになります。これらの点では、団体の存在は選手のスポーツ権の実現のためになくてはならないものであるといえます。

　他方で、消極的な意味合いとして、スポーツに関わる団体が、選手のス

(注5)
　学生スポーツにおける教育的な価値というと、毎年夏に激闘が繰り広げられる高校野球が浮かぶ方も多いのではないでしょうか。日々の厳しい練習に耐えつつ、礼儀やフェアプレーの精神を重んじながら目標に向かって努力することは、身体のみならず精神の鍛錬として学生の人格的形成に資する面があり、日本学生野球憲章前文や第2条第1号においても、学生野球を教育の一環として捉えることが明記されています。もっとも、このように学生スポーツの持つ教育的な面というものを誤った方向に推し進めると、合理的ではない精神論に基づく過酷な練習の強制や、監督・先輩を絶対とした上下関係のもとでの不合理な指示、さらには暴力等につながる危険性もしばしば指摘されるところです。

ポーツ権を制約し、ひいてはスポーツ権を侵害するものとして関わることもあります。

　詳しくは第2章以下で説明しますが、選手の競技中または競技外での行動等に関して、所属競技団体、会社、学校、プロリーグ・クラブによる処分がなされることがあります。これらの処分は、前述のように、スポーツ権の「制約」に該当しうるものであり、場合によってはスポーツ権の「侵害」となるものです。

　通常の場合、選手個人の力に対して、団体の力は強力です。団体にとってはそこに数多く所属する選手のうちの1人でも、その選手個人にとっては、その団体から処分を受けることでスポーツ権の重大な制約となりえます。例えば、選手としての資格を剥奪されるようなことになれば、これがスポーツ権のきわめて重大な制約となることは明らかです。

　もっとも、選手にとって不利益となることであれば、それがすべてスポーツ権との関係で消極的なものとなるわけではありません。スポーツ団体としては、そのスポーツの健全な発展を図るために、自ら一定のルールを定めたり、そのルールに違反した選手を処分したりする必要があることも当然です。そのスポーツのことを最も理解しているのはそのスポーツ団体であるとも考えられますので、スポーツ団体自身が、そのスポーツの特殊性や業界における慣行等をふまえて自主的にルールを定め、それに基づいて処分をしているのであれば、それは原則として尊重されるべきといえるでしょう。

　このような「団体自治」の観点からすれば、国家権力（裁判所）による介入が無制限に許されるべきではありません。(注6)そして、適正な団体自治が行われている場合には、それがスポーツの健全な発展につながり、ひいてはスポーツ権の実現につながることにもなるのです。

[3] スポーツ基本法におけるスポーツ団体の責務

　以上のように、スポーツに関わる団体は、選手のスポーツ権の実現に寄与する面がある一方で、スポーツ権を制約、侵害しうる面もあります。スポーツに関わる団体は、自らがスポーツ権との関係でこのように重大な影響を持

つものであることを自覚したうえで、スポーツ権の存在、内容を十分に理解し、スポーツの発展に寄与していくことが求められます。

　スポーツ基本法においても、スポーツ団体が、スポーツの普及や競技水準の向上のために重要な役割を果たすものであることを考慮して、スポーツ団体は、スポーツの推進、事業の適正化、迅速かつ適正な紛争解決のために努力するという義務が定められています（スポーツ基本法5）^(注7)。以下では、その内容を少し具体的に説明していきます。

(1) スポーツを推進する義務

　　まず、スポーツ団体は、「スポーツを行う者の権利利益の保護、心身の健康の保持増進及び安全の確保に配慮しつつ、スポーツの推進に主体的に取り組む」ことが求められています（同5①）。さらに進んで、スポーツの推進のために各スポーツ団体が具体的にどのような取組みを行うべきか、ということについては、スポーツ基本法は明記していません。この点は、各スポーツやスポーツ団体の実情に応じて多種多様な取組みが考えられますので、各スポーツ団体自らがその方法を考え、実行していくことが必要です。

　　もっとも、いかにスポーツの推進につながる取組みのようにみえても、そのためにスポーツを行う者の権利や安全がないがしろにされてはならないことは当然です。例えば、スター選手をタイトな日程で休みなく試合に出場させれば、より多くの観客にそのスポーツ選手のプレイをみる機会を与えることができ、そのスポーツの人気や知名度の向上につ

(注6)
　本章2．[3]で説明した部分社会の法理とも関わるところです。
(注7)
　スポーツ基本法では、スポーツ団体を「スポーツの振興のための事業を行うことを主たる目的とする団体」として定義していますが（同2②）、ここで述べるスポーツ基本法に定められた義務については、「スポーツ団体」の定義にはあてはまらない、その他のスポーツに関わる団体においても、できる限り意識して努力を行うことで、スポーツ界全体の発展に寄与し、スポーツ権の実現につながるものであることはいうまでもありません。

第1章 総論

ながるかもしれません。しかし、それが度を超えたハードな日程でその選手を酷使するようなものであれば、選手の健康、安全を害しうるものであり、いかにスポーツの推進のためであっても許すことはできないでしょう。

スポーツ基本法は、このことを念のため明らかにするため、スポーツ団体が「スポーツを行う者の権利利益の保護、心身の健康の保持増進及び安全の確保に配慮しつつ」スポーツの推進に取り組むべきことを定めているのです。

(2) 事業を適正化する義務

また、事業の適正化の面では、「スポーツ団体は、スポーツの振興のための事業を適正に行うため、その運営の透明性の確保を図るとともに、その事業活動に関し自らが遵守すべき基準を作成する」よう努力することとされています（同5②）。詳しくは後述の[4]で説明しますが、近年のスポーツ団体の社会的責任への国民の意識の高まりを受けて、スポーツ基本法は、ここで、スポーツ団体のガバナンスの必要性について定めているのです。

では、具体的に、「運営の透明性の確保」と「遵守すべき基準を作成」に関して、スポーツ団体にいかなるガバナンスが求められるかというと、主に意思決定に関して求められるガバナンスと、運営に関して求められるガバナンスが挙げられます[注8]。

① 意思決定に関して求められるガバナンス

まず、意思決定に関して求められるガバナンスの内容ですが、意思決定の前提として、その意思決定に関わる役員、メンバーの間でしっ

(注8)
スポーツ団体のガバナンスについては、JSAAがホームページ(http://www.jsaa.jp/)で公表している『トラブルのないスポーツ団体運営のために　ガバナンスガイドブック（第2版）』（平成24年、JSAAスポーツ界のガバナンスに関する委員会）に、わかりやすくまとめられています。そこでは、スポーツ団体が具体的に実践すべきガバナンスについてのチェックリストも挙げられていますので、あわせてご参照ください。

かりと情報共有がなされていることが必要です。また、スポーツ団体の意思決定が、そのスポーツをめぐる各関係者（スポーツ選手、ファン、スポンサー等）に大きな影響を与えうることからして、その意思決定が各関係者の多様な意見をふまえたものとなるよう適切な仕組み（役員、メンバーの年齢、性別等がバランスよくなるような選任手続等）がとられており、実際にそのような多様な意見をふまえた意思決定がなされていることも重要です。そして、そのように意思決定がなされたとしても、現実にそれに沿ってスポーツ団体が活動しなくては意味がないため、スポーツ団体の代表者がそのスポーツ団体のなした意思決定に忠実に沿って業務執行をするよう、他の役員、メンバーがしっかりと監視、監督していることも求められます。さらに、「運営の透明性」という言葉のとおり、これらの役員、メンバーの選任手続・選任過程や、意思決定の過程、内容等について、広く各関係者が事後的にもチェックできるよう、意思決定を行った会議の資料等をホームページで公表する等といった情報公開が必要とされます。

② 運営に関して求められるガバナンス

他方、運営に関して求められるガバナンスの内容として、スポーツ団体の実際の運営が、一部の役員、メンバーの恣意的な判断によって行われていたり、場当たり的で不平等な判断によって行われていたりといったことがないようにチェックすることが可能となるよう、スポーツ団体運営のためのルールや、選手の選考・処分のための客観的な基準等を作成することが挙げられます。この場合も、そのルール、基準等を外部からも知ることができるよう、ホームページ等で公表することが望まれます。また、このようなルール、基準等の作成や、あるいはそれに従って実際に選手を処分するか否かを決するための事実調査にあたっては、専門家である弁護士等の外部の有識者の協力を得ることも考えられます。

第1章　総論

(3) 迅速かつ適正に紛争を解決する義務

　　そして、スポーツ基本法においては、「スポーツ団体は、スポーツに関する紛争について、迅速かつ適正な解決に努める」ことも定められています（同5③）。この紛争解決に関する義務は、迅速かつ適正な解決のための仕組みを作ることも含むものであり、前述の(2)と同様にスポーツ団体のガバナンスに関わるものでもあります。

　　その具体的な内容としては、紛争解決手続が定められていることや、それが公正さの担保されたものとなっていること、やはり適切な情報公開が図られていること等が挙げられます。また、後述の**3.**とも関連しますが、スポーツ団体やスポーツ選手の不祥事の事実調査等、場合によっては、世間、各関係者の理解を得られるよう、専門家である弁護士等によって構成される第三者委員会を組織することが必要とされることもあるでしょう。

(4) その他の義務

　　スポーツ基本法においては、前述の(1)から(3)の義務に加えて、「国、地方公共団体及びスポーツ団体は、国民が健やかで明るく豊かな生活を享受することができるよう、スポーツに対する国民の関心と理解を深め、スポーツへの国民の参加及び支援を促進するよう努めなければならない」（同6）という義務や、「国、独立行政法人、地方公共団体、学校、スポーツ団体及び民間事業者その他の関係者は、基本理念の実現を図るため、相互に連携を図りながら協働するよう努めなければならない」（同7）という義務も定めています。スポーツの推進、発展のためには、国民の関心や協力が必要となることは当然です。したがって、それを得られるようにスポーツ団体等が努力すべきことや、スポーツ団体以外にもスポーツの推進、発展のために努力すべき立場にある国、地方公共団体その他の関係者と協力すべきことを定めているのです。(注9)

[4] スポーツ権の実現のために団体が果たす役割

　スポーツに関わる団体としては、スポーツ基本法に定められたこれらの義務を十分に理解して、スポーツの推進等に取り組んでいく必要があります。そして、これらの義務を果たし、適正な団体自治を行っているスポーツ団体であると認められる場合には、その自律的な判断は原則として尊重されなければならないでしょう。

　また、スポーツ団体がこのような取組みを積極的に行うことは、スポーツ選手のスポーツ権の保護につながるだけではなく、スポーツ団体としての社会的責任を果たすことにもなり、それはスポーツ団体自身にとっても利益をもたらします。

　もっとも、「社会的責任を果たす」というのではやや抽象的で、スポーツ団体自身にとってそれがどのように利益につながるのかがイメージしづらいかもしれません。スポーツ団体の側からすれば、社会的責任を果たすためにガバナンスを強化すべき、といわれても、余計なお世話、と多少うるさく聞こえるかもしれません。

　しかし、近年、スポーツ団体に限らず、必ずしも国等からの税金で運営されているわけではない私企業等の本来的な営利団体であっても、その団体が社会に与える影響力が考慮され、その社会的責任に対する国民の意識が高まっています。スポーツ団体に関しても、スポーツ団体の体制のあり方が問われる事件がメディアで相次いで取り上げられており、スポーツ団体のガバナンスの確立・強化に世間的な注目が向けられているところです。

　このような状況のもとでは、例えば、その団体に所属するスポーツ選手の何らかの不祥事等をきっかけとしてスポーツ団体のガバナンスに光があてられ、その団体が十分なガバナンスを築いていないことが取り沙汰された場合、「自浄能力のない組織」等として世間から批判を受けることになります。

(注9)
　なお、スポーツ基本法は、地域において住民が自主的に活動を行うスポーツ団体が、国民が身近にスポーツに親しむ機会の確保に資することに着目し、国・地方公共団体がそのようなスポーツ団体の支援等の施策を講ずるよう努力すべき義務についても定めています（同21）。

そして、そのスポーツやスポーツ団体の人気の低下を招き、さらに場合によってはスポーツ団体自体の活動の自粛といった致命的な事態にまで追い込まれる可能性があります。(注10)

　これを逆からみれば、スポーツ団体が自らガバナンスの確立・強化に取り組むことで、世間にとって非常に好印象を与えることができることになります。世間一般での人気が収益に直結するといっても過言ではないスポーツ・ビジネスにおいても、この点を世間に向かってアピールしていくことで、信頼できる、健全なスポーツ団体として人気を高め、メディアへの露出の増加や観客・競技人口の増加によって収益の増加につながります。

　なお、当然のことですが、スポーツに関わる団体として果たすことが期待される役割は、これらのスポーツ基本法に定められた努力義務だけにとどまるものではありません。スポーツ団体としては、スポーツのPR活動を積極的に行ったり、観客への見せ方を工夫したりといった営業努力によって、興行の拡大を図って収益を増大させることで、選手の活躍の場を増やして、スポーツ権の実現の機会をより多く提供するといった役割も期待されます。これは、スポーツ権の実現といった抽象的な利益につながるだけのものではなく、より直接的に、スポーツに関わる団体の経済的な収益につながるものでもあります。スポーツイベントを通じての企業等の宣伝効果というのは、依然として高いものがあるためです。そのようにして、スポーツをビジネスとして成功させることは、選手のスポーツ権の実現にも積極的に寄与し、また、それを見る側のスポーツ権の実現にもまた大きく寄与することになります。

　スポーツに関わる団体は、以上のような、スポーツ権の実現のために自らが果たす役割を理解して、活動を行うべきといえ、それがまた収益の拡大等の団体自身の利益にもつながることになるのです。

（加藤志郎）

(注10)
　大相撲で平成22年に発覚した野球賭博問題、さらにそれをきっかけとして発覚した八百長問題に対する財団法人日本相撲協会の当時の対応について世論の批判が高まり、平成23年の春場所開催が中止に追い込まれたことは記憶に新しいところです。

3 | 弁護士が果たす役割

[1] 弁護士が関与する意義

　スポーツ権の実現のために、法律の専門家である弁護士が果たすべき役割は小さくありません。

　そもそも、弁護士は、基本的人権を擁護し、社会正義を実現することを使命としており（弁護士法1①）、スポーツ権の実現も弁護士の使命に含まれるといえるからです。

　また、スポーツは公正であってこそ、スポーツに関わる人（する人、みる人、ささえる人）の権利が実現されることになります。反対にいうと、スポーツの公正さが失われると、当該スポーツの社会的信用が失われ、スポーツ権を実現することができないこととなってしまいます。そのため、スポーツの公正を保ち、社会的信用を確保することが、スポーツ権の保障のためには不可欠です。この点、弁護士は、前述の弁護士法第1条第1項の使命に基づいて、誠実にその職務を行い、社会秩序の維持及び法律制度の改善に努力しなければならないとされていることもあり（同1②）、社会的に信頼される立場にあります。このような弁護士がより積極的にスポーツの分野に関わっていくことが、スポーツ権の実現のために重要であることはいうまでもありません。

[2] 弁護士の関与する場面

　それでは、弁護士の関与の仕方にはどのようなものがあるでしょうか。大きく分けて、関係者間の関係を良好なものとし、紛争を未然に防止する事前の関与の仕方と、そのような事前の手立てを尽くしても、残念ながら発生してしまった紛争の解決や不祥事の処理を行う事後の関与の仕方があるといえるでしょう。

　事前の関与の具体例としては、選手とクラブまたは企業との契約関係、スポーツ選手の肖像権およびパブリシティー権、放映権のようなスポーツビジ

ネスにおける取引関係、スポーツ団体における規則の制定、スポーツ施設における利用規則の制定等が挙げられます。

他方、事後の関与の具体例としては、スポーツ中の事故における損害賠償請求のような民事事件の処理、スポーツ中の事故における業務上過失傷害等の刑事事件の処理、そして、本書でメインテーマとして扱っている賭博や八百長等の不祥事における事実調査および再発防止策の策定や被処分者の権利の擁護等が挙げられます。

[3] 専門性としてのスポーツ法

このように、スポーツ権の実現のために弁護士に期待される役割は小さくありません。

しかし、本書においてもすでに述べられているとおり、スポーツ権というものが法律で明記された権利でないことや、チームやスポーツ団体等の処分する側に私的自治が保障されており、組織の規律を維持するために構成員であるスポーツ選手の処分に一定の裁量を有するといったスポーツの分野に特異な事情があります。そのため、スポーツ権の実現のためには、弁護士にもスポーツの分野における法律問題の解決のために研鑽を積むことが強く期待されているところです。

[4] 不祥事案件への弁護士の関与

本書でメインテーマとして扱っている不祥事における事実調査および再発防止策の策定や被処分者の権利の擁護の場面では、次の2点に注意が必要であると考えられます。

まず、第1点目は、スポーツは公正であってこそ、スポーツに関わる人（する人、みる人、ささえる人）の権利が実現されることから、スポーツの公正性はスポーツ権の保障において重要な問題であり、法令違反のみならず倫理違反を含んだ不祥事事案において、社会的に事案究明のための調査や再発防止のための対策の要請が強いという点です。

次に、第2点目は、チームやスポーツ団体等の処分する側に私的自治が

保障されており、組織の規律を維持するために構成員であるスポーツ選手の処分に一定の裁量を有するため、本書においてもすでに述べられているとおり、当該処分に対して判断を下すことに司法が積極的ではない点です。もちろん、スポーツ団体の自律性もスポーツ権の保障にとって重要な事柄ではあります。しかし、だからといってスポーツ団体の判断のすべてが第三者機関により吟味されることなく維持されてしまうと、スポーツ選手の立場からのスポーツ権の保障がないがしろにされる結果となります。そのため、スポーツ選手に対して団体が課す処分についての争いをどのように解決していくのかという問題はとても重要なことであるといえます。

　第1の視点から、スポーツ団体としてどのように不祥事事案の事案究明の調査や再発防止の対策を整えればよいかを **4**.で、第2の視点から、スポーツ選手はどのように不祥事処分に対する不服を申し立てることができるかを **5**.でみていきます。

4 ｜不祥事事案への対応

[1] 第三者委員会の利用

　第三者委員会とは、ある組織において不祥事が発生した場合または発生が疑われる場合において、当該組織から独立し、専門知識を有する委員のみをもって構成され、徹底した調査を実施した上で、専門家としての知見と知識に基づいて原因を分析し、必要に応じて具体的な再発防止策等を提言するタイプの委員会のことを指します。スポーツに関連した不祥事事案が発生した場合に、当該スポーツの社会的信用を取り戻し、公正さを保つためには、この第三者委員会の利用が有効です。

　というのも、チームやスポーツ団体のみで事実関係を適正に調査した上で、スポーツ選手に対して公正な処分を下し、社会に対して十分な情報の開示を行うことは、困難があるからです。処分を課す者は、あくまでも当事者ですから、団体の構成員であるスポーツ選手に対する処分が甘くなる可能性

（あるいはその逆）や、不祥事が社会に広く知られることを嫌って隠蔽する可能性があり、利害関係なく客観的に物事を見る視点に欠けるのです。過去の事例においても、野球賭博に関する財団法人日本相撲協会の対応について、外部者による委員会が設置されるまでは、事実の調査に力士や親方等が関与し、刑事事件も絡む事案にもかかわらず自己申告をした者は厳重注意処分にとどめる等社会的な常識から大きくズレた扱いをして、かえって問題が大きくなってしまったと指摘されています。

　また、仮に、当事者のみで事実関係を適正に調査し、スポーツ選手に対して公正な処分を下し、社会に対して十分な情報の開示を行うことができたとしても、当事者による対応にとどまる点で、適切な対応がなされたとの社会的に十分な評価がなされない可能性があるからです。

　処分を課すスポーツ団体等においては、公平・公正かつ社会的責任を全うするためにも、積極的に第三者委員会を利用すべきと考えます。

　なお、不祥事に対応するための第三者委員会には、適法・不適法の判断や事情聴取、証拠評価、事実認定に長けた弁護士が参加することが多いことから、日本弁護士連合会により「企業等不祥事における第三者委員会ガイドライン」が策定されています。当該ガイドラインは第三者委員会の組織と運営に大変参考になります。

[2] 第三者委員会の組織

　第三者委員会の組織は、当事者のみで事実関係を適正に調査し、スポーツ選手に対して公正な処分を下し、社会に対して十分な情報の開示を行うことにより、社会の信頼を回復することができるものである必要があります。

　そのため、「企業等不祥事における第三者委員会ガイドライン」においても、第三者委員会の委員について、チームやスポーツ団体から独立した立場にあることが必要であり、事案の性質に応じて、弁護士、学識経験者、ジャーナリスト、公認会計士等の有識者が加わることが望ましいとされています。

　また、第三者委員会の委員の員数について、十分な調査を行うとともに、

判断の客観性を維持するために、「企業等不祥事における第三者委員会ガイドライン」においては3名以上を原則とすることが定められています。

[3] 第三者委員会の役割

　第三者委員会には、まず、公平中立な立場に基づく調査から適正な事実認定を行うことが求められます。この点について、「企業等不祥事における第三者委員会ガイドライン」においては、調査範囲の決定や、調査手法（関係者に対するヒアリング、関連文書の検証、関係証拠の保全、コンプライアンス環境の調査等）等の定めがおかれています。

　その上で、関与者に対しては弁明の機会を与えた後に、適正な処分を行うと共に、不服申立ての機会を付与することが求められます。

　さらに、広く社会に対して、不祥事の発生原因、関与者の処分内容、再発防止策を開示するとともに、謝罪を表明することも期待されます。この点について、「企業等不祥事における第三者委員会ガイドライン」においては、第三者委員会の設置にあたって調査範囲、調査結果の開示先、調査結果の開示時期を開示することや、調査報告書の開示を原則とし、例外的にこれを非開示とする場合の説明義務等の定めがおかれています。

[4] 第三者委員会の具体例

　これまでに発生したスポーツに関連する不祥事事案において、第三者委員会が適切に利用された具体例としては、以下のものがあります。

【公益社団法人日本体育協会の取組み（国体出場資格違反問題）】

事実の調査	弁護士7名で組織した第三者委員会で調査。5ヶ月に渡り関係団体への照会や事情聴取、選手本人への照会や15回もの聴聞調査期日が開かれた。
関係者の処分	7協議35選手について参加資格違反だったとする処分案がまとめられ、参加資格に関する提言がなされた。
情報の開示	適宜行われた。

【財団法人日本相撲協会の取組み（八百長問題）】

事実の調査	外部有識者11名による調査が行われた。
関係者の処分	相撲協会の規則に則り、力士らの話を聴き、関与の程度や情状等をふまえて処分案がまとめられた。
情報の開示	適宜行われており、また、報道に表れた情報が後に訂正されることもなかった。

5 スポーツ選手への処分の不服申立て

　スポーツ選手への処分の不服申立ての手段としては、裁判手続や、日本スポーツ仲裁機構（JSAA）のスポーツ仲裁やスポーツ調停、スポーツ仲裁裁判所（CAS）の利用等があります。それぞれの特徴は以下のとおりです。

　いずれも、スポーツに関する事件を扱うという点で特徴がありますが、一般的な訴訟手続や調停手続に類するので、スポーツ法を専門としている弁護士を立てて手続を進めることで、迅速かつ適切な処理が期待できるといえます。

[1] 裁判手続

　当該不祥事処分に関する事案が法律上の争訟にあたる場合には、その解決のために通常の民事裁判手続を利用することができます。

　しかし、当該不祥事処分に関する事案が法律上の争訟に該当しない場合には、裁判所による判断になじまず、通常の民事裁判手続によることはできません。この点、チームやスポーツ団体等の処分する側に自立権が保障されており、組織の規律を維持するためにその構成員であるスポーツ選手の処分に一定の裁量権を有すると考えられています。そして、不祥事事案におけるスポーツ選手への処分の場面はまさにチームやスポーツ団体の自立権や裁量権が尊重されるべき場面であると考えられることが少なくなく、法律上の争訟に該当しないものとして通常の民事裁判手続によることができない場合が生じてしまいます。

また、通常の民事訴訟手続によることができる場合であっても、概ね1ヶ月に1度のペースで期日が重ねられることとなり、解決までに年単位の期間を要することになります。そのため、出場停止処分に対する不服申立て等迅速な判断が必要となるような事案であっても、判断までに長時間を要することになり、通常の裁判手続によったのでは、たとえ判断が下されるとしても、不服申立ての実質的な意味が失われてしまうこともありえます。

このような不都合を回避しつつ、不祥事処分に関して実質的な意味のある不服申立てをする手段として、以下に述べるような日本スポーツ仲裁機構（JSAA）とスポーツ仲裁裁判所（CAS）の活用が有用です。

[2] 日本スポーツ仲裁機構（JSAA）のスポーツ仲裁の利用

日本スポーツ仲裁機構（JSAA）とは、スポーツ法の透明性を高め、国民のスポーツに対する理解と信頼を醸成し個々の競技者と競技団体等との間の紛争の仲裁または調停による解決を通じて、スポーツの健全な進行を図ることを目的として設立された団体です。

日本スポーツ仲裁機構（JSAA）の仲裁は、「スポーツ競技又はその運営に関して競技団体又はその機関が行った決定（競技中になされる審判の判定は除く。）について、競技者等が申立人として、競技団体を被申立人とする」（スポーツ仲裁規則2）申立てを想定しており、法律上の争訟に該当しない場合についても、団体の決定を覆すことができます。

なお、仲裁判断に判決のような強制力はないものの、世論の関心は高い事案の場合には競技団体に対する事実上の拘束力があるといえ、そうでない場合であっても競技団体のコンプライアンス意識の向上を図ることができるので、その意味で有用な手続といえるでしょう。

【手続の概略】

申 立 て	申 立 先：日本スポーツ仲裁機構事務局（代々木競技場内） 申立費用：5万円

仲裁合意	被申立人は仲裁手続への参加を強制されない。 手続が始まるには仲裁合意（当該紛争をJSAAの手続で解決するという両当事者の合意）が必要となる。 ただし、被申立人である競技団体の規則中に仲裁条項（選手からの不服申立てはJSAAにおいて解決する旨の規定）がある場合には、申立人による仲裁申立の時点で仲裁合意があったものとみなされる。
仲裁人の指名	仲裁パネルの人数は原則3名 →内1名は申立人が指名、内1名は被申立人が指名、残り1名は2名の仲裁人が指名
主張立証活動	審問期日および審問期日外に主張書面、証拠を提出して行う。
審　問	当事者及び仲裁人が一堂に会する機会であり、仲裁パネルの前で主張を述べ、必要に応じて証人尋問等を行う手続である。 原則1日とされている（例外的に2日以上にわたるときには可能な限り連続した日とされる）。
仲裁判断	仲裁判断は、審理が終わった日から原則として3週間以内に下される。 競技団体またはその機関がした決定を取り消すことができる場合として、以下四つの基準が確立している。 ①国内スポーツ連盟の決定がその制定した規則に違反している場合 ②規則には違反していないが、著しく合理性を欠く場合 ③決定にいたる手続に瑕疵がある場合 ④国内スポーツ連盟の制定した規則自体が法秩序に違反もしくは著しく合理性を欠く場合
上訴手続	JSAAの仲裁判断は最終的なものとされている（ただし、一部のドーピング事案は除く）。

［3］日本スポーツ仲裁機構（JSAA）のスポーツ調停の利用

　前述のとおり、日本スポーツ仲裁機構（JSAA）の仲裁は、スポーツ団体等の決定に関する申立てを想定しており、これにあたらない場合には利用することができません。また、話合いによる解決の見込みがある場合には、仲裁判断を求める仲裁手続は手段として適切ではありません。

そのような場合には、日本スポーツ仲裁機構（JSAA）のスポーツ調停の利用が考えられます。日本スポーツ仲裁機構（JSAA）のスポーツ調停は、特定調停合意に基づくスポーツ調停（和解あっせん）規則に基づく手続であり、スポーツに関連するおよそあらゆる紛争を対象としています。

ただし、スポーツ競技またはその運営に関して競技団体またはその機関がした懲戒処分決定に関する紛争については、事実関係について当事者双方が確認し、理解することの手助けをすることを目的とする手続のみを行うものとされていますので、注意が必要です。

【手続の概略】

申立て	申立先：日本スポーツ仲裁機構事務局（代々木競技場内） 申立費用：2.5万円
応諾確認	被申立人は仲裁手続への参加を強制されない。 相手方が調停を受けるか否かが確認され、相手方が受けない場合で、調停合意（当事者によるスポーツに関する紛争をスポーツ調停に付託する旨の合意）もない場合には手続は終了する。
調停人・助言者の選定	調停人は原則1名 →当事者間の合意に基づき両当事者の意思を確認して選任される。 ※調停人が弁護士でない場合には、弁護士を助言者としてつける。
調停手続	原則として調停期日は1回（必要に応じて数回）である。 原則として調停人選定後3ヶ月以内で終了する。
和解の成立	和解が成立した場合で、相当と認められるときには、和解契約書が作成される。

[4] スポーツ仲裁裁判所（CAS）の利用

スポーツ仲裁裁判所（CAS）とは、スポーツ独自の紛争解決機関が求められたことから、1984年に国際オリンピック協会により設立された団体です（ただし、現在のスポーツ仲裁裁判所（CAS）は国際オリンピック協会からは独立し、国際スポーツ仲裁理事会（ICAS）の下で運営されています）。

スポーツ仲裁裁判所（CAS）には、上訴仲裁部門と一般仲裁部門があり、上訴仲裁部門はスポーツ団体の決定に対する上訴を取り扱い、一般仲裁部門は通常の仲裁合意に基づく仲裁を取り扱います。

　しかし、スポーツ仲裁裁判所（CAS）は国際的な機関であり、基本的に手続はスイスのローザンヌで、英語かフランス語を用いて行われる等の定めがおかれています。そのため、日本のスポーツ選手からすれば費用や手続の負担が非常に大きく、利用しやすいものとはいえません。

　そもそも、日本スポーツ仲裁機構（JSAA）はスポーツ仲裁裁判所（CAS）の日本版として設立されたことに鑑みれば、上記のような不都合を回避する意味でも、日本スポーツ仲裁機構（JSAA）の仲裁ないし調停手続を積極的に利用すべきであると考えます。

　もっとも、日本サッカー協会のように、不服申立ての機関としてスポーツ仲裁裁判所（CAS）を指定し、裁判所その他の機関等に不服申立て等をすることができないとする定めをおいている場合があります。このような定めは、当該不服申立ての対象となる事案が国際的な問題である場合や、外国人が関係する問題である場合等においては、一定程度の合理性が認められるかもしれません。しかし、本書でメインテーマとして扱っている不祥事事案は純粋に日本国内において日本人のみが関与する問題であることが少なくないため、事案の内容に関係なく不服申立ての際にスポーツ仲裁裁判所（CAS）を利用することによる費用や手続の負担を強いることの合理性については検討の余地があるように思われます。

【手続の概略】

申立て	申立費用：1000 スイスフラン 期間制限：上訴仲裁においては、スポーツ団体の決定が告知されてから 21 日以内に仲裁申立てが必要である（ただし、当事者の合意がある場合にはこの限りではない）。
仲裁人の指名	仲裁パネルの人数は、一般仲裁で1名または3名、上訴仲裁では原則3名である。 →仲裁人の選定について当事者間に合意がある場合は、その合意

	に従うが、合意がない場合は、当事者それぞれが1名を指名し、3人とパネル長として合意により決定する等、当事者の公平に配慮して決定される。
審理手続	審理は非公開であり、当事者にも守秘義務が課される。書面の提出と口頭審理によりなされる。
保全措置	当事者は保全措置の申立てができる。
仲裁判断	一般仲裁では、当事者の合意がある場合または部門長が決定した場合を除き仲裁判断は非公開である。上訴仲裁では、当事者の合意がある場合を除き仲裁判断は公開される。 上訴仲裁においては、上訴理由書提出後3ヶ月以内に判断されるのが原則である。
上訴手続	仲裁判断は最終の判断であり、不服申立てはできない。

（田中恵祐）

第2章

処分の概要

本章では、スポーツ選手に不祥事があった場合に、誰から、どのような根拠に基づいて、どのような処分が下されることがあり得るのか、全体を俯瞰してみていきます。

　多くのスポーツ選手は、スポーツ団体、学校、会社の一つまたは複数に所属することで大会への参加資格を得る等して、競技を行っています。本書では、所属団体ごとに整理して、処分の内容とその限界等を検討していきます。具体的には、まずアマチュアスポーツに関し、①スポーツ団体による処分、②学校による処分、③会社による処分を概観します。次いで、プロスポーツに関し、④スポーツ団体・クラブチームによる処分についてみていきます。

　このように各団体が処分を行うことがありうるため、処分を受けるスポーツ選手の立場からみると、例えばスポーツ団体と学校、あるいはスポーツ団体と会社等、複数の団体に所属している場合には、複数の団体からそれぞれ処分を受ける可能性があることになります。(注1)

　なお、「スポーツ団体」については、スポーツ基本法第2条第2項で「スポーツの振興のための事業を行うことを主たる目的とする団体」と定義されています。本章では、スポーツ団体について、アマチュアについては、公益財団法人日本オリンピック委員会、公益財団法人日本体育協会、公益財団法人日本障害者スポーツ協会等の統括団体に加盟する競技団体を主に念頭に、プロについては、一般社団法人日本野球機構、公益財団法人日本サッカー協会を前提に検討をしています。また、プロ選手、アマチュア選手どちらもが所属しているといわれている一般社団法人日本バレーボールリーグ機構については、4.「プロスポーツ団体・クラブチームによる処分」の中で紹介しています。

(注1)
　関連して、選手がA団体とB団体に所属している場合、A団体による処分がなされた後に、処分をするB団体がA団体による処分の内容を考慮するのかという問題があります。先行するA団体の処分は、A団体内部の規律を維持する観点から処分が行われるため、直接にはB団体がB団体内部の規律を維持するための処分の選択には影響を及ぼす事情ではないとも考えられます。もっとも、スポーツ団体によっては、処分に際し、個別の事案において他の団体の先行する処分により受けるスポーツ選手の不利益が事実上考慮されるケースもあるようです。

1.
スポーツ団体による処分

1 │ 処分の法的根拠と種類

[1] 法的根拠

　アマチュアのスポーツ選手が所属している各スポーツ団体は、定款、処分に関する規則（倫理規程、競技者規程、懲罰基準等名称は各団体により様々です）で、処分を行う理由となる処分事由を定めています。

　通常の場合スポーツ選手はこれらの規則に明示または黙示に同意することを前提に競技を行っていると思われ、こうした定款、処分に関する規則が処分の法的根拠となると考えられます。

[2] 処分事由

　典型的な処分事由としては、①定款、処分に関する規則の定めに違反した場合、②スポーツ団体の名誉・信用を傷つけた場合、③刑罰法令に違反した場合等があります。

　特定の大会への出場を禁止する、商行為を禁止する等スポーツ選手が遵守すべき行為について具体的詳細な定めをおいて処分の予測可能性を高めている団体もある一方で、スポーツ団体の名誉・信用を傷つけた場合のようなかたちで抽象的な定めをおくにとどめている団体もあり、処分事由の定め方は様々です。

[3] 処分の種類

　処分の種類は、各スポーツ団体の定める内容によりますが、注意、厳重注意、謹慎処分、（一定期間または、無期限の）試合出場資格の停止、登録抹消、

除名、罰金、公表等があります。なお、特に処分に関する規則を定めていない団体でも、定款で除名だけは定めていることが多いようです。

　登録抹消、除名は、スポーツ選手のスポーツをする権利を直接制約しますし、また競技をできる時間が短期に限られている場合には、試合出場資格の停止によっても、処分により競技を継続することができなくなる重大な効果を受ける場合があります。したがって、そうした処分を選択する際には、その処分の重さゆえに慎重さが求められるといえます。

2 │ 処分の限界

　以上のように、スポーツ団体はスポーツ選手に対して処分を下す法的根拠を有していますが、スポーツ団体は自由に処分を決定できるのでしょうか、それとも一定の限界があるのでしょうか。以下では一般財団法人日本スポーツ仲裁機構（以下、JSAA）の仲裁判断を手がかりに、適正な処分のあり方について検討します。

[1] スポーツ団体の裁量

　スポーツ団体の運営には、自律性が認められます。団体内の事情に精通しているとして、処分を行うか、行う場合にどのような処分を選択するかについても裁量が認められるといえます。例えば、スポーツ団体が行った日体大ウエイトリフティング部コーチの協会からの除籍・協会への登録拒絶処分の有効性が問題となったウエイトリフティング部事件（JSAA－AP－2003－001）があります。ここでは、「日本においてスポーツ競技を統括する国内スポーツ連盟—相手方もその一つである—については、その運営に一定の自律性が認められ、その限度において仲裁機関は国内スポーツ連盟の決定を尊重しなければならない」という考えが示されています。

[2] 裁量逸脱

　他方で、JSAA 仲裁判断の先例では、上記の裁量にも限界があることを前提に、以下のいずれかに該当する場合に、事後的にスポーツ団体が下した処分を取り消すことを認めています。
①国内スポーツ連盟の決定がその制定した規則に違反している場合
②規則には違反していないが著しく合理性を欠く場合
③決定にいたる手続に瑕疵がある場合
④制定した規則自体が法秩序に違反し、もしくは著しく合理性を欠く場合
　JSAA の仲裁判断では、行政機関の下した処分に対する不服申立てである行政訴訟に類似した判断基準が採用されており、スポーツ団体のスポーツに精通している者としての裁量権を認めつつ、裁量逸脱については、仲裁人が法律的素養を背景に判断をする枠組みで適正な処分の確保を図っているといえます。

(1)「国内スポーツ連盟の決定がその制定した規則に違反している場合」について

　　スポーツ団体は自ら定める規定については自ら遵守しなければならないということを意味していると解され、処分を下す際には、自らの団体の規定に従って処分を行う必要があり、団体の規定に反して処分を行うことはできないといえます。

(2)「規則には違反していないが著しく合理性を欠く場合」について

　　前述ウエイトリフティング部事件において「処分を決定する判断過程に重大な誤認があったり、違反事実の重大さに応じて処分を選択すべきであるとする比例原則に反したりするなど、当該処分が著しく合理性を欠く場合には、違法となりうると解すべき」と判示がされています。これに従うと、判断過程に重大な誤認がある場合、一般法理である比例原則や平等原則に反する場合は、処分の有効性は担保できなくなります。したがって、処分を下す過程で慎重に事実関係の調査・確認が行われ前

提となる事実に間違いがないか、違反の程度と選択した処分によりスポーツ選手が受ける不利益の大きさをみて違反事実と処分とのバランスが均衡を失していないか、他の同種事案と比較して合理的理由がないのに処分の重さが異なる結果となっていないか等に注意を払う必要があるといえます。

(3)「決定にいたる手続に瑕疵がある場合」について

　決定にいたる手続に瑕疵というのは、処分基準を公表しているか、被処分者に告知聴聞の機会を付与しているか、処分について理由を提示・付記しているか等、処分の過程、プロセスに問題がないかということを意味していると解されます。前述ウエイトリフティング部事件において「行政手続法等が直接的に適用される余地はないが、その規定の趣旨が法の一般原則・条理の表現でもある場合には、それが本件処分のような決定に対しても適用されることを妨げるものではない」という判示がされています。つまり、例えば十分にスポーツ選手の意見を聞かないまま処分を下す等手続違反がある場合には、処分が取消されうることとなります。

　JSAAの仲裁判断が直接適用を否定している行政手続法は、行政運営における公正の確保と透明性の向上を図り、国民の権利・利益の保護に資することを目的として、行政庁の不利益処分に際し、①処分の基準を定め公にしておく努力義務（行手法12）②聴聞または弁明の機会の付与（同13）③被処分者に対する処分理由の提示義務（同14）を行政庁に課しています。

　JSAAは、この規定の趣旨が法の一般原則・条理の表現である場合には、不利益処分に適用されるとし、処分を受けたコーチに対して告知聴聞の手続がなかったことを処分決定手続の重大な違法と判断し、スポーツ団体の処分を取り消す判断をしています。また、処分理由のスポーツ選手への付記・提示に関しても、それ自体で独立した処分の取消事由となるか否かは留保しつつも、根拠規定が示されずになされた本件処分は

きわめて不適切と指摘しています。

(4)「制定した規則自体が法秩序に違反しもしくは著しく合理性を欠く場合」について

　スポーツ団体が制定する規則の内容自体にも合理性が求められています。仮に自らが定めた規則に忠実にしたがって処分をしたとしても、制定した規則自体が法秩序に違反しもしくは著しく合理性を欠く場合には処分が取り消されうることがあります。

(笠松航平)

2. 学校による処分

1 │ 処分の法的根拠と種類

［1］学校による処分の性質

　判例は、学校による処分（ここでは懲戒権の行使を念頭においています）を、内部の規律を維持して、教育目的を達成するための自律的作用であり、この性質については、公立、私立で差はないとしています（最判昭和29年7月30日民集8巻7号1463頁等）。学校による処分の特色は、問題行動のあった生徒に対して、教育目的の達成のために加える制裁という性質を持っている点にあり、処分によって、団体内の規律を維持することのみならず、規範意識の育成や自己教育力をも期待しているといえます。

［2］学校による処分の根拠
（1）法令

　　学校教育法（以下、学校教育法）と同法施行規則第26条が処分の法的根拠となります。

　　学校教育法第11条は、以下のとおり、校長および教員に懲戒権があることを定めています。

　　　校長及び教員は、教育上必要があると認めるときは、文部科学大臣の定めるところにより、児童、生徒及び学生に懲戒を加えることができる。ただし、体罰を加えることはできない。

これを受けて、学校教育法施行規則第 26 条は、以下のとおり定めています。

1. 校長及び教員が児童等に懲戒を加えるに当つては、児童等の心身の発達に応ずる等教育上必要な配慮をしなければならない。
2. 懲戒のうち、退学、停学及び訓告の処分は、校長（大学にあつては、学長の委任を受けた学部長を含む。）が行う。
3. 前項の退学は……次の各号のいずれかに該当する児童等に対して行うことができる。
   一　性行不良で改善の見込がないと認められる者
   二　学力劣等で成業の見込がないと認められる者
   三　正当の理由がなくて出席常でない者
   四　学校の秩序を乱し、その他学生又は生徒としての本分に反した者
4. 第二項の停学は、学齢児童又は学齢生徒に対しては、行うことができない。

(2) 校則

学校は自らが定める校則に基づき処分を行うこともできるので、校則も処分の法的根拠になりえます。校則とは各学校において学校の教育目標を達成するために学校内外における生徒の生活全般に関する必要な事項を定めた学校内規のことです。一般的に「生活のきまり」「校則」「学則」「生徒規則」等の名称で呼ばれているようです。

なお、国公立、私立を問わず、その設置目的に照らし社会通念上合理的と認められる範囲において、学則等により、学生を規律する包括的権能を有すること、そして、学生は、右学則等の内容を具体的に知ると否とに関わりなく、入学によってこれを遵守すべき立場におかれるものであることは、これまでの裁判例においてもほぼ異論なく承認されています。(注1)

(注1)
　昭和女子大学事件最判昭和 49 年 7 月 19 日民集 28 巻 5 号 790 頁最高裁判所調査官解説

[3] 学校による処分の種類

前述の学校教育法施行規則は、退学、停学および訓告という処分を規定していますが、処分の種類はこれらに限られません。

学校による処分は、以下のとおり法的な効果を伴うもの、伴わないものの2種類に整理することができます。[注2]

(1) 事実行為としての懲戒

法的な効果を伴わない事実行為として行われるもの。具体的には、注意、叱責、居残り、別室指導、起立、宿題、清掃、学校当番の割当て、文書指導等があります。

(2) 法的な効果を伴う懲戒

懲戒を受ける学生が学校で授業を受けることができるという法的な地位に変動を及ぼすもの。具体例として、退学や停学等があります。

これらは広く一般の生徒全般を念頭においたものですが、部活に所属している生徒が学校で部活動をするに際し、処分を受けることもありえるので、スポーツ選手に対しても適用されるものです。

2 処分の限界

[1] 処分権者の裁量

処分の発動および処分の種類の選択については、判例でも教育を担う学校当局の専門的・自律的な裁量判断を尊重すべきとされています。例えば、前述最判昭和29年7月30日民集8巻7号1463頁では、「当該行為の軽重のほか、本人の性格および平素の行状、右行為の他の学生に与える影響、懲戒

(注2)
鈴木勲編著「逐条学校教育法（第7次改訂版）」94頁（学陽書房、平成21年）

処分の本人および他の学生におよぼす訓戒的効果等の諸般の要素をしんしゃくする必要があり、これらの点の判断は、学内の事情に通ぎようし直接教育の衝に当るものの裁量に任すのでなければ、倒底適切な結果を期待することはできない」と判示されています。

[2] 処分の限界
(1) 実体面

前述のとおり、教育基本法施行規則第26条第1項で「懲戒を加えるに当つては、児童等の心身の発達に応ずる等教育上必要な配慮をしなければならない」と定められていることから、処分に際して教育上必要な配慮をする必要があります。さらに、義務教育を保障する観点から、義務教育中の公立学校の生徒、特別支援学校の生徒に対して退学処分を科すことはできません。教育の機会を提供する観点から国立・私立を問わず、小中学校の生徒に対しては停学処分をすることもできません。

次に、これまでの判例では、「全くの事実誤認に基づく処分や、社会観念上著しく妥当性を欠く処分」(最判昭和29年7月30日民集8巻7号1501頁)、「社会通念上合理性を認めることができない場合」(最判昭和49年7月19日民集28巻5号790頁)、「考慮すべき事項を考慮しておらず、又は考慮された事実に対する評価が明白に合理性を欠き、その結果社会観念上著しく妥当性を欠く処分」(最判平成8年3月8日判時1564号3頁)等について裁量の逸脱となることを判示しています。

特に、退学処分については、学生の身分を剥奪する重大な措置であることから、学生に改善の見込みがなく、これを学外に排除することが教育上やむをえないと認められる場合に限って選択すべきとしています(最判昭和49年7月19日民集28巻5号790頁、最判平成8年3月8日判時1564号3頁等)。

なお、学校教育法第11条ただし書きにより、「体罰」についてはいかなる場合も禁止されている点は留意が必要です。この「体罰」という用語は法令上定義されておらず、どういった行為が「体罰」に該当する

かは必ずしも明らかではありません。この点、文部科学省は平成25年3月13日付の「体罰の禁止及び児童生徒理解に基づく指導の徹底について（通知）」の中で禁止されている「体罰」と、許される「懲戒」の区別の判断基準を示し、体罰に関する解釈・運用についてはこの通知によるとしています。この中では以下のような考え方が示されています。

(1) 教員等が児童生徒に対して行った懲戒行為が体罰に当たるかどうかは、当該児童生徒の年齢、健康、心身の発達状況、当該行為が行われた場所的及び時間的環境、懲戒の態様等の諸条件を総合的に考え、個々の事案ごとに判断する必要がある。この際、単に、懲戒行為をした教員等や、懲戒行為を受けた児童生徒・保護者の主観のみにより判断するのではなく、諸条件を客観的に考慮して判断すべきである。

(2) (1)により、その懲戒の内容が身体的性質のもの、すなわち、身体に対する侵害を内容とするもの（殴る、蹴る等）、児童生徒に肉体的苦痛を与えるようなもの（正座・直立等特定の姿勢を長時間にわたって保持させる等）に当たると判断された場合は、体罰に該当する。

上記通知では、先行する文部科学省の平成19年2月5日付の「問題行動を起こす児童生徒に対する指導について」別紙の「学校教育法第11条に規定する児童生徒の懲戒・体罰に関する考え方」が維持されており、具体的事例を示しつつよりわかりやすいかたちで考え方を示すという趣旨のようです。

問題となるのは、有形力（目に見える物理的な力）の行使についてです。上記通知では正当防衛または正当行為等に該当する場合等、個別具体的な事案において一定の有形力の行使が許される場合があるという文部科学省の考え方です。この点に関連して最判平成21年4月28日判時2045号118頁は、小学2年生の男子が女子数人を他の男子とともに蹴るという悪ふざけをした上、これを注意した教員のでん部付近を2回にわたって蹴ったので、教員が小学校2年生男子の胸元の洋服をつかんで壁に押し当て、大声で「もう、すんなよ。」と叱ったという事案

の判決です。ここでは、有形力の行使であっても教育的指導の範囲を逸脱するものではなく、「体罰」には該当しないと判示しています。

（2）手続面

　私立学校による処分は、行政庁による処分ではなく、行政手続法は適用されません。

　また公立学校における児童等に対する教育目的を達成するために学生に対してされる処分については、行政手続法は適用除外とされています（行手法3①）。

　このように、私立学校であっても、公立学校であっても行政手続法は直接適用されません。

　もっとも、行政手続法のうち法の一般原則・条理の表現でもあると思われるもの、例えば、聴聞または弁明の機会の付与、被処分者に対する処分理由の提示等の手続を取ることが望ましく、処分を決定する手続に重大な瑕疵がある場合等は、裁量逸脱となる余地はあるように考えられます。

　なお、18歳未満のスポーツ選手に対する処分については、児童の権利に関する条約（Convention on the Rights of the Child）との関係にも留意する必要があります。同条約第12条においては児童（18歳未満のすべてのもの。同1）には、自己に影響を及ぼすあらゆる司法上および行政上の手続において意見を聴取される機会が保障されています。(注3)

（3）私立と公立の違い

　以上でみてきた処分の限界等について私立学校のよる処分と公立学校

（注3）
　なお、文部科学省の文部事務次官から「『児童の権利に関する条約』について」（平6・5・20文初高一四九号）という通知が出されています。同通知では、「表明された児童の意見がその年齢や成熟の度合いによって相応に考慮されるべきという理念を一般的に定めたものであり、必ず反映されるということまでも求めているものではないこと」を留意事項としています。

による処分とで差異はあるのでしょうか。

　処分の裁量を認めつつ、裁量の逸脱がある場合には処分を取り消しうるという判断枠組みは、行政訴訟で用いられてきたものであり、公立学校による処分についてはこの判断枠組が妥当します。しかしながら、前掲最判昭和49年7月19日は私立大学の事例でも処分権者に裁量を認めつつ、裁量の逸脱の有無をチェックしており、この判断枠組について公立と私立とで基本的な差はないように思われます。

　もっとも、一般に憲法の人権規定は私人間に直接適用されないと解釈されていることから、私立学校による処分によりスポーツ選手の権利・利益が制約される場合と、公立学校による処分によりスポーツ選手の権利・利益が制約される場合とを比較すると、相対的に憲法の人権規定が直接適用される公立学校のスポーツ選手の権利・利益の制約が大きいと法的に評価されることはありうるように思われます。

〔笠松航平〕

3.
会社による処分

　会社に所属するスポーツ選手が不祥事を起こしてしまった場合、そのスポーツ選手に対して会社から何らかの処分がなされることがあります。この処分は、何を根拠になされるものなのでしょうか。また、会社は、どのような場合に、どのような処分をすることができるのでしょうか。

　ひとえに会社に所属するスポーツ選手といっても、その実態は、①会社とプロ契約を交わしスポーツをすることの対価として報酬を得る選手から、②午前中だけ会社の仕事をして午後から練習を行う選手、③日中は一般社員と同じように勤務したうえで夜間に練習を行う選手まで様々です。このうち①の選手に対する処分については後述 **4.**を参照していただくこととして、ここでは、②や③の選手、すなわち、労働者として会社に従属しながらスポーツをする選手を念頭におくこととします。

1｜処分の根拠

　不祥事を起こした労働者を会社が処分するのはあたりまえのことであるようにも思えますが、一般的には、会社も当然にそうした懲戒権を持つものではないと考えられています。判例も、「使用者が労働者を懲戒するには、あらかじめ就業規則において懲戒の種別及び事由を定めておくことを要する。そして、就業規則が法的規範としての性質を有するものとして、拘束力を生ずるためには、その内容の適用を受ける事業場の労働者に周知させる手続が採られていることを要するものというべきである」（最判平成 15 年 10 月 10 日集民 221 号 1 頁）としています。すなわち、会社が労働者を処分するためには、懲戒に関する定めが就業規則等に定められることによって、会社が懲

戒権を持つことが労働者との間の労働契約の一内容となっていなければならないのです。

つまり、会社は、就業規則等に定められた事由が生じた場合でなければ労働者を処分することはできないし、処分をする場合でも、就業規則等に定められた種類以外の処分をすることはできないということになります。

2 処分の種類

一般に、会社の就業規則に定められている処分の種類としては、以下のようなものがあります。

[1] 譴責・戒告

譴責・戒告は、労働者の将来を戒める処分です。フォーマルなかたちをとった注意といってもよいでしょう。譴責の場合には、始末書の提出を求めるのが一般的です。

[2] 減給

減給とは、すでに支払義務が発生している賃金をカットすることをいいます。これに対して、欠勤・遅刻・早退を理由とする賃金カットは、支払義務が生じなかった賃金をカットするだけなので、減給にはあたりません。

なお、就業規則上に減給による制裁の規定をおく場合であっても、その減給は、「1回の額が平均賃金の1日分の半額を超え、総額が一賃金支払期における賃金の総額の10分の1を超えてはならない」(労基法91)とされています。

[3] 出勤停止

出勤停止とは、一定期間労働者の就労を禁止することをいいます。出勤停止期間中は賃金も支給されず、勤続年数にも加算されないのが一般的であ

り、比較的厳しい処分であるといえます。

[4] 懲戒解雇・諭旨解雇

懲戒解雇は、懲戒として行われる解雇であり、通常は、予告期間をおかずに行われ、退職金も支給されません。懲戒の中で最も重い処分であるといえます。

諭旨解雇は、懲戒解雇を緩和したもので、退職金が支給されることも多いといわれています。

3 | 処分事由

一般に、会社の就業規則に定められている処分事由として、以下のようなものがあります。

[1] 経歴詐称

経歴詐称とは、履歴書や採用面接に際して、職歴や学歴等を偽ることをいいます。実際には、「重要な詐称」とされていることが多いようです。

[2] 職務上の非違行為

職務上の非違行為とは、労働の遂行が不適切なことをいいます。無断欠勤や遅刻過多、成績不良等が挙げられます。

[3] 業務命令違反

上司の指示に従わない場合にも、処分がなされることがあります。ただし、この場合でも、命令に従わなかったことによって実際に企業秩序が乱されたかどうかが検討される必要があります。

[4] 職場規律違反・不正行為

セクハラ行為や上司への暴行、会社物品の横領行為等が挙げられます。

[5] 私生活上の行為

私生活上の行為については、会社は介入できないのが原則ですが、「会社の社会的評価に及ぼす悪影響が相当重大であると客観的に評価される場合」（最判昭和49年3月15日民集28巻2号265頁）には、処分事由となります。

私生活において窃盗や詐欺、暴行や脅迫、わいせつ行為等の犯罪行為を行った場合が代表例です。交通事故や、スピード違反等の交通違反も処分事由になることがあります。

4 処分の限界

懲戒処分は、労働者に大きな不利益を及ぼす可能性のあるものですから、前述のような処分事由に該当する行為があったからといって、会社が労働者を無制約に処分してよいというわけではありません。会社が労働者に対してした処分が有効とされるためには、その処分の内容が相当なものであり、かつ、その処分が適正な手続を経て決定されたものである必要があります。

[1] 処分の相当性

懲戒処分は、労働者がした行為から考えてバランスのとれたものでなければなりません。この点、労働契約法第15条にも、「使用者が労働者を懲戒することができる場合において、当該懲戒が、当該懲戒に係る労働者の行為の性質及び態様その他の事情に照らして、客観的に合理的な理由を欠き、社会通念上相当であると認められない場合は、その権利を濫用したものとして、当該懲戒は、無効とする」と定められています。したがって、例えば、軽微な遅刻に対して懲戒解雇の処分がなされたとしても、そうした処分は無効となります。

処分が相当であるかどうかの判断にあたっては、過去の同種事例においてどのような処分がされたか、という視点も重要になるでしょう。

[2] 適正な手続

懲戒処分は、適正な手続を経てなされる必要があります。就業規則や労働協約等で、例えば、懲戒委員会での討議を行う等の懲戒手続が定められている場合に、それを経ないで行われた懲戒処分は無効とされることがあります（東京地判平成8年7月26日労判699号22頁）。また、処分が決まる過程の中で、本人に弁明の機会が与えられることは必要不可欠であると考えられており、その機会が与えられずになされた処分や、与えられたとしても形式的なものにすぎない場合には、処分が無効とされる可能性が高いといえます（東京高判平成16年6月16日労判886号93頁）。

（竹内教敏）

4. プロスポーツ団体・クラブチームによる処分

　プロないしプロ・アマチュア混合のスポーツ団体に所属する選手は、当該団体の規則に服しその処分を受けることになる他、所属する各チームの規則にも服し、その規則に基づく処分をも受けることになります。

　以下においては、プロ野球における一般社団法人日本野球機構の処分と各チームの処分、Ｊリーグにおける公益財団法人日本サッカー協会の処分と各チームの処分、Ｖリーグにおける一般社団法人日本バレーボール機構の処分と各チームの処分を通じて具体的に考察してみます。

1│プロ野球における処分

[1] 日本野球機構における処分
(1) 処分の根拠
　　選手が日本プロフェッショナル野球協約（以下、野球協約）に規定する制限または禁止条項に違反した場合には、コミッショナーは、同協約第9条第3項により、「調査委員会」の調査結果に基づき制裁を科することができます。

(2) 処分を下す場合
　　「野球協約に規定する制限又は禁止条項に違反した場合」、処分が下されます（野球協約9③）。
　　具体的には、①メディアへの無許可出演をした場合（同168）、②八百長試合や野球賭博に関与した場合（同177、180①一、二）、③②をコミッショナーに報告しなかった場合（同179）、④暴力団員等と交際し

た場合（同180①三）、⑥野球を不朽の国技とし、利益ある産業とする目的を阻害するすべての行為をした場合（同194）等が挙げられます。

(3) 処分の種類

処分の種類は、重い順に①永久失格処分、②期限つき失格処分、③職務停止、④野球活動停止、⑤制裁金、⑥戒告処分のとおりであり、これらはあわせて科することができます（同9③）。

なお、日本野球機構による処分あるいは球団による処分を受け、出場停止選手名簿、制限選手名簿、資格停止選手名簿、失格選手名簿という4種類の名簿のいずれかに記載された場合、選手としてプレイすることができなくなります（同60、[4]実例1参照）。

これまでの例でも、刑事事件に該当する不祥事を起こした場合に、球団による処分を受ける結果、前述4種類の名簿のいずれかに記載されるという処分を科されたケースがあります（[4]実例1参照）。

[2] 球団による処分
(1) 処分の根拠

処分の根拠は、「統一契約書」と「球団の職務規程」（以下、職務規程）等の諸規則にあります。

(2) 処分を下す場合

統一契約書によると①野球協約に違反（同書17、29）した場合、②野球協約に付随する諸規程に違反（同書17）した場合、③球団の諸規則（職務規程等）に違反した場合（同書17）、④技術能力の発揮を故意に怠った場合（同書26条二）等には、球団は処分を下すことができます。②の諸規程には、NPBドーピング禁止規程等があります。

また、球団の職務規程によっても処分を下すことができる場合があると考えられますが、職務規程が非公表であるため、規程の詳細は不明です。

（3）処分の種類

統一契約書による処分としては、「コミッショナーの承認」を得て、選手との契約を解除することができます（同書26）。

球団の職務規程による処分は、詳細は不明ですが、選手が自動車運転による人身事故を起こしたことに対し、球団が厳重注意をするとともに3ヶ月間の運転禁止処分を言い渡す等の実例があります。

[3] 検討すべき不服申立て手段
（1）コミッショナーに裁定を求める提訴

球団の処分に不服がある場合には、提訴の原因が発生してから30日以内にコミッショナーに裁定を求める提訴をすることができます（野球協約188）。

（2）JSAAへの仲裁・調停申立て

野球協約に規程がないため、別途当事者間の合意が必要です。JSAAへの仲裁・調停申立ての詳細は、第1章**3.4**をご参照ください。

（3）裁判所への提訴

理論上考えられる訴訟の種類としては、処分が無効であることを前提とする選手契約上の地位確認訴訟や契約解除が無効であることを前提とする参稼報酬請求訴訟等があります。

無効主張の根拠としては、①コミッショナーあるいは球団が裁量を逸脱して処分したこと、②他の同種の事案の処分に比べて当該処分が重すぎることから比例原則・平等原則違反ということ、③処分に際して、当該事案以外のことを考慮したこと（他事考慮）等が挙げられます。

ただし、野球協約第8条第3項において、「コミッショナーが下す（中略）制裁は、最終決定」と規定されていることもあり、「法律上の争訟」にあたらないとされたり、あるいは、「部分社会の法理」が適用される結果、裁判所への提訴が認められないと判断される可能性がありま

す。「法律上の争訟」、「部分社会の法理」の詳細については、第1章 2. 2、3 をご参照ください。

[4] 実例1
(1) 事案
　　当該選手は、車で帰宅途中に当時小学5年生の少女（11歳）のスカートの上から体を触る等し、その直後にも帰宅途中の幼稚園女児（当時6歳）に、下着を脱がせる等のわいせつな行為をしたとして強制わいせつ等の容疑で逮捕されました。その後、被害者とは示談が成立したため、起訴猶予処分となりました。

(2) 本事案の処分内容
　　所属球団からは、統一契約書に基づき、契約の解除という処分が下されました。
　　そして、日本野球機構からは、野球協約に基づき無期限資格停止名簿に記載されるという処分が下されました。もっとも、同選手は、所属球団では主力選手であったこともあり、ファンの署名運動が盛んに行われました。その結果、後日、同処分は解除されました。
※なお、同選手は、後に他球団で現役復帰を果たしました。

[5] 実例2
(1) 事案
　　選手は、自動車を運転中に横断歩道を自転車で渡っていた女性と接触し、女性を転倒させ、全治1週間の怪我を負わせました。
　　選手は、警察官が現場に駆けつけた際にその場から逃走したため、道路交通法違反（無免許、ひき逃げ）および業務上過失傷害の容疑で逮捕されました。
　　その後、選手は同容疑で起訴され、懲役2年、執行猶予4年の判決を受けました。また、逮捕された際、過去に運転免許が取り消されたた

め無免許であったことが判明しました。

(2) 本事案の処分内容

逮捕日に、所属球団からは無期限謹慎処分が下されました。これは職務規程によるものと考えられます。

その後の起訴時に、所属球団は、統一契約書に基づき、選手との契約を解除しました。

（大塚翔吾）

2 サッカーにおける処分

[1] Jリーグにおける処分
(1) 処分の根拠

公益法人財団法人日本サッカー協会（以下、JFA）基本規程、Jリーグ規約およびJFA選手契約書に基づく処分があります。

(2) JFA基本規程に基づき処分を下す場合

JFA基本規程（以下、規程）に基づく処分が可能な場合として、以下のものが挙げられています（規程234および235）。

- ・JFA規程またはJFA規程に付随する諸規程に違反したとき
- ・JFAの指示命令に従わなかったとき
- ・JFA、JFA加盟団体または選手等の名誉または信用を毀損する行為を行ったとき
- ・JFAまたはJFA加盟団体の秩序風紀を乱したとき
- ・刑罰法規に抵触する行為を行ったとき
- ・JFA加盟団体または選手等に対し、その職務に関して不正な利益を供与し、申込み、要求しまたは約束したとき

- JFA加盟団体または選手等が、方法のいかんを問わず、また直接・間接を問わず試合結果に影響を及ぼすおそれのある不正行為に関与した場合
- JFA加盟団体または選手等が、脱税その他不正な経理を行った場合

(3) JFA基本規程に基づく処分の種類

規程に基づく処分として、戒告、譴責、罰金、没収、賞の返還、出場停止、公的職務の停止・禁止・解任、サッカー関連活動の停止・禁止または除名があります（同235、202①三～十一）。

(4) JFA基本規程に基づく処分の手続

規程に定められた処分の手続については、懲罰の決定・適用の権限はJリーグに委任されています（同213①）。Jリーグは不祥事の発生を認識した場合、懲罰の決定・適用のための規律委員会を設置し、調査、審議します（同②）。ただし、以下の懲罰を科す場合は、JリーグからJFAへ懲罰内容が通知され、JFA理事会が懲罰を決定することになります（同③）。

- 6ヶ月以上の出場停止処分
- 罰金
- 没収
- 6ヶ月以上の公的職務の停止・禁止・解任
- 6ヶ月以上のサッカー関連活動の停止・禁止
- 下位ディビジョンへの降格
- 除名

JFA理事会の諮問またはJFA会長の申出があった場合、JFAの設置する裁定委員会（同36～42）が調査・審議を行ない（同214）、理事会は裁定委員会の作成した懲罰案を十分に尊重して懲罰を決定します（同222）。

Jリーグの規律委員会およびJFAの裁定委員会ともに手続は原則非

公開（同215）となりますが、当事者の聴聞手続（同216）が設けられており、代理人（弁護士または委員会から承認された者に限る）の選任も認められています（同218）。

　規程に定められた処分手続の特徴としては、原則としてJリーグの規律委員会に懲罰の決定権限を委ね、例外的に重い懲戒事由についてはJFAの裁定委員会で改めて審査を行い、JFA理事会が懲戒内容を決定するという二段階審査の仕組みをとっていることが挙げられます。

　また、JFAの理事会の決定に対しては、裁定委員会への再審査請求（同224）、CASへの不服申立て（同223、237①）が認められていますが、裁判所等への不服申立ては認められていません。もっとも、裁判所等への不服申立てを認めないという規定の有効性は必ずしも明らかでないと考えられます。

(5) Jリーグ規約に基づき処分を下す場合

　Jリーグ規約（以下、規約）には、規約に基づく処分が可能な場合として、「本規約または本規約に付随する諸規程」に違反したとき（規約141①）と定めています。

　規約の中で選手に課されている義務のうち、不祥事に関わるものは以下のとおりです。

- 第1条のJリーグの目的達成を妨げる行為および公序良俗に反する行為（同3②）
- 試合の結果に影響を与える不正行為への関与（同89七）
- Jクラブ、協会およびJリーグにとって不利益となる行為（同89八）

(6) Jリーグ規約に基づく処分の種類

　規約に基づく処分として、譴責、5,000万円以下の制裁金、または無期限もしくは1年以内の期限付き出場停止（同149②各号）が挙げられます。

(7) Jリーグ規約に基づく処分の手続

規約に定められた処分の手続は、処分はチェアマンが課す（同148①）こととされており、チェアマンに調査権限が与えられる一方で、選手およびクラブには調査協力義務が生じることになります（同148②、同③）。また、チェアマンによる裁定委員会への諮問およびその答申に基づく処分が義務づけられています（同150）。

規約に定められた処分手続の特徴として、訴訟禁止条項が規定されていることが挙げられます（同165）。もっとも、同規定の有効性は必ずしも明らかでないと考えられます。

(8) JFA選手契約書に基づき処分を下す場合

JFA選手契約書（以下、契約書）に基づく処分が可能な場合として、以下のものが挙げられています。

- 試合の結果に影響を与える不正行為への関与等、契約に違反した場合において、クラブが改善の勧告をしたにも関わらず、これを拒絶または無視したとき（契約書9①一）
- 刑罰法規に抵触する行為を行ったとき（同書9①三、同11四）
- クラブの秩序風紀を著しく乱したとき（同書9①五）
- クラブの秩序風紀を乱したとき（同書11四）

(9) JFA契約書に基づく処分の種類

契約書に基づく処分として、契約解除（同書9①）、戒告、年報の24分の1を超えない金額の制裁金の賦課（同書11）が挙げられます。

その他、選手とクラブとの間で紛争が生じたときには、協会理事会の仲裁を求めることができます（同書15②）。

[2] 検討すべき不服申立て手段
(1) 裁定委員会に対する再審査請求

懲罰を受けた者は、十分な新たな反証を有する場合に限り、懲罰の通

知後 10 日以内に、JFA の裁定委員会に対して申立書および証拠を提出し、手数料 10 万円を納付して再審査を請求することができるとされています（規程 224 ①）。

（2）CAS への仲裁申立て

JFA の理事会の決定に対しては CAS への不服申立てが認められています（同 223）。

（3）裁判所への提訴

理論上考えられる訴訟の種類としては、処分が無効であることを前提とする選手契約上の地位確認訴訟や契約解除が無効であることを前提とする参稼報酬請求訴訟等があります。

無効主張の根拠としては、①JFA あるいは J リーグが裁量を逸脱して処分したこと、②他の同種の事案の処分に比べて当該処分が重すぎることから比例原則・平等原則違反するということ、③処分に際して、当該事案以外のことを考慮したこと（他事考慮）等が挙げられます。

ただし、前述のとおり規約第 237 条等において、裁判所への提訴が排除されていること等から、「法律上の争訟」にあたらないとされたり、あるいは、「部分社会の法理」が適用される結果、裁判所への提訴が認められないと判断される可能性があります。「法律上の争訟」、「部分社会の法理」の詳細については、第 1 章 **2**.2、3 を参照してください。

[3] 実例
（1）JFA 基本規程に基づく処分

平成 21 年 7 月 5 日、選手の静岡県青少年環境整備条例違反（未成年者への淫行）につき、すでに所属クラブから解雇されており JFA の登録選手ではないため懲罰権限はないとしつつも、1 年間の協会への登録を認めないという処分を行なっています（平成 21 年 7 月 5 日付 JFA 理事会協議事項報告及び同報告添付の協議資料 No. 2）。

(2) Jリーグのクラブチームによる個別の処分

平成20年、住居侵入等の被疑事実で逮捕された選手を所属クラブが解雇しています。その他にも、上記(1)の選手等数人が不祥事によりJリーグの所属クラブから解雇されています。解雇理由の詳細は明らかではありませんが、契約書上の契約解除事由に該当したことが理由であると推測されます。

（柘植　寛）

3 | バレーボールにおける処分

[1] Vリーグ機構における処分
(1) 処分の根拠

選手がVリーグ機構規約（以下、規約）の規程または本規程に付随する諸規程に違反したとき、代表理事会長は、制裁の種類および内容に関し裁定委員会に諮問し、その答申に基づき制裁を加えることができます（規約97①、99）。

なお、代表理事会長は、自らまたは裁定委員会もしくは関連する専門委員会に委任して、事実関係の調査を行うことができます（同97②）。

(2) 処分が下される場合

規約の規程または本規程に付随する諸規程に違反したとき、処分が下されます（同97①）。

具体的な違反の対象となる規約としては、まず、規程類の遵守義務（同3）があります。具体的には、「Vリーグ機構の理事、監事および事務局の職員（以下、役職員）およびVリーグ機構に所属するチームの登録構成員（選手および役員・スタッフとして登録したものをいう、以下同じ）および審判その他関係者は、Vリーグ機構構成員として、Vリーグ

機構の定款、諸規程類、JVA 定款、JVA 諸規定類ならびにそれらに付随する諸規則および本規約を遵守する義務を負う」と定められています。

次に、誠実義務（同 51）があり、その第1項では、「選手は、Vリーグ機構定款ならびにVリーグ機構規約およびJVA定款およびそれらに付随する諸規程を遵守しなければならない」と定められています。また、その第3項では、「選手は、公私ともに日本バレーボール界の模範たるべきことを認識し、日本バレーボールの発展に寄与するように努め、決して信望を損なうようなことのないようにしなければならない」と定められています。

さらに、禁止事項（同 54）があります。選手の禁止事項として、以下が定められています。

① チーム、Vリーグ機構およびJVAの内部事情の部外者への開示
② 試合およびトレーニングに関する事項（試合の戦略・戦術・選手の起用・トレーニングの内容等）の部外者への開示
③ チーム、Vリーグ機構およびJVAの承認が得られない広告宣伝・広報活動への参加もしくは関与
④ チームとの契約の履行の妨げとなる第三者との契約の締結
⑤ チームの事前の了解を得ない、第三者の主催するバレーボールまたはその他のスポーツの試合への参加
⑥ 試合の結果に影響を与える不正行為への関与
⑦ その他、チーム、Vリーグ機構およびJVAにとって不利益となる行為

(3) 処分の種類

処分にはチームに対する処分と選手個人に対する処分があり、併せて科することができます。

チームに対する制裁（同 97 ④）としては、①譴責（始末書をとり、将来を戒めること）②除名（Vリーグ機構からの除名）があります。これらの制裁とあわせてチームには 3,000 万円以下の制裁金が課されることが

あります（同98）。

　選手個人に対する制裁（同97⑤）としては、①譴責②資格停止（始末書をとり、違反行為1件につき1年以内の期限を付して、公式試合の出場資格を停止すること）③無期限の資格停止（期限を定めないで公式試合の出場資格を停止すること）があります。

[2] チームによる処分
　規約上、選手は、①チームの母体企業の正規の社員または関連企業からの出向社員②チームの母体企業または関連企業との期間限定契約社員③個人事業主④雇用関係はないが、選手契約を締結するかのいずれかの形態でチームと契約しなければなりません（規約57①）。

　処分の根拠、処分を下すための要件、処分の種類は、かかる選手の契約形態ごとに定められていると考えられます。

　例えば、母体企業の正規の社員の選手であれば、その企業の就業規則が適用されるでしょう。

[3] 検討すべき不服申立て手段
(1) 裁定委員会に裁定を求める提訴（裁定委員会規程）
　　被処分者たる選手が申立てをしてこれが適法ならば裁定委員会が受理します。その上で、裁定委員会は、被申立人たるVリーグ機構の答弁もふまえ、審理および調査を行い、裁定書（判断理由も含めます）を代表理事会長へ提出します。

(2) JSAAへの仲裁・調停申立て
　　規約に規程がないため、別途当事者間の合意が必要です。JSAAへの仲裁・調停申立ての詳細は、第1章**3.4**をご参照ください。

(3) 裁判所への提訴
　　理論上考えられる訴訟の種類としては、処分が無効であることを前提とする選手契約上の地位確認訴訟や契約解除が無効であることを前提と

第2章　処分の概要

する参稼報酬請求訴訟等があります。

　無効主張の根拠としては、①代表理事会長あるいはチームが裁量を逸脱して処分したこと、②他の同種の事案の処分に比べて当該処分が重すぎることから比例原則・平等原則違反するということ、③処分に際して、当該事案以外のことを考慮したこと（他事考慮）等が挙げられます。

　ただし、規約第110条において、「代表理事会長の下す決定はVリーグ機構において最終のもの」と規定されていることもあり、「法律上の争訟」にあたらないとされたり、あるいは、「部分社会の法理」が適用される結果、裁判所への提訴が認められないと判断される可能性があります。「法律上の争訟」、「部分社会の法理」の詳細については、第1章**2**.2、3をご参照ください。

[4] 実例
(1) 事案

　平成23年8月28日23時30分頃、Vリーグ所属の選手が京都市内の路上で酒に酔った状態でタクシーに乗車し、運転手とトラブルになり、通行人の通報で駆けつけた警察官ともみあいの末、警察官に軽傷を負わせました。

(2) 本事案の適用規程

　本事案には、規程類の遵守義務（規約3）の規約と誠実義務（同51）の規約が適用されました。

(3) 本事案の処分内容

　チームに対する制裁としては、譴責（始末書提出）の処分と制裁決定日より3ヶ月間、社会貢献活動を行い、バレーボール界およびVリーグ機構の信頼回復に努めるという処分が下されました。

　選手に対する制裁としては、資格停止（始末書提出およびVリーグ機構

主催大会の出場停止）という処分と出場停止期間が制裁決定日より1年間であるという処分が下されました。

(松岡太一郎)

第3章

手続のあり方

本章では、不祥事を起こしたスポーツ選手に対する処分を決める手続について述べていきます。

　スポーツ選手に対する処分は、あらかじめ規定された適正なルールに従って決められなければ、スポーツ団体の一方的な判断による不適正な処分であるとみなされかねず、そのスポーツ団体の社会的信頼が損なわれるおそれがあります。そこで、私達は、処分を決める手続に関するルールのあるべき姿の一つとしてモデル処分手続規則（以下、モデル規則）を作成しました。モデル規則は、スポーツ団体が規定すべき処分手続規則の理想形を提案するものであり、スポーツの健全な発展を考えたときに必要であると思われるルールを規定しています。

　スポーツ団体と一口にいっても様々な規模があり、モデル規則と同様の処分手続規則を規定し運用することは、予算や人員の関係で難しい問題があるかもしれません。しかし、スポーツ団体が、社会から信頼を勝ち得るとともに、スポーツの健全な発展に寄与するためには、これから述べるモデル規則の基本となる重要な考え方を十分に理解した上で、できる限り理想に近い処分手続規則を作成するべきであると考えます。

　以下では、総論でモデル規則の基本となる重要な考え方を説明した後、各論としてモデル規則について具体的に解説を加えていきます。

1.
総 論
（モデル規則の基本となる重要な考え方）

1 ｜ 指導原理

[1] 事実調査・処分審査

　あるスポーツ団体においてスポーツ選手による不祥事が疑われる事態が生じたとして、そのスポーツ選手に対する処分はどのように決定されるべきなのでしょうか。

　例えば、スポーツ団体に対して、不祥事が疑われる事実があるという告発があったとしましょう。告発者の告発内容が正確である保証はないので、スポーツ団体は、不祥事の告発者のいうことを鵜呑みにして処分することはできません。そこで、スポーツ団体は、告発されたような事実があるのかないのかを明らかにするため、関係すると思われる事実関係を広く調査しなければなりません。このように、関係すると思われる事実関係を調査することを「事実調査」といいます。

　事実調査を終えた後、スポーツ団体は、調査により明らかになった事実に基づいてスポーツ選手を処分すべきなのかを検討することになります。処分の対象となるような事実関係が存在しなかった場合や、処分の対象となる事実関係があるけれども極めて軽微で処分することは適当ではない場合には、処分すべきではないからです。

　処分をすべきであるとなったならば、次にどのような処分にするか決めなければなりません。そして、処分を決めるときには、スポーツ選手が起こした不祥事とスポーツ選手に対する処分とのバランスがとれていなければなりません。重大な不祥事にもかかわらず処分があまりに軽いとか、その逆に、重大とまではいえない不祥事についてスポーツ選手生命をあきらめざるを得

ないような重い処分を下すことは、決して適正であるとはいえないからです。このように、事実調査によって明らかになった事実に基づいて、スポーツ選手をどのように処分するのかを決める手続を「処分審査」といいます。

　以上に述べてきたように、不祥事が疑われる事態が生じた場合に、スポーツ団体は、事実調査をし、処分審査をするわけですが、事実調査や処分審査は、不祥事が疑われる事態が生じるごとに場当たり的にされるべきではなく、あらかじめ決められた適正なルールに従って行われるべきものです。そのように、あらかじめ処分のためのルールが決められていれば、スポーツ選手もどのようなことをすればどのような処分がされるのかを知ることができ、日々の行動にも気をつけることができるようになります。

[2] 不服申立て

　不祥事が疑われる事案について、スポーツ団体が事実調査・処分審査をした結果、スポーツ選手に対してある処分が決められた場合に、その処分を、スポーツ選手が納得して受け入れる場合はよいとしても、スポーツ選手が納得しない場合もありえます。

　そのような場合には、スポーツ選手が不服を申し立てられるようにしておかなければなりません。というのも、例えば、オリンピックのような重要な競技大会への出場を断念させられるような重い処分に値する事実関係がそもそもない場合や、事実調査や処分審査の手続が明らかに適正でないと考えられる場合に、スポーツ団体サイドが一方的に決めた処分内容やその決定手続に対してスポーツ選手が不服を申し立てられないのであれば、それは適正であるとはいえないからです。

　このようにスポーツ選手がスポーツ団体の事実調査や処分審査に対して不服を申し立てることを、「不服申立て」といいます。そして、スポーツ選手に不服があるときには、ただちに不服を申し立てられるように、不服申立の手続についてもあらかじめ決めておくべきものです。

[3] 指導原理
(1) 適正性
　それでは、処分手続規則において、根幹となる最重要の考え方（指導原理）はどのようなものでしょうか。

　手続が適正であるべきことはこれまでも述べてきましたが、スポーツ選手にとって、下される処分によっては、その後のスポーツ選手生命が断たれるというような重大な影響があることもありうる以上は、事実調査から不服申立てまで手続全体を通じて適正であることが求められることは当然といえるでしょう（「適正性」）。そして、適正性を有した手続のルールに則り処分を決定することではじめて処分が適正に決定されたことが裏付けられることになるのです。

(2) 中立性
　事実調査や処分審査をするのが、処分を行う一方当事者であるスポーツ団体であるとはいっても、それは中立的な立場としてなされる必要があります（「中立性」）。一方当事者であるのにどのように中立的になることができるのか、という点については、検察官をイメージするとわかりやすいでしょう。刑事裁判手続においては、検察官は一方当事者でありつつも、公益の代表者としても手続に関わります。これは、検察官が被告人と比べて強大な権力を持つことから、公益の代表者としての役割を担わせ、被告人との格差を少しでも埋め合わせ、できるだけ当事者が対等になるようにするためのものです。スポーツ団体とスポーツ選手との関係も、たいていは力に大きな差があるので、スポーツ団体に、公益の代表といわないまでも、一方当事者としての役割にとどまらず、中立性を保ちつつ手続を進める役割を担ってもらおうというものなのです。

(3) 独立性
　処分を行うのがスポーツ団体であり、事実調査や処分審査もスポーツ団体の機関が行います。これは一見あたりまえのようで、決してそのよ

うなことはありません。皆さんもご存じのかつてテレビで放映された「遠山の金さん」は、自ら事実を調査し、処分をも自ら決めます。そして、その処分に不服顔の悪者も最後は金さんに桜吹雪をみせられて遂には観念し、そこで視聴者も溜飲を下げるわけですが、それは金さんが人間としても奉行としても立派であり間違えることなどないスーパーマンだからこそ安心してみていられるのです。歴史が証明しているように、事実調査や処分審査等の処分決定手続を同一の人や組織が行うことは、間違い（刑事事件では、冤罪が間違いの最たるもの）が起こりやすいのです。したがって、一つのスポーツ団体の内部の機関が事実調査や処分審査を担うとしても、間違いができるだけ起こらないように、その機関はスポーツ団体からある程度独立している必要があるのです（「独立性」）。

(4) 迅速性

　以上のように、事実調査や処分審査をする機関に適正性や中立性、独立性が確保されたとしても、事実調査や処分審査に時間がかかるのは、スポーツ選手のスポーツ選手生命の短さからすると決して好ましいことではありません。間近に迫った競技会に向けてトレーニングしているスポーツ選手に不祥事の疑いがあり、競技会の出場資格に関わる処分が予想される場合に、処分によっては競技会に出場できる可能性があるのであればスポーツ選手は不安を抱えながらそれに向けたトレーニングを継続せざるを得ず、スポーツ選手としては、どのような処分になるとしてもできるだけ早く手続を進めてもらう必要があります。

　したがって、事実調査や処分審査はできるだけ迅速になされるべきです。また、スポーツ選手に対して1年間の競技会への出場禁止という処分を下すにしても、不祥事の疑いをかけられたまま事実調査や処分審査に1年もかかっているようでは、結局のところ2年間がふいになることになり、スポーツ選手はまさにスポーツ選手生命を完全に断たれることにもなりかねません。このような意味でも、手続全体を通じて迅速に進められるべきなのです（「迅速性」）。

(5) 透明性

　　処分の手続においては、できるだけ間違いが起こらないように事実調査や処分審査が行われるべきですが、スポーツ団体は、そのためにも、あらかじめ処分手続規則を公開したり、事実調査や処分審査に関するスポーツ選手の問合せに対してできる限り回答したりすべきです。スポーツ団体としても、プライバシーとの関係ですべてをオープンにすることはできないでしょうが、できる限りガラス張りにすることで、事実調査や処分審査を慎重に行うようになります。スポーツ選手としても、事実調査や処分審査がきちんとルールに則って行われたのかを知ることは、不服申立てをする際に役に立つのです（「透明性」）。

2 機関の分離

[1] 事実調査・処分審査の手続

　以上に述べてきたものが処分手続における指導原理ということになりますが、そのような指導原理のもと、事実調査や処分審査をどのような機関にまかせるべきなのかについて考えてみましょう。

　そのために、事実調査と処分審査の過程をもう少し詳しくみてみます。不祥事が疑われる事態が生じると、まず、事実調査をしますが、調査する事実には処分の対象となる事実もあれば、処分とは関係のない事実もあります。それら様々な事実のなかから処分の対象となる事実が存在するのかを判断します。処分の対象となる事実を「処分事実」、処分事実の有無を決めることを「事実認定」といいます。そして、事実認定された事実が、ルールに照らし合わせて処分をするための要件に該当するかを検討します。これを、「あてはめ」といいます。さらには、このあてはめによって、どのような処分を検討すべきかが明らかになり、最終的にどのような処分にすべきかを決定します。これを「処分決定」といいます。

　すなわち、スポーツ選手に対する処分を決定するには、①事実調査、②事

実認定、③あてはめ、④処分決定という手続を経ることになります。これらの手続を、スポーツ団体内の一つの機関に委ねることも考えられるのですが、先に述べたように、それは遠山の金さんでもない限り間違いが起こりやすく、適正性、独立性、中立性の観点から問題があります。そこで、①から④までの手続を二つの機関、すなわち事実調査を担当する機関と処分審査を担当する機関とに分けるのがよいということになります。前者を「事実調査委員会」、後者を「処分審査委員会」といいます。

[2] 手続の分配

次の問題は、事実調査委員会と処分審査委員会とで①から④までの手続をどのように分配するのかということになります。考え方としては、事実調査委員会に①を、処分審査委員会に②から④までを担わせるという考え方と、事実調査委員会に①と②を、処分審査委員会に③と④を担わせるという考え方があります。いずれの考え方も成り立ちうるものではありますが、このモデル規則では前者の考え方を採用しました。

その理由としては、事実調査（①）は、調査の結果がこの後の手続の方向性を決定してしまうことが多いという意味でとても重要であり、事実調査だけを一つの機関に任せるのが妥当であると考えられること、また、事実調査委員会に事実調査（①）に加えて事実認定（②）をも委ねるとすると事実認定までを見越した事実調査になり、処分ありきの調査となってしまい適正性の観点から問題が生じる危惧があることが挙げられます。

なお、モデル規則において、事実調査委員会は原則として事実認定を行いませんが、事実調査の段階で明らかに処分事実がないと認められるとき（一種の事実認定をしていることになります）には、例外的に事実調査委員会が処分審査委員会に処分申請をしないことを決定することができます。

[3] まとめ

このように、モデル規則では、事実調査（①）を事実調査委員会に、事実認定（②）、あてはめ（③）、処分決定（④）を処分審査委員会に担当させる

こととしています。

3 意見陳述の機会の付与、決定内容および決定理由の告知

[1] 意見陳述の機会の付与

処分審査委員会がスポーツ選手に処分を決定する場合には、処分審査委員会は、スポーツ選手が処分事実や処分結果あるいはその手続について意見をいったり、反論したりする機会を設けるべきです。このような機会を、「意見陳述の機会」といいます。

意見陳述の機会を設けることで、スポーツ選手はその機会に反論することによりある程度自分の権利を守ることができます。また、スポーツ選手から反論があることを予期した処分審査委員会は、その判断が独断に陥らないように配慮し、慎重に判断することが予想されるので、処分審査やその手続の適正性、妥当性を確保することができます。

しかし、このように、スポーツ選手が意見陳述の機会を得たとしても、事前に処分事実や処分の内容を知らなければ、きちんと意見や反論を述べることができません。したがって、処分審査委員会は、意見陳述の機会を設ける前に、スポーツ選手に対して処分事実や処分内容を知らせるようにしなければなりません。

[2] 決定理由の告知

処分審査委員会が処分決定をした場合、処分審査委員会はスポーツ選手に処分の決定内容および決定理由を知らせなければなりません。これは、決定された処分に対してスポーツ選手が不服申立てをする際に、決定内容や決定理由を知らなければ、不服申立てができないことにもなりかねないことから、決定内容および決定理由を知らせてスポーツ選手が不服申立てをしやすくするためでもあり、また処分審査委員会の審査を慎重にさせ、合理性のある判断を確保するためでもあります。

（合田雄治郎）

2. 各論
（モデル規則 総則）

1 | 総論

　モデル規則は、不祥事を起こしたスポーツ団体の加盟員（特に、スポーツ選手）に対して不利益な処分を科す際に独立性が保たれた機関による適正・中立・迅速かつ透明な手続を実現するために、事実調査委員会と処分審査委員会（以下、総称して「両委員会」。また、両委員会の委員を総称して「両委員」。）という二つの機関を設置しています。両委員会には機関として共通する事項があるため、モデル規則の総則においては主としてこの両委員会に共通する事項を抽出し規定しています。

2 | 各論

[1] 目的（モデル規則第1条）
　モデル規則は、スポーツ団体の加盟員の不祥事に対して不利益な処分を科し、また当該処分を変更する手続に適用することとしています。
　これは、モデル規則の適用範囲を明確にし、もって処分対象者の予測可能性を担保するためです。

[2] 免責（モデル規則第2条）
　両委員は、故意または重過失による場合を除き、本手続に関して行った作為または不作為について責任を負わないこととしています。
　両委員の責任範囲を狭め過ぎると、両委員がいい加減な審査を行ったとし

てもその責任を問われないことになり、両委員がいい加減な審査を行うことを許容することになってしまうため、処分の適正性の観点から問題が生じる可能性があります。一方で、両委員の責任範囲を広め過ぎると、特に人的・物的・財政的基盤が脆弱な小規模スポーツ団体においては両委員の選任に窮することになる可能性があります。以上のような配慮から、両委員の責任範囲から過失を除き、両委員の責任範囲を故意または重過失がある場合に限定しています。

[3] 委員の選任（モデル規則第3条）
(1) 同条第1項について

委員は、スポーツ団体によって選任されることとしています。

両委員会はあくまでスポーツ団体の内部機関であることから、スポーツ団体が委員を選任することとしています。一方で、スポーツ団体が委員を選任することとすると、スポーツ団体内部の有力者の息がかかった委員のみが選任され、スポーツ団体の内部者（特に内部の有力者）の利害という狭い観点から判断が行われたり、同僚裁判となる可能性があります。

そのため、この可能性を防止するために、同条第2項において、両委員会とも最低1名以上の第三者委員の選任を義務づけることで、両委員会の独立性および手続の中立性を担保しています。

(2) 同条第2項について

事実調査委員会の委員数は、最低2名以上とし、うち1名以上はスポーツ団体に所属していない第三者を委員とすることとし、さらに第三者委員のうち1名以上を弁護士とするように努めることとしています。また、処分審査委員会は、最低3名以上とし、うち1名以上はスポーツ団体に所属していない第三者を委員とすることとし、さらに第三者委員のうち1名以上を弁護士とするように努めることとしています。

両委員会ともに最低2名以上の複数の委員で構成しなければならな

いとしているのは、単独の委員による独断と偏見に基づく判断を防止し、もって手続の適正性を担保するためです。なお、事実調査委員会については2名以上の委員で、処分審査委員会については3名以上の委員で構成しなければならないとしている理由は、事実調査委員会は「事実調査委員の全員一致で処分を不相当と認める場合を除き、処分審査委員会に対して…処分申請を行わなければならない」（同7③）こととし、各事実調査委員の処分申請に対する意見が整わなかった場合でも処分申請を行うか否かの判断においてこうちゃく状態に陥る可能性がないのに対して、処分審査委員会はモデル規則第10条第3項にあるように多数決原理を採用しているため、各処分審査委員会の処分に対する意見が整わなかった場合に処分を行うか否かの判断においてこうちゃく状態に陥る可能性があるため、このこうちゃく状態を回避するために最低2名以上かつ奇数の委員数が必要になるからです。

また、スポーツ団体の内部者のみによる判断では、スポーツ団体内部者（特に内部の有力者）の利害という狭い観点から判断が行われたり、同僚裁判となる可能性があります。そこで、これを防止し機関の独立性および手続の適正性・中立性を担保するために、委員のうち1名以上は第三者委員を任命することを義務づけました。

さらに、手続においては、法曹の基本的能力である事実聴取能力、証拠評価能力、事実認定能力等が必要になってくるため、法曹である弁護士を1名以上委員として加えることを努力規定としています。

(3) 同条第3項について

事実調査委員と処分審査委員は兼務できないこととしています。

事実調査委員と処分審査委員を兼務できることとしては、手続の適正性・中立性を担保するために事実委員会と処分審査委員会という二つの機関を設置した趣旨を没却してしまいます。そのため、事実調査委員と処分審査委員は兼務できないこととしています。

[4] 委員の任期（モデル規則第4条）
（1）同条第1項について
　　両委員の任期は、2年とし、また再任をしてもよいこととしています。

　　委員を毎年選任しなおさなければならないとすると特に人的・物的・財政的基盤が十分でない小規模スポーツ団体に対して負担を強いることになる可能性があること、会社法第332条第1項も取締役の任期を原則2年としていることから、委員の任期は2年としています。

　　また、モデル規則第3条第2項において最低1名の第三者委員を選任することを義務づけることで手続の適正性・中立性・独立性を一定程度担保することができることから、委員の再任も妨げないものとしました。

（2）同条第2項について
　　途中から委員に選任された者の任期を、前任者または現任者の任期と同じとしています。

　　各委員の任期満了時期が異なることとなってしまうと、委員会の運営の観点から煩雑さが否めません。そのため、委員の任期を一律に管理できるようにしました。

（3）同条第3項について
　　委員の任期が満了した場合であっても、後任者が就任するまでは、前任者は継続して委員としての職務を行うこととしています。

　　委員の任期が満了してから次の委員が選任されるまでにタイムラグが生じる可能性があります。しかし、委員の空白期間を設けるわけにはいかないので、会社法第346条第1項の例にならい、任期の満了により退任した委員は、後任の委員が選任されるまでの間、なお委員としてその職務を行うようにしました。

[5] 処分手続等の非公表（モデル規則第5条）
(1) 同条第1項
　　処分決定がなされるまでは、スポーツ団体が不祥事事案に関する公表を行うことを原則として禁止しています。ただし、処分審査委員会が公表を承認した場合には、処分決定がなされる前であっても、公表を行うことができるとしています。

　　処分が決定される前に事案に関する公表が行われてしまうと、過度な報道がなされ処分対象者の名誉・信用が害されることにより、処分対象者が著しい不利益を被る可能性もあることから、このような事態を防止するために本項を規定しました。もっとも、逐次公表を行う必要性がある事案も想定できることから、そのような事案については処分対象者に不利益が生じる可能性に配慮しつつ逐次公表を行うことができるように、処分の当否を判断する主体である処分審査委員会の承認を得た場合には、処分が決定される前であっても事案に関する公表を行えるようにしました。

(2) 同条第2項
　　前項に基づき公表された事実を除き、両委員およびスポーツ団体の関係者は、不祥事事案に関する情報を第三者に漏らしてはならないこととしました。

　　本条第1項で事案に関する公表を原則処分決定後とした趣旨が没却されないために、本項を規定しました。

[6] 代理人（モデル規則第6条）
(1) 同条第1項
　　処分対象者は、代理人を選任できることとしました。

　　処分権者であるスポーツ団体と処分対象者である個人とでは手続を通じて武器対等とはいえないため、当事者間の公平を図るべく、処分対象者は代理人を選任することができるようにしました。

（2）同条第2項

　　代理人の資格は、弁護士に限ることとしました。

　　処分手続においては、法曹の基本的能力である事実聴取能力、証拠評価能力、事実認定能力等が必要になってくるため、代理人の資格を弁護士に限定しました。

（3）同条第3項

　　代理人が複数選任された場合であっても、各代理人は単独で処分対象者を代理して行為ができることとしました。

　　代理人の権限は、本来委任の内容によってその範囲が決められますが、個々の代理人の権限が区々であれば、手続上種々の障害が生じ得るので、手続を迅速に進めるという観点から、行政手続法第16条第2項の例に倣い、権限の内容を画一的にしています。

（4）同条第4項

　　代理人が選任された場合には、それ以降の手続において両委員会が処分対象者に対して何がしかの通知等を行う場合には、当該通知を処分対象者だけでなく代理人にも行うようにするために、本条を規定しました。

（難波隼人）

3.
各 論
(モデル規則 事実調査手続)

1 | 機関

　不祥事と疑われる事案について、処分を決定する前提として、まずは、いかなる事実関係のもとで問題行為が行われたかという点に関する調査が必要となります。いかなる処分を行う際にも、スポーツ選手に不利益な処分を課す以上、処分は、適切な事実認定に基づいてなされるべきであることはいうまでもありません。

　モデル規則では、この事実調査を担う機関として事実調査委員会の設置が義務づけられます。

　スポーツ団体の加盟員が、不祥事と疑われる事案について処分を求める場合、ただちに処分審査委員会の審査に付されるのではなく、まず事実調査委員会の調査に付されることになります。そこで、処分を求めるスポーツ団体の加盟員は、まず、事実調査委員会に対し、事実調査を請求することになります。そして、事実調査委員会がこの調査の結果、処分審査委員会に事案の審査を求めることを相当と認める判断をした場合に初めて、処分審査委員会による審査に付されることとなります。

2 | 事実調査委員会の役割

[1] 総論

　事実調査委員会は、処分事由について速やかに調査を遂げて処分審査委員会に事案の審査を求めるのが相当かどうかを判断し、処分申請または処分申

請を行わない旨の処分決定を、スポーツ団体および事実調査請求者に通知をすることでその任務を終えます。事実調査委員会は、それ以上の刑事事件における訴追機関（検察官）としての役割を担うものではなく、事実調査委員が処分審査委員会の審査期日に出席し、積極的に処分事由について立証することまでを予定していません。

[2] 適正、中立かつ迅速な調査

　事実調査委員会では、適正、中立に事実を調査することはもちろんのことですが、スポーツ選手が処分に付されるかどうかの不安定な立場に置かれる期間をできる限り短くするために、迅速に調査を行うことが強く求められます。プロ・アマチュア問わず、スポーツ選手として活動できる時間は非常に限られています。スポーツ選手にとってブランクの期間が長ければ長いほど、以前のパフォーマンスを取り戻すことは困難となります。スポーツ選手に対する処分について、通常の民事裁判と同じように、処分審査に1年、2年と長期間費やしてしまえば、選手生命に与える影響は、重大なものとなります。

　適正で中立公正かつ迅速な処分手続によって恩恵を受けるのは、選手だけではありません。スポーツ基本法が施行された現在、スポーツ団体は、運営の透明性を、以前よりも強く求められるようになりました（同5②）。スポーツ団体の処分が不透明で不適切であれば、たちまち当該スポーツ団体は、信用を失うこととなります。スポーツにとって、イメージや信用は、当該スポーツを活性化させる上で、非常に重要なものとなります。一度失った信用を取り戻すことは、簡単なことではありません。スポーツ団体は、適正で中立かつ迅速な処分手続を実現することで、団体に対する信用を維持するという大きな恩恵が付与されることになります。適正な処分手続の実現は、スポーツ団体に課せられた責務であると同時に、スポーツ団体のイメージをアップさせることにも繋がります。

　ここに、スポーツ団体といっても、その規模の大きさは様々であり、処分手続を適正かつ迅速に行うに足りる人的資源を有した団体は極めて例外的で

あるというのが現状です。世界的にみても、事実調査機関と処分審査機関を別個に設けている例は非常に少ないといっていいでしょう。現実に実行できない処分規則は、絵に描いた餅にすぎません。しかし、スポーツ基本法で規定された、スポーツを通じて幸福で豊かな生活を営む権利の保護という観点からも（同2①）、処分手続を適正かつ迅速に行うことが強く求められます。

　この点に関して、スポーツ基本法は、スポーツ団体に対し、スポーツに関する紛争について、迅速かつ適正な解決に努めるよう、努力義務を課しています（同5③）。このように、スポーツ団体は、スポーツ選手の権利を保護し、スポーツ界全体の健全な発展のために、関係団体と協働して、適正かつ迅速な処分手続を実現するための基盤を作っていかなければなりません（同7参照）。適正な手続によってスポーツ選手が処分されることは、スポーツ選手の権利を保護することに繋がります。小規模なスポーツ団体においても、スポーツ選手保護の観点から、モデル規則に規定する機関を設置することが強く要求されます。小規模団体においては、いますぐに各機関を完備することが困難な事情もあるでしょう。小規模団体は、モデル規則に沿った機関を、可及的速やかに、設置することが求められます。

［3］処分審査請求の濫用による弊害防止・処分審査の充実

　事実調査委員会を後述の処分審査委員会と別個独立の機関として設ける理由は、処分請求の濫用による弊害を防止するためであると同時に、一定の処分不相当事案を早期に排除して処分審査委員会の審査を充実させる点にあります。

　モデル規則においては、広くスポーツ団体の加盟員からの事実調査請求を認めています。その反面、根拠のない請求あるいは団体にとって不都合なスポーツ選手に対する嫌がらせや他のスポーツ選手に対する見せしめを目的とした請求等がなされる可能性も否定できません。このような処分を求められた事案がただちに処分審査委員会の審査に付されることとなると、当該スポーツ選手は著しい不利益を被ることになります。

　処分審査となると、結果的に不処分の判断が下されたとしても、調査期間

を含め長期にわたって審査が行われることで、プレイ時間が限られているスポーツ選手の貴重な時間が奪われる結果となります。そこで、処分請求の濫用による前述の不都合を防ぐために、ただちに処分審査委員会の審査に付するのではなく、あらかじめ事実調査委員会において事案を調査し、明らかに不祥事と疑われる事案が存在しないと認められるものおよび一定の処分不相当事案を事実調査委員会の段階で排除することが求められるのです。

事実調査委員会を設けることにより、処分審査委員会における事案の審査が充実し、ひいては、適正かつ迅速な不利益処分手続の実現が図られることになります。また、処分を行う機関があくまでも団体の内部機関であることから、事実調査委員会を処分審査委員会とは別個に設けることで、処分手続、ひいてはスポーツ団体における運営の透明性を確保することが強く求められます。

今回提示したモデル規則は、現時点における一つの理想モデルです。今後、運用に際しては、団体の規模、実情に応じて、修正が必要になることがあるかもしれません。例えば、小規模団体における運用として、不祥事事案の件数が比較的少ないような団体の場合には、第三者委員の導入、利害関係人の排除等による適正性・公正性の担保を前提に、機関を柔軟に構成することが必要となるでしょう。処分手続の際に重要なのは、適正・公正な処分を行うことにあります。

3 事実調査委員会の構成
(モデル規則第3条第2項第1号、同条第3項)

事実調査委員会の構成は、委員に独立性・中立性を持たせることで、処分手続の適正さが担保されるものでなければなりません。モデル規則における、事実調査委員会の構成は以下のとおりです。
①委員会は、最低2名の委員で構成しなければなりません。
②委員のうち1名以上は第三者委員の任命が義務づけられます。
③第三者委員のうち1名以上は、弁護士であることが望ましいでしょう。

同号の規定は、あくまでも努力規定であり、弁護士を委員に任命することが必須ではありません。しかし、適正性・中立性を担保するという観点からは、第三者委員として弁護士等の専門家を入れておくことが必要となります。
④事案に利害関係がある委員は調査に加わることができません。
⑤事実調査委員と処分審査委員とは兼務できません。

4 | 事実調査請求
（モデル規則第7条第1項）

　処分の対象となる者に対し処分を求める場合、処分を求める者は、事実調査委員会に対し、事実調査請求をしなければなりません。事実調査請求をする権利は、広くスポーツ団体の加盟員に認められています。事実調査請求権者をスポーツ団体の加盟員に限定した趣旨は、団体と無関係の第三者から処分請求が濫用されることを防止する点にあります。

5 | 調査権限
（モデル規則第8条）

　モデル規則は、事実調査委員会に対して、事案の解明のために、対象スポーツ団体、処分対象者またはその他関係者に対して、事実関係について説明および証拠資料の提出を求め、または現地調査をする権限を認めました。

　調査権限の具体的内容は、事案により異なりますが、処分対象者、対象スポーツ団体の関係者、その他関係者に説明を求めるもの（説明を求める方法としては、直接話を聞く方法と書面で説明を求める方法があります）、場所や物の検証、鑑定の嘱託等が挙げられます。

　陳述等を求められた者はこれに応じる義務を負いますが、これを強制する方法や義務違反に対する罰則はありません。

6 | 調査対象
(モデル規則第7条第3項第2号、第3号)

[1] 処分事由に該当すると疑われる事実の存否について
　事実調査委員会の主な調査対象は、処分事由に該当すると疑われる事実が存在するかどうかです。

[2] 情状等について
　事実調査委員会が処分審査委員会に事案の審査を求めることが相当かどうかを判断するためには、行為の態様、結果の大小、スポーツ界に与える影響等、処分の対象とされる行為の価値（不祥事に該当する事実がある場合に、処分をすべきかどうか）を判断するための資料となる事項を調査する必要があります。また、処分申請がなされた場合、処分を決定する上で、事実調査委員会の調査結果が判断材料となるため、事実調査委員会においては、処分をするべきかどうかを判断する資料だけでなく、処分の内容・程度を判断するための資料として、情状等についても調査をする必要があります。

　これは、刑事裁判において、量刑を判断する際に、情状等の事情が考慮されることと同じように考えることができます。スポーツ選手の不祥事事案の中には、刑事事件として捜査がされている事件も少なくありません。スポーツ選手を処分する場合には、刑事裁判と比べてより柔軟な判断が求められます。そこで、スポーツ選手を処分する場合に問題となる情状等の事情は、刑事裁判で考慮される事情だけではなく、さらに広く調査をすることが必要となるでしょう。

[3] 除斥期間（モデル規則第7条第6項）
　仮に、処分事由が存在しても、処分の対象となる事実があったときから3年の除斥期間が経過していれば、処分審査を開始することはできません。事実調査委員会では、除斥期間経過の有無も調査対象となります。事実調査委員会において、除斥期間が経過している事案を排除することで、無用な処分

審査を回避することができます。これにより、処分審査委員会における審査が充実し、適正・迅速な処分手続の実現、ひいてはスポーツ選手のスポーツ権の保護が図られることになります。

7 調査期間
（モデル規則第7条第5項）

　処分申請は、事実調査委員会が処分の対象となる事実を知った日から、3ヶ月以内に行わなければなりません。これは、処分手続の迅速性を図るため、調査期間を原則として3ヶ月に制限したものです。スポーツに限らず、処分をする際の手続は、迅速であることが要求されます。

　スポーツにおいては、スポーツ選手のプレイ時間が限られていることから、特に迅速性が要求されます。調査期間を設けることで、処分手続の迅速性が担保されることとなり、スポーツ選手のスポーツ権の保護が図られることになります。

8 除斥期間
（モデル規則第7条第6項）

[1] 総論
　仮に、処分事由が存在しても、処分の対象となる事実があったときから3年の除斥期間が経過していれば処分審査を開始することはできません。この規定の趣旨は、スポーツ選手に対する処分内容（処分をしない場合も含む）を速やかに確定させる点にあります。

　スポーツ選手にとって、処分されるかどうかわからない状態が続くことは、精神的に大きな負担となり、ひいてはスポーツ選手の成績や結果にも悪い影響を及ぼす可能性があります。このような悪影響は、スポーツ選手の選手寿命が限られているため、他の団体における処分手続の場合と比べて、より深刻です。場合によっては、選手生命を実質的に奪ってしまうような、取

り返しのつかない結果に繋がることも否定できません。そこで、モデル規則は、除斥期間を設けることで、スポーツ選手に対する処分内容を早期に確定させることとしました。

　また、時間が経過すればするほど、関係者の記憶はあいまいなものとなり、証拠の収集が著しく困難となります。処分申請および処分決定が、処分対象事実発生後、速やかに行われることで、充実した証拠に基づく適切な処分が実現されます。例えば、処分の対象となる事実があった当時は無名だったスポーツ選手が、数年後好成績を残した場合に、スポーツ団体関係者が、過去の処分対象事実を指摘し、処分を求めるような場合に、問題となります。このような場合、スポーツ団体は、充実した証拠に基づき、適切な処分が下せるでしょうか。証拠が不十分なまま手続を進めなければならないため、いたずらにスポーツ選手が不安定な立場におかれることとなります。このように、スポーツ権の保護および適正な処分手続の実現のためにも、スポーツ選手の処分内容を速やかに確定させる必要があるのです。

[2] 除斥期間の始期

　除斥期間の始期は、処分の対象となる事実があったとき、すなわち処分事由に該当する行為が終了したときとなります。

9 ｜ 任務の終了
（モデル規則第7条第2項、第3項）

[1] 処分申請

　事実調査委員会は、処分が必要と思料される案件を処分審査委員会に対して書面で処分申請します。事実調査委員会は、調査結果に基づき、委員全員が対象者を処分することが相当ではないと判断した場合を除いて、処分審査委員会に対して処分申請をしなければなりません。原則として、処分決定の判断は、処分審査委員会の処分審査を経ることが必要です。しかし、一見して明らかに処分不相当である場合にまで、処分審査手続を経なければならな

いとすると、処分審査委員会で処理しなければならない件数に歯止めがかからなくなり、充実した処分審査手続の実現が困難となってしまいます。

そこで、処分審査委員会の負担を軽減し、充実した処分審査手続を実現するために、モデル規則は、委員全員が処分不相当とすべきと判断した場合を除いて、事実調査委員会が処分審査委員会に処分申請をしなければならないこととしました。1人でも処分申請をすべきでないと判断する委員がいる以上、処分対象者の立場からは、このような場合の処理として、処分申請をすべきではないという考え方もあるでしょう。しかし、一見して明らかに処分不相当とまで判断できない以上、原則どおり、処分審査委員会の処分審査を経て、処分決定がなされなければなりません。

[2] 処分申請を行わない旨の決定

事実調査委員会は、調査の結果、委員全員が、処分対象者につき一見して明らかに処分の事由にあたらないと判断したときまたは事案の軽重その他情状を考慮して処分すべきでないことが明らかであると判断したときには、処分申請を行わない旨の処分決定をしなくてはなりません。そのうえで、スポーツ団体および事実調査請求者に対し、書面によって処分決定を通知しなければなりません。

[3] 事実調査を開始しない旨の決定

事実調査委員会は、事実調査請求がなされても、事実調査委員の全員一致で明らかに不祥事と疑われる事案が存在しないと認める場合には、事実調査を開始しない旨の決定を行うことができます。この場合には、事実調査委員会は、スポーツ団体および事実調査請求者に対して、書面をもって当該処分決定を通知しなければなりません。

（大西哲平）

4.
各 論
（モデル規則 処分審査手続）

1 │ 機関

　不祥事と疑われる事案について、処分をするか否か、処分をするとしてどのような処分をするか等の最終的な決定は、処分審査委員会が行うことになります。

　モデル規則では、処分審査を担う機関として処分審査委員会の設置が義務づけられています。

　前述のとおり、スポーツ団体の関係者が不祥事と疑われる事案について、処分審査を求める場合、まず事実調査委員会の調査に付されます。そして、事実調査委員会がこの調査の結果、処分審査委員会による事案の処分をすることを相当と認める判断をし、事実調査委員会が処分審査委員会に処分の申請をした場合、処分審査委員会による審査に付されることとなります。

2 │ 処分審査委員会の役割

　処分審査委員会は、事実調査委員会からの処分申請があったときは、スポーツ団体および処分対象者に対して、すみやかに事実調査委員会からの処分申請書の写しを送付し、審査手続を開始します（モデル規則9）。処分対象者に対し、処分申請書の写しの送付が義務づけられているのは、処分対象者において、自分がいかなる内容の事実に基づき処分をされようとしているのかを事前に確認させ、反論のための準備の機会を十分に確保する必要があるためです。そして、処分審査委員会は、必要な調査や処分対象者からの意見

を聴く等の手続を経たうえで、スポーツ団体および処分対象者に対して、書面をもって処分決定を通知することによりその職務を終えます。

処分審査委員会は、このように、不祥事と疑われる事案について、処分をするか否か、処分をするとしてどのような処分をするか等の最終的な決定機関です。そして、処分審査委員会が最終的な処分を行ううえで必要な調査や処分対象者からの意見聴取等も行う機関です。

[1] 中立性および適正性

スポーツ選手に対する処分を決定するうえで非常に重要なことの一つに、処分を決定する最終的な機関である処分審査委員会の中立性や適正性が挙げられます。

前述のとおり、事実調査委員会と処分審査委員会とを別個独立の機関として設ける理由は、処分審査請求の濫用による弊害を防止するためであると同時に、一定の処分不相当事案を早期に排除して処分審査委員会の審査を充実させる点にあります。

加えて、処分を行う機関があくまでも団体の内部機関であることから、処分審査委員会を事実調査委員会およびスポーツ団体とは独立して設けることで、スポーツ団体における運営の透明性確保に資することにもなります。

[2] 迅速性

処分審査委員会では、中立、適正に処分を決定することが求められていることは前述のとおりですが、処分対象者が処分に付されるかどうかの不安定な立場に置かれる期間をできる限り短くするために、迅速に処分を行うことも強く求められます。この迅速性が要求されるのも、事実調査委員会と同様です。

3 処分審査委員会の構成
（モデル規則第 3 条第 2 項第 2 号）

処分審査委員会の構成は、前述のとおり、処分決定の適正さが担保されるものでなければなりません。モデル規則における、処分審査委員会の構成は以下のとおりです。

[1] 委員会の員数
委員会は、最低 3 名の委員で構成しなければなりません。

この規定は、処分審査委員会は事実調査委員会とは異なり、処分の決定に際して、処分審査委員の過半数の出席により開催され、出席した処分審査委員の過半数の賛成で処分が決定されることになっていますので、その要件を満たし、処分審査委員会を適切に開催しかつ運営をするために設けられています。

[2] 委員の構成
委員のうち 1 名以上は第三者委員の任命が義務付けられます。

この規定は、処分審査委員会が、中立かつ適正に運営されることを目的として規定されたものです。

ここでいう「第三者委員」とは、当該スポーツ団体に所属していない者をいいます。

[3] 第三者委員
第三者委員のうち 1 名以上は、弁護士であることが望ましいです。

この規定は、事実調査委員会と同じく、あくまでも努力規定であり、弁護士を委員に任命することが必須ではありません。しかし、適正性・中立性を担保するという観点からは、第三者委員として弁護士等の専門家を入れておくことが望ましいでしょう。

[4] 委員が処分審査に加わることができない場合

　事案に何らかのかたちで関与したことがある処分審査委員および事案に利害関係を有する処分審査委員は処分審査に加わることができません（モデル規則10④）。この結果、処分審査に加わることができる処分審査委員の委員数が3名以上となるまで、特別審査委員（当該事案限りの処分審査委員のこと）を選任しなければなりません。

　この規定も、処分審査委員会の中立性、適正性を確保するとの観点から設けられている規定です。

　そして、ここでいう「事案に何らかのかたちで関与したことがある処分審査委員」にあたるか否かは、個別の事案ごとに判断せざるをえませんが、例えば、問題となっているスポーツ選手の行為に関して、事前に当該スポーツ選手またはその関係者から相談をされていたような場合が挙げられます。また、「事案に利害関係を有する処分審査委員」についても、個別の事案ごとに判断せざるをえませんが、例えば、当該スポーツ選手の所属するクラブの指導者等の場合が挙げられます。

[5] 兼務の禁止

　事実調査委員と処分審査委員とは兼務できません（モデル規則3③）。

　この規定は、仮に事実調査委員会と処分審査委員会を兼務できるとすると、事実調査委員会と処分審査委員会とを別個独立の機関として設けた趣旨が失われてしまうことから設けられた規定です。

4 | 処分審査の原則
　　（モデル規則第10条）

[1] 処分審査委員会の役割（同条第1項）

　処分審査委員会は、事実調査委員会からの処分申請に対し、当該スポーツ団体および事実調査委員会とは独立して、中立、公正かつ迅速に審査し、処分を決定します。

処分審査委員会の対象とすべき事実の範囲は、事実調査委員会からの処分申請書に記載されている「処分の対象となった事実」に限られます。

[2] 書面審査の原則（同条第2項）

処分審査委員会による処分審査手続は、書面審査を原則とします。

[3] 処分決定に際しての出席要件・議決要件（同条第3項）

処分の決定に際しては、処分審査委員の過半数の出席により開催され、出席した処分審査委員の過半数の賛成で処分が決定されることになります。

なお、登録抹消・登録資格喪失という処分対象者にとって重大な処分を決定する場合については、出席要件および議決要件が加重され、処分審査委員の3分の2以上の出席をもって開催し、出席議員の3分の2以上の賛成で決定されます。これは、登録抹消・登録資格喪失という処分の性質上、処分対象者の競技者生命が絶たれてしまう可能性があるほどの重大な処分なので、その処分決定の適正さを担保するために設けられている規定です。

[4] 処分審査委員と処分対象者の接触禁止（同条第5項）

処分審査委員は、事案について処分対象者と直接連絡をとってはいけません。

これは、処分を決定する処分審査委員が、処分審査手続外で、個人的に処分対象者と連絡をとることにより、処分に関する意見を不当に形成してしまうこと等が危惧され、処分審査委員会の手続の適正性を損なうおそれがあるからです。

[5] 処分決定期間（同条第6項）

処分決定は、処分審査委員会に処分申請があった日から、3ヶ月以内に行わなければなりません。これは、処分決定の迅速性を図るため、処分決定期間を制限したものです。

5 | 事案解明のための措置
（モデル規則第11条）

　処分審査委員会には、事案に関する最終的な処分を決定するために、事案の解明に向けた以下の各措置をとる権限があります。そのうち、聴聞手続および弁明の機会の付与の手続については、処分対象者に対し不利益な処分を科する可能性がある以上は、その処分の適正性の見地からは、当該処分対象者からその言い分を聞いた上で処分を決定する必要があります。したがって、当該各手続の実践は必要的なものとなります。

6 | 聴聞手続
（モデル規則第11条第1項第1号）

［1］対象となる場合
　聴聞手続が必要的となるのは、処分対象者に対し、登録抹消・登録資格喪失の処分をしようとするときおよび処分審査委員会が相当と認めるときです。
　登録抹消・登録資格喪失の処分については、前述のとおり、処分対象者の競技者生命が絶たれてしまう可能性があるほどの重大な処分なので、その処分決定の適正さを担保するために処分対象者への聴聞手続が必要とされます。また、その他の処分を科する場合であっても、事案の性質に応じ、処分審査委員会で聴聞手続をとる必要があると判断した場合には、処分対象者への聴聞手続が必要とされます。

［2］方式（モデル規則第12条）
　処分対象者は、聴聞の期日に出頭して意見を述べたり証拠資料を提出することができます。また聴聞の期日への出頭に代えて陳述書および証拠書類等を提出することができます。
　処分審査委員会は、聴聞を行うにあたっては、聴聞を行うべき期日までに相当な期間をおいて、処分対象者に対し、次に挙げる事項を書面により通知

しなければいけません。

(1) 予定される処分の内容

　　予定される処分の内容を事前に示すことにより、処分対象者に対し、自分にどのような処分が科されうるのかを予期させ、処分対象者に防御の機会を与えるために規定されています。

(2) 処分の対象となった事実

　　処分対象者が処分を科されるにあたって、もっとも重要なものといえます。

　　処分対象者は、処分の対象となった事実を前提に処分を科されうるわけですから、その事実についての自らの意見を述べる機会を与えることは極めて重要です。

(3) 処分の内容を決めるに考慮すべき事実

　　処分審査委員会が処分対象者に対し、どのような内容の処分を科するのが相当かというのを決めるにあたり、行為の態様、結果の大小、スポーツ界に与える影響等、当該事案についての周辺事情のうち、どのような事実を考慮すべきと考えているかについて事前に処分対象者に通知しておくべきとされているものです。これも、処分対象者への防御の機会を与えるという観点から設けられた規定です。

(4) 聴聞の期日および場所

　　処分対象者に聴聞手続への参加の機会を確保するために設けられた規定です。

　処分審査委員会は、聴聞の期日における審理の結果、なお聴聞を続行する必要があると認めるときは、さらに新たな期日を定めることができます。
　これは、事案によっては、事実関係についての対立があり、処分対象者の

意見を聴く機会を十分に確保する必要がある場合が想定されるので、そのような事案の場合に聴聞手続の続行ができることを規定したものです。

7 | 弁明の機会の付与手続
（モデル規則第11条第1項第2号）

[1] 対象となる場合

弁明の機会の付与手続が必要的となるのは、さきほど述べた、聴聞手続を行う必要がある場合を除いたすべての場合です。

[2] 方式（モデル規則第13条）

処分対象者は、処分審査委員会が口頭ですることを認めた場合を除いて、弁明を記載した書面（弁明書）および証拠資料を提出することができます。

処分審査委員会は、弁明書の提出期限（口頭による弁明の機会の付与を行う場合には、その日時）までに相当な期間をおいて、処分対象者に対して、次に掲げる事項を書面により通知しなければいけません。
①予定される処分の内容
②処分の対象となった事実
③処分の内容を決めるに考慮すべき事実
④弁明書の提出先および提出期限（口頭による弁明の機会の付与を行う場合には、その旨並びに出頭すべき日時および場所）

これらの、①から④までの各事項を事前に処分対象者に書面により通知すべきとした趣旨は、前述の聴聞手続の場合と同様です。

処分審査委員会には、事案の解明のために、スポーツ団体、事実調査委員会、処分対象者またはその他関係者に対して、事実関係について説明および証拠資料の提出を求め、または現地調査をする権限を認めました（モデル規則11②）。

陳述等を求められた者はこれに応じる義務を負いますが、これを強制する方法や義務違反に対する罰則はないことは、事実調査委員会の調査と同様です。

8 処分の通知
（モデル規則第 14 条）

[1] 書面通知
　処分審査委員会は、本スポーツ団体および処分対象者に対して、書面をもって処分決定を通知します。

[2] 通知事項
　処分決定の通知には次の事項を含める必要があります。

（1）処分対象者の表示
　　処分の名宛人である処分対象者を特定する必要があるため、必要的記載事項となっています。

（2）処分の内容
　　処分対象者に対し、いかなる内容の処分を科したのか（あるいは処分を科さなかったのか）ということは、スポーツ団体および処分対象者にとって最大の関心事のため、必要的記載事項となっています。

（3）処分の手続の経過
　　処分審査委員会において、最終的な処分を科するにいたった手続の経過を明示することにより、処分決定にいたる手続全体の透明性を確保することができるために必要的記載事項となっています。
　　処分対象者にとっても、処分に対する不服申立てをするにあたっての参考となります。

（4）処分の理由
　　いかなる事実に基づき、そのような処分を科したのかという点を明示することは、処分審査委員会による処分の透明性を確保するうえで極め

て重要な事項です。

　また、処分対象者が当該処分に対して不服申立てをするうえでも、自身がいかなる理由により処分を科せられるかを知ることは不可欠の事項です。

　処分の理由は、処分決定の通知のなかでも特に重要な記載事項となります。

(5) 処分の年月日

　いつの時点で処分が決定されたのかを明確にする必要があるため、必要的記載事項となっています。

(6) 処分決定に不服がある場合には、処分対象者は日本スポーツ仲裁機構に対して処分審査委員会の行った処分決定の取消しを求めて仲裁の申立てを行うことができる旨およびその申立期間

　処分対象者に、処分に対する不服申立ての機会を与えることは、その権利、利益を救済するうえで非常に重要なことです。

　そこで、処分にあたっては、処分対象者に、日本スポーツ仲裁機構に対して仲裁申立てを行うことができるということと、その申立期間を通知することにより、処分対象者の権利、利益の救済の途を確保できるようにするため、前述の内容が必要的記載事項となっています。

[3] 記録の保管

　スポーツ団体はこの記録を処分決定日から10年を経過する日まで保管しなければなりません。

9 | 処分決定の効力
（モデル規則第 15 条）

[1] 効力の発生時期

　処分は、処分決定通知書が処分対象者のもとへ到達したときから効力を生じます。

[2] 効力の不喪失

　仲裁の申立てがあった場合でも、処分審査委員会または日本スポーツ仲裁機構により、処分決定が取り消され、または処分決定の効力が停止されるまでの間、処分決定は効力を失いません。

（工藤杏平）

5.
各論
（モデル規則 不服申立手続）

1 | 処分に対する不服申立手続

　前述のとおり、スポーツ団体がスポーツ選手による不祥事と疑われる事案を把握して、処分を決定する場合には、処分対象者の権利を不当に侵害しないように、その処分が、独立の機関による適正かつ透明性を有する手続に則った迅速なものである必要があります。そして、そのような処分を実現するためには、処分手続の整備が必要不可欠であることも前述のとおりです。

　ところが、どんなに手続が整備されたとしても、その手続を守らないで処分がされてしまった場合や、処分対象者にとって到底納得できないような不当な処分がされてしまった場合に、処分対象者の救済がなされないのであれば、せっかく整備された手続が、絵に描いた餅になってしまいます。そこで、そのような場合の救済制度として、処分に対する不服を申し立てる手続（不服申立手続）が整備される必要があります。

2 | モデル規則における不服申立手続

[1] 処分決定に対する不服申立て（モデル規則第16条）

　モデル規則では、処分決定に不服のあるスポーツ選手は、日本スポーツ仲裁機構（JSAA）に対して、処分決定の取消しを求めて仲裁の申立てを行うことができるとしています（モデル規則16①）。

　スポーツ団体内部の処分である以上、不当処分の是正についても、当該スポーツ団体内でなされることが理想的ではあります。しかし、処分をなした

スポーツ団体が不服申立てに対する審査も行うのであれば、審査の公平性に疑義が生じることは避けられず、また、実際に処分が是正されることを期待できるかというと、難しいといわざるをえません。そこで、モデル規則では、紛争の解決を、中立な第三者機関であるJSAAの仲裁に委ねることとしました。

[2] JSAAにおける仲裁（スポーツ仲裁）
(1) スポーツ仲裁制度

JSAAは、スポーツ法の透明性を高め、国民のスポーツに対する理解と信頼を醸成し、スポーツの健全な振興を図ることを目的として創設された機関で、中核事業の一つとして個々の競技者と競技団体等との間の紛争の仲裁（スポーツ仲裁）を行っています。

ここで、仲裁とは、裁判外紛争解決手続の一類型で、紛争の解決を第三者たる仲裁人に委ね、その判断に服する旨の合意（仲裁合意）に基づく紛争解決手続のことをいいます。仲裁人の判断に服する、つまり、どのような判断をされてもそれに従うという仲裁合意の内容から、仲裁人の判断（仲裁判断）には、訴訟における確定判決と同一の効力があり、これに不服があっても、裁判所等の別機関に不服を申し立てることはできないとされています。仲裁には、裁判所に訴訟を提起する場合と比べて、より少ない費用で迅速な紛争解決が期待できるという利点があります。競技によって違いはあるものの、一般に、スポーツ選手にとって紛争が長期化することは、選手生命にも関わる重大事であることから、迅速な紛争の解決が期待できる仲裁制度を利用するメリットは大きいといえます。

(2) 仲裁の申立て

スポーツ仲裁は、JSAAの定めるスポーツ仲裁規則に基づいて行われます。

仲裁の申立ては、仲裁申立書をJSAAに提出することにより行いま

す。仲裁申立料金は、一律5万円となっており、処分対象者に過度の経済的負担がないよう配慮がされています。

申立てを受けたJSAAは、仲裁合意の有無を確認し、仲裁合意の存在が確認されると、申立てが受理され、仲裁手続が開始されます。スポーツ団体の規則に[3]で説明する自動受諾条項が存在する場合には、個別の仲裁合意がなくても申立ては受理されます。なお、仲裁合意が不存在であるとして申立てが受理されなかった場合には、申立料金は返還されることとなっています。

(3) 審理手続

仲裁手続が開始されると、仲裁を行う仲裁パネルの構成が行われます。仲裁パネルは、3人の仲裁人で構成されます。まず、各当事者が、JSAAの仲裁人候補者リストから、それぞれ仲裁人を1名選定します。仲裁人候補者は、スポーツ紛争に精通した弁護士や大学教授で、仲裁人候補者リストには、平成25年3月26日現在112名の候補者が登載されています。当事者によって選定された2名の仲裁人は、協議によりさらに1名の仲裁人を選定し、仲裁人によって選定された仲裁人が、合議体としての仲裁パネルの長（仲裁人長）となって審理を行います。

審理手続は非公開とされており、原則として、各当事者の主張を記載した書面のやり取りによって行われますが、必要と認められる場合には、証人尋問等を行う審問期日が開かれます。

(4) 仲裁判断

手続が仲裁判断に熟すると認められると、仲裁パネルは、審理を終結し、仲裁判断をします。なお、仲裁パネルは、仲裁手続中に手続外で和解をした両当事者の要請があった場合に、相当と認めるときは、当該和解の内容を仲裁判断とすることができます。

仲裁判断は、審理終結の日から3週間を経過する日までになされます。前述したとおり、仲裁判断の内容は当事者を拘束し、さらなる不服

申立てをすることはできません。下された仲裁判断は原則として公開されることになりますが、プライバシーに配慮して審理手続を非公開とした趣旨を没却しないよう、処分対象者の氏名等の個人を特定する情報はアルファベットに置き換えられています。

[3] 自動受諾条項（モデル規則第 16 条第 1 項）

モデル規則第 16 条第 1 項は、処分審査委員会の行った処分決定に不服のある処分対象者に、JSAA に対して処分決定の取消しを求める仲裁申立てを行うことを認めています。

前述のように、仲裁は、あくまで当事者間の合意（仲裁合意）に基づくものであることから、紛争の一方当事者が JSAA に仲裁を申し立てたとしても、他方当事者がこれに応じない場合には、仲裁合意が成立せず、仲裁手続は行われません。このことは、不服申立手続としてのスポーツ仲裁の実効性を損ねる危険性をはらんでいます。

例えば、あるスポーツ選手に対し、明らかに内容が不当な処分が、処分手続に反して下されたため、その選手が JSAA に仲裁を申し立てたとしましょう。仲裁手続が行われると、間違いなく処分取消しの仲裁判断がなされるでしょう。そのような場合に、処分を維持したいスポーツ団体が仲裁申立てに応じることは到底期待できません。このように、スポーツ団体にとって、自らが下した処分が不当であると判断される可能性がある以上、仲裁合意の成立は必ずしも容易ではありません。

そこで、JSAA は、スポーツ仲裁規則に、スポーツ団体の規則中にスポーツ選手からの不服申立てにつき、JSAA の仲裁にその解決を委ねる条項（自動受諾条項）が定められている場合には、JSAA に対する仲裁申立時に、自動的に仲裁合意が成立したものとみなされるとの定めを置き（スポーツ仲裁規則 2 ③）、各スポーツ団体に対し、自動受託条項を設けるよう働きかけを行っています。

モデル規則第 16 条第 1 項は、まさに自動受諾条項を定めるもので、処分対象者の不服申立権を確保し、公平な第三者による迅速な紛争の解決の実現

に資するものといえます。

[4] 他の不服申立ての禁止（モデル規則第16条第2項）

　モデル規則第16条第2項は、JSAAへの仲裁申立て以外の方法による不服申立てを禁止しています。

　処分決定に対する処分対象者であるスポーツ選手の権利救済のためには、不服申立てを可能とする手続が整備されることが必須です。しかし、同一スポーツ団体内の処分について、複数の不服申立手続が存在すると、どの手続を選択するかによって異なる判断がされる可能性が出てきます。このように、制度が複雑化すると、処分対象者に手続の理解や選択について、過大な負担を強いることとなり、ひいては泣き寝入りせざるを得ない事態を招来する危険があります。

　そこで、モデル規則では、手続を簡便化すべく、不服申立手段をJSAAへの仲裁申立てに一本化し、他の方法による不服申立てを禁止しています。

[5] 不服申立てによる不利益処分等の禁止（モデル規則第16条第3項）

　モデル規則第16条第3項は、スポーツ団体が、JSAAへの仲裁申立てをしたことを理由として、申立てを行ったスポーツ選手に対する不利益取扱いを禁止するものです。

　JSAAに対する仲裁申立てをしたことを理由に、紛争の原因となった処分とは異なる処分を科したり、不当な待遇に処すことを許してしまうと、処分対象者が仲裁申立てをすることを躊躇し、泣き寝入りをすることとなってしまい、不服申立手続の趣旨に反することになります。

　かかる不当な事態の発生を防止するために、モデル規則では、日本スポーツ仲裁機構に対する仲裁申立てをしたことを理由として、処分対象者に対する当該処分決定以外の不利益取扱いを禁止する条項を設けています。

3 | その他の不服申立制度

[1] 裁判所に対する民事訴訟の提起

　私人間に法的紛争が生じた場合に、これを解決する手続として、まず頭に思い浮かぶのが、裁判所への提訴でしょう。

　スポーツ団体内部の処分に関する紛争といえども、「法律上の争訟」（裁判所法3）に該当する場合には、国民の裁判を受ける権利（憲法32）に基づき、裁判所への提訴が認められます。

　ここで、法律上の争訟とは、当事者間の具体的な権利義務ないし法律関係の存否に関する紛争であって、かつ、それが法令の適用により終局的に解決することができるものをいいます（最判昭和56年4月7日民集35巻3号443頁）。そして、本書で取り上げている不利益処分については、スポーツ権という具体的な権利に関する紛争として、法律上の争訟にあたり、訴訟の提起が認められると主張することが考えられますが、前述のように、日本の裁判所において、不祥事処分についてスポーツ権があることを明示した裁判例はありません。

　また、判例は、法律上の争訟に該当するとしても、自律的規範を有する団体内部における紛争が、一般市民法秩序と直接の関係を有しない内部的問題にとどまる場合には、当該団体の自律権尊重の観点から、原則として、司法審査の対象としないとする部分社会の法理を採用しています。一般市民法秩序と直接の関係を有するか否かの判断は、当該団体の性質や紛争の内容から個別具体的にされることとなります。例えば、東京地判平成22年12月1日判タ1350号240頁は、全日本学生スキー連盟が下した大学スキー部の全日本学生スキー選手権大会への出場を無期限に停止する処分の無効確認訴訟において、部分社会の法理に基づき請求を却下しています。

　このように、訴訟による紛争解決を目指すには、「法律上の争訟」、「部分社会の法理」という二つのハードルを越えなければなりません。しかし、これらを越えたとしても、現行の民事訴訟制度では、判決ないし和解による解

決をみるには、数ヶ月から数年の時間が必要となるという問題が残ります。紛争期間が長期化すると、当事者の、金銭的・精神的負担が増大していくだけでなく、スポーツ選手として活躍できる限られた時間を浪費することになってしまうことから、時間の問題は無視できない重大事といえるでしょう。また、公開主義を採用している民事訴訟では、当事者のプライバシーが守られないことや、紛争解決後も当事者間に感情的しこりが残ることも、問題点として指摘されています。

[2] CASに対する仲裁申立て

スポーツ仲裁裁判所（CAS）は、国際オリンピック委員会（IOC）によって昭和59年に設立された独立機関で、スポーツ紛争に関する仲裁を行う国際的機関です。「裁判所」と名づけられていますが、国家により設置された司法機関ではなく、仲裁機関にとどまるため、一方当事者がスポーツ仲裁裁判所の仲裁を希望しない場合には、仲裁は成立しません。

現在において、スポーツ仲裁裁判所は、スポーツ界の国際裁判所の役割を担っているものの、本部がスイスのローザンヌにおかれており、仲裁申立てのためには、国籍等にかかわらずローザンヌに赴く必要があること、使用できる言語が英語とフランス語に限られていることから、日本からの仲裁申立て事例は少数にとどまっています。

JSAAは、スポーツ仲裁裁判所をモデルとして、日本での実効的なスポーツ仲裁制度を確立するために設立されました。

（山本唯倫）

6.
各 論
（モデル規則 その他）

1 | 処分の解除・変更
（モデル規則第 17 条）

　モデル規則第 17 条は、一旦下された処分を解除または変更する際の手続について定めています。

　前述のとおり、スポーツ団体による不利益処分に対して不服のあるスポーツ選手は、JSAA への仲裁申立てにより自らの権利救済を求めることができます。もっとも、処分決定後に処分決定時の認定を覆すような新事実が発見されたとき等、当該処分を維持することが不当であると明らかに認められる場合には、処分対象者の権利を速やかに救済するために、JSAA の仲裁を待つまでもなく、処分機関自らによる処分の解除・変更を認める必要があります。

　そこで、モデル規則では、処分内容の決定機関である処分審査委員会に、自らの判断による処分内容の解除・変更を認めています（モデル規則 17 ①本文）。もっとも、新事実発見の名のもとに、安易に処分が加重されてしまうと、不利益処分についての適正手続を定めた趣旨が没却されてしまうことから、処分内容の変更は、より軽い処分とする場合に限られます（同 17 ①ただし書）。

　処分内容の解除・変更は、当該スポーツ団体および処分対象者に対し、書面をもって通知されます（同 17 ②）。

2 規則の改正手続
（モデル規則第18条）

　モデル規則第18条は、処分手続規則を改正する際の手続について定めています。

　処分規則を定める権限は、各スポーツ団体に委ねられています。しかし、処分規則は一度制定されると、処分の適正を担保することによりスポーツ選手のスポーツ権を保護するという重要な機能を持つため、スポーツ団体に自由な改正を許すと、改正の名のもとに、スポーツ団体に都合のよい改定がなされ、厳格な処分規則を定めた趣旨が失われてしまうおそれがあります。

　そこで、モデル規則では、改正の必要性・妥当性について慎重な判断がなされるよう、処分規則を改正するには、事実調査委員会および処分審査委員会の意見を求めなければならないとしました。

3 遡及適用
（モデル規則第19条）

　モデル規則第19条は、規則の施行日以前に生じた事実に関しての事実調査請求について、モデル規則の適用を認めるものです。

　新しい規則を制定し、新たな制度を導入する場合、新規則がいつから適用されるかを明らかにするため、当該規則の効力発生日（施行日）を定める必要があります（モデル規則20参照）。

　一般に、施行日以前の事実には、新規則の適用はないとされています（遡及適用の禁止）。これを認めると、後出しの規則で思いもかけない不利益を被る人が出るという不都合が生じるおそれがあるからです。

　もっとも、施行日以前の事実であっても、適正な手続に則った処分がなされるべきであることはいうまでもありません。また、不利益処分の手続を定める規則は、処分対象者であるスポーツ選手の権利を守るためのものなので、施行日前の事実に遡って適用することを認めても、前述のような不都合

は生じません。

　そこで、モデル規則では、施行日以前に生じた事実に関しても、モデル規則に基づく事実調査請求がなされた場合には、モデル規則の遡及的適用を認めることとしました。

（山本唯倫）

7.
小規模スポーツ団体における
モデル規則の活用についての提言

　本章では、適正性・中立性・独立性・迅速性・透明性という指導原理のもと、スポーツ団体が規定すべき処分手続規則のあり方を考え、その理想形をモデル規則というかたちで提案してきました。

　スポーツが人々の社会生活に広く浸透し、スポーツ選手だけでなく、スポーツ団体の活動にも大きな注目が集まっている現代社会では、スポーツ団体の活動は、単なる内部的活動にとどまらず、多くの外部利害関係者との接触を要する社会的活動としての意味を色濃く有するものとなっています。平成23年に制定されたスポーツ基本法が、スポーツ団体に対し、運営についての透明性の確保および紛争の迅速かつ適正な解決を行うべきことを求めていることは、その現れといえるでしょう。

　このような流れの中で、今後はより一層、スポーツ団体の社会的存在意義が高まると同時に、その社会的責任が問われることが予想され、この観点から、スポーツ団体には、社会の信頼を得るような団体運営を行っていくことが強く求められています。

　本章冒頭で述べたとおり、一口にスポーツ団体といっても、その規模は千差万別で、大・中規模団体と比べて小規模なスポーツ団体の中には、社会的に注目を浴びる機会が多いとはいえないがために、人的・物的・財政的基盤の脆弱性といった内部的な事情を理由として、団体の社会的存在意義を軽視してしまっている団体もあるかもしれません。しかし、どんなに小規模の団体であっても、スポーツ団体として一つのスポーツ競技を統括する立場にある以上、スポーツ団体として社会的責任を負っていることに変わりはなく、また、その程度についても団体の規模により左右されるものではありません。このような観点から、本書では、あえて理想形であるモデル規則のみを提案することにしました。

7. 小規模スポーツ団体におけるモデル規則の活用についての提言

　各スポーツ団体がその社会的責任を果たし、社会の信頼を勝ち得るような団体運営を行うことは、究極的には、全スポーツ選手の権利・利益保護およびスポーツそのものの価値向上の実現につながり、ひいては真のスポーツ普及・振興の実現に寄与するものです。小規模スポーツ団体において、モデル規則で示したものと同様の処分手続規則を制定し、運用することは、予算や人員等クリアしなければならない多くの問題があるかもしれません。難しい問題ではありますが、事実調査委員会や処分審査委員会を第三者委員会として、他の小規模スポーツ団体と共同で設置したり、統括スポーツ団体にその設置をお願いする等の工夫をこらすことにより、各スポーツ団体において、できる限り指導原理に沿った処分手続規則が作成されることを期待します。

（山本唯倫）

第4章

量刑のあり方(1)

これまでに起きた不祥事事案の分析

本章および第 5 章では、不祥事事案における量刑のあり方について検討します。まず本章では、「これまでに起きた不祥事事案の分析」として、これまでに実際に起こったスポーツ選手やその所属団体の不祥事事案を高校生・大学生・社会人の三つの場合に分けて、具体的な事案において、どういった考慮要素のもとでどのような量刑が下されているかについて、考察します。

　なお、本章で取り上げる不祥事事案も含めて、本部会で調査を行った過去の不祥事事案につきましては、本書の資料編に表形式で掲載しているので、あわせてご参照ください。

1.
一般的な量刑の考慮要素

　スポーツ選手やその所属団体において不祥事が起きた場合に下される処分の考慮要素としては、様々な要素を挙げることができます。各スポーツ団体や所属団体により重視される考慮要素は異なりえますが、一般的には、以下のような要素を考慮して処分が下されていると考えられます。

- ・集団的な行為によるものか（加害者、関与者の人数等）
- ・被害者の人数（被害者の有無）、被害の額
- ・不祥事の頻度、期間
- ・過去に同様の不祥事を起こしていたか
- ・不祥事隠ぺいの有無
- ・報告までの期間
- ・目的、動機等
- ・不祥事が行われた場所
- ・原因究明の有無、将来の防止措置

　また、これらの考慮要素に加えて、例えば、選手が未成年で、かつ主に学校における部活動として行われる高校スポーツの分野では、大学生や社会人等のスポーツの分野よりも、教育的見地を重視した処分が下される傾向にあります。

　なお、前述の各考慮要素の優先順位（どの考慮要素がより重視されるか）は、不祥事の類型によっても変わってくることになりますので、不祥事事案を分析・検討するにあたっては、類型ごとに検討することが有益であると考えられます。そこで、以下では、高校・大学・社会人の三つの場合につき、不祥事の類型ごとに分析・検討を行いたいと思います。

（下田一郎・杉原嘉樹）

2. 高校スポーツ不祥事における量刑の考慮要素

1 │ 総論

　高校スポーツ関係者が不祥事を起こした場合について、例えば高校野球の場合には、日本学生野球憲章に処分に関する規定があり(注1)、日本学生野球協会は、かかる規定に基づいて審議し、処分内容を決定しています。しかし、個々の不祥事に対して具体的にいかなる基準にしたがって処分が下されるかは明文上定まっておらず、日本学生野球協会・審査室が日本学生野球憲章の処分規定に基づき、諸事情を勘案して個別に判断しています。

　このように競技団体が当該不祥事を起こした者や所属チームに対して厳重注意、謹慎処分、対外試合禁止等の処分を下すこともありますし、不祥事を起こしたチームを有する高校が大会出場を辞退する等の自主的処分を決定する場合もあります。

　そこで、以下では、具体的な不祥事事案をもとに、いかなる要素を考慮して処分が下されているかを検討し、分析します。なお、高校生は未成年であり、その事案の公表について控えられる場合が多いため、高校スポーツ関係者の不祥事事案については、日本学生野球協会が定期的に公表している処分事案が大きな情報ソースとなります。その結果として、以下で取り上げる事案では、高校野球に関する事案が多くなっていることを、一言お断り申し上げます。

(注1)
　学生野球憲章第28条（注意・厳重注意）、第29条（日本学生野球憲章違反に対する処分）、第30条（処分の種類）

2 | 類型ごとの不祥事事案の分析
～生徒による不祥事～

　高校スポーツ関係者の不祥事は、生徒による不祥事と指導者等による不祥事に大別できますが、高校スポーツ不祥事の処分の特徴は前者によくみられるため、前者を中心にみていきます。

[1] 暴力・いじめ
　暴力・いじめ事案は高校スポーツの不祥事事案としても最も件数が多いものです。
　以下、いくつかの具体的な事案の概要と処分内容をみていきます。

(1) 事案
【事例1】
〈事案の概要〉
　平成21年12月から平成22年4月にかけ、埼玉県の高校野球部の上級生4人が下級生4人に対してライターで髪を燃やしたり、胸を殴ったりのいじめを繰り返した。
〈処分内容〉
　日本学生野球協会は高校に対して対外試合禁止2ヶ月の処分を下したが、全国高等学校野球選手権大会（以下、「夏の甲子園」）埼玉大会の出場は可能とした。

【事例2】
〈事案の概要〉
　平成22年2月、新潟県の高校野球部の2年生部員が練習後、学校の敷地内にあるバスの車庫で1年生部員を殴りケガを負わせた。
〈処分内容〉
　高校は県高野連に事実関係を報告するとともに、2年生部員を謹慎処分とし、野球部の監督や部長に口頭注意を行った。

暴行の翌日に2年生部員と保護者が監督、校長とともに1年生部員と保護者に謝罪。その後1年生部員は通常どおり登校し野球部も活動を続けた。

【事例3】
〈事案の概要〉
　平成19年4月から5月にかけて、埼玉県の高校柔道部の2年生部員2人が1年生部員8人を並ばせて1人ずつ殴る等の暴行を加えた。うち2人は裸でトイレットペーパーを巻きつけられ、その姿をビデオで撮られた。同年5月下旬には1年生部員の1人が頭や背中等をバットで殴られてケガを負った。顧問の教諭はバットを使った暴行を把握して被害者の保護者に謝罪したが、約1ヶ月間校長に報告していなかった。
〈処分内容〉
　高校は、2年生部員2人を停学等の処分とした。

【事例4】
〈事案の概要〉
　平成20年4月から6月にかけて、栃木県の高校バレーボール部の3年生部員2人が、寮や練習場等で複数回にわたって1年生部員を殴ったり、やけどを負わせたりしていた。
〈処分内容〉
　高校は3年生部員2人に自主的な退学を勧告し、2人は退学した。ほかに2、3年生各1人が自宅謹慎処分になった。

【事例5】
〈事案の概要〉
　平成23年6月、栃木県の高校野球部の2、3年生の複数の部員が1年生部員に尻を蹴る等の暴行を行ったが、ケガ人はいなかった。
〈処分内容〉
　日本学生野球協会は対外試合禁止1ヶ月の処分を下した。また、高校は、夏の甲子園栃木県予選を辞退。

【事例6】
〈事案の概要〉
　平成23年6月、奈良県の高校野球部の3年生部員4人が2年生部員3人に対して練習姿勢が悪いとして暴行した。暴行を受けた1人は、顔等を骨折し10日間の入院を強いられた。
〈処分内容〉
　日本学生野球協会は対外試合禁止2ヶ月の処分を下した。また、高校は、夏の甲子園奈良県予選を辞退。

【事例7】
〈事案の概要〉
　平成23年6月、兵庫県の高校野球部の2、3年生4人が1年生数人を平手打ちした。うち1人が左耳鼓膜に穴が開くケガをした。
〈処分内容〉
　日本学生野球協会は対外試合禁止1ヶ月の処分を下した。また、高校は、夏の甲子園兵庫県予選を辞退。

【事例8】
〈事案の概要〉
　平成24年4月、福井県の高校野球部の2年生部員2人が学校敷地内の野球部寮で1年生部員5人に掃除の仕方等を注意した際、5人の顔や頭を平手で叩いた。ただし、1年生5人にケガはなかった。
〈処分内容〉
　高校は、春季北信越地区高等学校野球大会の出場を辞退した。

【事例9】
〈事案の概要〉
　平成24年7月、兵庫県の高校相撲部の主将である部員が、校内で部活の練習前に後輩を投げ飛ばし、頭部をふみつける等し、頭部や顔面に3週間の打撲を負わせた傷害の疑いで逮捕された。
〈処分内容〉
　高校は、相撲部の活動を停止（具体的な停止期間は不明）した。

【事例10】
〈事案の概要〉
　平成24年春から、静岡県の高校野球部内で1年生を複数の上級生が叩いたり蹴ったりするといういじめがあった（1年生にケガはなかった）。高校はかかる事態に対して秋季東海地区高等学校野球大会静岡県予選への出場を辞退した。
　ところが、その後再度部員のいじめが発覚した。
〈処分内容〉
　日本学生野球協会は対外試合禁止3ヶ月の処分を下した。

【事例11】
〈事案の概要〉
　平成24年6月から9月にかけて、青森県の高校野球部の1年生の野球部員数人が、同じ1年生部員1人に対し、足を蹴ったり肩を強く叩いたりする等の暴力行為の他にグラブを隠したり暴言を浴びせたりする等の行為を繰り返していた。被害部員にケガはなかった。高校はかかる事態に対して秋季青森県高等学校野球大会八戸地区予選への出場を辞退したが、再度部員のいじめが発覚した。
〈処分内容〉
　日本学生野球協会は対外試合禁止3ヶ月の処分を下した。

　【事例1】～【事例11】以外にも多数の暴力、いじめの不祥事事案がありますが、加害者が複数の場合で加害行為が悪質であったり、被害者のケガの程度が重い場合には対外試合禁止1～3ヶ月の処分が下る例が多いようです。

（2）量刑の考慮要素

　暴力・いじめ等の場合、**1.**で記載した一般的な要素のうち、加害者の人数、被害者の人数、被害者が部員か否か、ケガ等の結果の程度等が重視されて処分がなされていると思われます。
　また、暴行の場合でも同級生間の単純な喧嘩よりも上級生が下級生を

暴行した場合には重い処分が下される傾向があります。例えば、【事例1】【事例5】【事例6】【事例7】【事例10】の場合には、上級生複数人が下級生に対して暴力行為を行っており、1～3ヶ月の対外試合禁止処分がなされています。

さらに、ケガの程度が重くなくとも、陰湿または継続的ないじめには厳しい処分が下される傾向があります。【事例11】の場合には、同級生同士の暴力等の事案で、被害者にケガはなく、秋季青森県高校野球大会八戸地区予選への出場を辞退したにもかかわらず、再度いじめが発覚したため、対外試合禁止3ヶ月の処分が下されました。

[2] 飲酒・喫煙

飲酒、喫煙事案は、[1]で述べた暴力・いじめの場合や、[3]で述べる財産犯の場合と異なり、被害者がいない点に特徴があります。

以下、いくつかの具体的な事案の概要と処分内容をみていきます。

(1) 事案

【事例1】

〈事案の概要〉

　平成23年8月、青森県の高校野球部の部員が飲酒した。同部員がブログに飲酒の様子を書き込んだことから事実が発覚した。同校は夏の甲子園で準優勝し、飲酒した部員3人は同選手権でもプレイしていた。

〈処分内容〉

　高校は10月に開催される国体への出場を辞退。また、当該3人の部員は同校より停学処分を受けた。日本高野連は同校に厳重注意処分をしたが、夏の甲子園の成績はそのまま認められた。

【事例2】

〈事案の概要〉

　平成23年10月、兵庫県の高校野球部の3年生部員は中学校の同級生と同級生宅で飲酒した。同級生がブログで投稿したことから事実が発

覚。当該部員は甲子園ではベンチ登録されずにスタンドで応援していた。
〈処分内容〉
　高校は当該選手の謹慎処分（期間は不明）を下した。
【事例3】
〈事案の概要〉
　平成24年5月、京都府の高校ボクシング部の2年生部員4人が1人の家に集まって飲酒した。その旨が記載された生徒のブログの書き込みを読んだ外部からの通報で飲酒の事実が発覚した。
〈処分内容〉
　高校は、1週間の部活動停止を決定するとともに、飲酒した部員の高校総体（インターハイ）への出場辞退を決定した。
【事例4】
〈事案の概要〉
　平成18年3月、北海道の高校野球部の3年生部員が飲酒・喫煙をして補導された。
〈処分内容〉
　高校は、選抜高等学校野球大会（以下、「春の甲子園」）の出場辞退を決定した。

　【事例1】～【事例4】以外にも、喫煙では多数の処分が下されており、1ヶ月の対外試合禁止処分が下されている例が多くみられます。

（2）量刑の考慮要素

　飲酒・喫煙の場合、**1.**で記載した一般的な要素のうち、飲酒、喫煙を行った者の人数はもちろん、行為の場所（校内、寮で行われていたか否か等）が重視されているようです。
　なお、過去の処分例をみると、高校スポーツでは、飲酒よりも喫煙の方が厳しく処分されている傾向があるようです。

[3] 財産犯

恐喝、強盗の事案もありますが、件数としては窃盗（万引き）が最も多く、多数の処分が下されています。

以下、いくつかの具体的な事案の概要と処分内容をみていきます。

(1) 事案

【事例1】
〈事案の概要〉

平成23年6月、三重県の高校野球部の複数の2年生部員が万引きを行った。

〈処分内容〉

日本高野連は高校に対して厳重注意処分を行った。また、同校は、夏の甲子園大会には3年生と1年生のみを出場させ、2年生が主体となる秋季大会の参加は辞退した。

【事例2】
〈事案の概要〉

平成21年4月から7月にかけ、埼玉県の高校野球部員複数名が、片づけをしなかった下級生らの腹を叩く等するとともに、コンビニエンスストアで駄菓子屋やキーホルダー等を万引きした。ただし、下級生にケガはなく、万引きを含め集団的な行動ではなかった。

また、同年9月、部室から野球用具がなくなった。

〈処分内容〉

日本学生野球協会は対外試合禁止6ヶ月の処分を下した。

【事例3】
〈事案の概要〉

平成19年7月、佐賀県の高校サッカー部の2年生部員ら生徒2人が、中学2年生の自転車の前かごから携帯ゲーム機等が入ったバッグを自転車で追い抜きながらひったくり、翌日、盗んだゲーム機をゲーム機販売店で売ろうとした。

〈処分内容〉

　事件を起こした2年生部員ら2名は逮捕され、2名の在学していた高校は全国高体連の事務局に報告した。事件の内容を検討した全国高体連事務局が「私生活上の個人の問題であり、連帯責任を取る必要はない」との見解を示したため、同校は佐賀総体の出場辞退はしない旨を明らかにした。

【事例4】
〈事案の概要〉

　平成20年1月から11月にかけて秋田県の高校レスリング部男子部員（3年生）2人が、男子部員（3年生）から現金数千円を脅し取ったり、コンビニ店で飲食代を支払わせたり、CDのレンタル代を支払わせる等させていた。また、被害者の腹を殴ることもあった。

〈処分内容〉

　高校は、加害者2名を無期停学処分とし、高体連や秋田市教育委員会、保護者に事情を説明した。レスリング部は10日間活動を自粛したが、監督と部長には処分を行わなかった。

【事例5】
〈事案の概要〉

　平成23年4月、宮城県の高校野球部員7人が東日本大震災で被災した無人のリサイクルショップへの建造物侵入を行った。

〈処分内容〉

　日本高野連は、高校に対して厳重注意処分を行った。また、同校は、当該部員を1週間の謹慎処分とし、野球部も1ヶ月の活動自粛とした。

【事例6】
〈事案の概要〉

　平成24年8月、栃木県の高校野球部員が、雑木林で、少女（16歳）にわいせつ目的で後ろから襲いかかって軽傷を負わせ、現金数千円を奪った疑いで逮捕された。部員は調べに対し容疑を否認していた。同部員は、その後、別の強制わいせつ等とともに逆送（検察官から送致さ

た少年を家庭裁判所が検察官に送致すること）された。
〈処分内容〉
　同部員は、高校を自主退学した。なお、同校は出場していた夏の甲子園を辞退しなかった。

　【事例1】〜【事例6】以外にも、高校スポーツ選手の財産犯に関する不祥事事案は多数あり、同じ窃盗（万引き）であっても処分にいたらないものから、対外試合禁止1年のものまであります。
　ただし、全体的な傾向としては、万引き、自転車窃盗の場合には対外試合禁止1〜3ヶ月の処分が下されることが多いようです。

（2）量刑の考慮要素

　財産犯の場合、1.で記載した一般的な要素に加え、被害品（額、野球用具か否か等）や起訴不起訴等の刑事処分をも考慮して処分が下されているようです。
　また、万引きの場合には、部員が集団で行うこともあり、そのような場合には、重い処分が下される傾向にあります。特に、高校野球の場合には、集団スポーツである点からも、連帯の精神が重視され、不祥事が集団的な場合には、処分を重くしているようです。(注2)
　さらに、【事例2】にみられるように、被害物品が野球用具の場合には、日本学生野球協会は教育的見地（＝野球をすることができるのは野球用具を取り扱うお店があるおかげであるという感謝の気持ちを養う）からも処分を重くする事情として考慮しているようです。
　他方、【事例6】のように、部員が強盗、強制わいせつという重大犯罪を行っていながら加害者側に集団性がなかった場合には、出場停止処分

(注2)
　学生野球憲章第2条は、学生野球の基本理念として「学生野球は、教育の一環であり、平和で民主的な人類社会の形成者として必要な資質を備えた人間の育成を目的とする」（第1項）、「学生野球は、友情、連帯そしてフェアプレーの精神を理念とする」（第2項）と規定しています。

が下されていない例もあることからも、加害部員の人数は重要な考慮要素となっていることが窺われます。

[4] その他の非行

その他の不祥事としては、無免許運転、賭博、盗撮等がありますが、それぞれ性質が異なることから、個々の事案の性質に応じた処分が下されています。

以下、いくつかの具体的な事案の概要と処分内容をみていきます。

(1) 事案

【事例1】

〈事案の概要〉

平成19年、広島県の高校野球部員が自動車の無免許運転を行った。

〈処分内容〉

日本学生野球協会は高校に警告を下した。

【事例2】

〈事案の概要〉

平成21年、熊本県の軟式野球部員が飲酒、バイクの無免許運転を行った。

〈処分内容〉

日本学生野球協会は対外試合禁止1ヶ月の処分を下した。

【事例3】

〈事案の概要〉

平成24年12月、プロ野球チームからドラフト指名を受けた千葉県の高校野球部員が、下校後、野球部を退部した自動車運転免許取得済みの3年生の運転する車に同乗した。その後、同部員は、無免許にもかかわらず、「運転を代わってくれ」と申し出て、運転を交代した。東京湾アクアラインで29キロオーバーの速度超過で千葉県警に検挙された。

〈処分の内容〉

高校は同部員に反省文を提出させ、監督の自宅で無期限謹慎とした。

また、日本高野連は、同校に対して厳重注意処分を行った。
【事例4】
〈事案の概要〉
　平成24年4月から7月にかけて、大阪府の高校野球部の2、3年生の部員数人が練習後等に金銭を賭けたゲームをした。
〈処分内容〉
　日本学生野球協会は対外試合禁止1ヶ月の処分を下した。また、高校は、秋季近畿地区高等学校野球大会大阪府予選への出場を辞退した。
【事例5】
〈事案の概要〉
　平成24年9月、長崎県の高校水泳部の2年生男子生徒4人が、競泳の長崎県高校新人大会の会場で、男子更衣室と女子更衣室を隔てる壁の上部隙間から携帯電話で複数回、動画を撮影した。また、別の男子生徒8人は隙間から一緒にのぞいたり、動画の送信を受けたりした。大会の数日後、女子生徒が「盗撮されたかもしれない」と顧問に訴えて事実が発覚したが、動画は男子生徒によって削除され、外部流出は確認できていないとしている。
〈処分内容〉
　長崎県高校体育連盟は、無期限謹慎処分を下し、校長にも訓戒、謹慎処分を下した。
【事例6】
〈事案の概要〉
　平成22年8月、長野県の高校野球部の3年生部員が、学校敷地内の寮で運動部の女子生徒が合宿中に野球部寮の風呂を使った際、あらかじめ脱衣所に置いた撮影機能付き携帯音楽プレーヤーで女子生徒を撮影し、他の2、3年生部員6人がその画像を見た。
〈処分内容〉
　日本高野連は厳重注意処分とした（日本学生野球協会審査室には上申せず、秋季北信越地区高等学校野球長野県大会北信予選会への出場は差支えな

いとした)。また、高校は部長を解任し、撮影した3年生部員を無期停学、画像を見た6人を自宅謹慎処分とした。

【事例7】
〈事案の概要〉
　平成24年12月、兵庫県の高校野球部員らが、路線バス内で障がい者の男性に嫌がらせをし、様子を撮影した動画をスマートフォンの無料通話アプリから投稿したうえ、これを仲間内で閲覧していた。県教委によると、男子生徒らは下校中のバスのなかで、男性が移動するのを邪魔してからかい、腹を立て興奮した男性の様子を携帯電話で撮影し、投稿したという。乗り合わせた乗客が学校に連絡し、発覚した。
〈処分内容〉
　高校は、重大な人権侵害にあたるとして、関係した野球部員8人を含む男子生徒10人を5日間の自宅謹慎とし、部活動についても禁止した。

(2) 量刑の考慮要素

　1.で記載した一般的な要素に加え、例えば無免許運転等については対象車両(窃取した車両か否)、事故の発生の有無等の事情についても考慮されているようです。また、【事例2】が同じ無免許運転でありながら【事例1】、【事例3】よりも重い対外試合禁止1ヶ月の処分が下されたのは飲酒の事実を重くみたのではないかと考えられます。

3 | 類型ごとの不祥事事案の分析
　〜指導者等による不祥事〜

　指導者等による不祥事の場合には、教育的な見地から連帯責任としてチームに対して対外試合禁止等の処分が下されることは少ないですが、選手登録についてのルール違反があった場合等にはチームに対する処分が下される例もあります。
　以下、事案の類型ごとにみていきます。

[1] 暴力行為
(1) 体罰により生徒が自殺した事案

一般的には、指導者による暴力行為に関しては、謹慎処分等により指導者自身のみが処分を受ける場合が多いですが、以下の事案では事態の重大性に鑑み、指導者のみでなく、部活動自体の活動停止処分が下されました。

【事例】
〈事案の概要〉

平成25年1月、大阪市教育委員会は、大阪市の高校の2年生男子生徒が平成24年12月に自宅で自殺し、その前日に所属するバスケットボール部で顧問の男性教諭から頬を平手打ちされる等の体罰を受けていたと発表した。

調査の結果、男子生徒は、平成24年9月にバスケットボール部の主将になってから度重なり顧問の男性教諭から体罰を受けていたことがわかった。また、平成23年には同校でバスケットボール部の体罰についての情報が市に寄せられていたものの、同校は体罰について十分な調査を行わなかったこと、バレーボール部についても頻繁な体罰がなされていたこと等が発覚した。

〈処分内容〉

大阪市教育委員会は、体罰を行ったバスケットボール部の顧問の男性教諭を懲戒免職処分とし、バレーボール部の顧問の男性教諭を停職6ヶ月の懲戒処分とした。また、同委員会は、バスケットボール部およびバレーボール部の無期限活動停止処分を下した後、同校の体育科等の120名の募集停止を決定し、かわりに普通科120名を募集することとした。

(2) 量刑の考慮要素

指導者による暴力行為の場合には、1.で記載した一般的な要素のうち、被害者の数、暴行の回数、期間、ケガ等の結果の程度、再発の有

第4章 量刑のあり方(1) これまでに起きた不祥事事案の分析

無、動機に斟酌する事情があるか否か等を重視するとともに、被害者が部員か否か、練習中の行為か否か等を考慮しているようです。

そして、平成 24 年 12 月にバスケットボール部の生徒が自殺した前述(1)の事件以前は、指導者による暴力行為の場合には、警告から当該指導者に対する謹慎 3 ヶ月程度の処分が下されることが多い状況でした。しかし、前述の事件の事態の重大性、社会的影響の大きさから、体罰に対する社会の意識が大きく変化しつつあることからも、今後は体罰、暴力行為に対する処分は以前よりも厳格化するのではないかと考えられます。

[2] セクハラ・パワハラ

指導者によるセクハラ・パワハラの場合には、**1.**で記載した一般的な要素のうち、被害者の数、被害者が部員か否か、加害行為の場所、態様、動機等が考慮されていると考えられます。

そして、監督等によるマネージャーへのセクハラの件では、同監督に対して謹慎 1 ヶ月とされた例があります。

[3] その他の不祥事

指導者等による不祥事の場合には、生徒の不祥事と異なり、本来、教育的な見地から連帯責任としてチームに対して対外試合禁止等の処分が下されることはないはずです。しかし、チーム編成に関してルール違反があった場合等には以下の事例のようにチームに対する処分が下された例もあります。

(1) 事案
【事例1】
〈事案の概要〉

平成 15 年度から平成 17 年度まで福岡県の高校バスケットボール部に在籍した選手の年齢詐称があった。セネガル国籍の昭和 57 年生まれで当時 21 歳だった当該選手は昭和 61 年生まれとする虚偽のパスポー

トを入手し、同校に入学。同校はセネガル政府から独自に、当該選手が昭和61年生まれとする資料を入手しており、年齢詐称に気づかなかった旨を主張した。その後、全国高校体育連盟は同校から出された不服申立てを受理しないことを明らかにした。同連盟によると、不服申立てができるのは「指導対象者」とされており、このケースでは直接の処分を受けた当該選手のみが該当するという。

〈処分内容〉

　全国高校体育連盟は、同校の平成16年の全国高校総体優勝、平成17年の同大会3位の記録の取消しを決定した。また、同連盟は、記録取消しは留学生の処分に伴う措置で、同校は不服を申し立てる立場にないとの見解を示した。

【事例2】

〈事案の概要〉

　平成19年4月、岩手県の高校野球部が日本学生野球憲章に違反するスポーツ特待生制度を使用していたことが明らかとなった。

〈処分内容〉

　日本学生野球協会は対外試合禁止（当分の間）の処分を下した。

(2) 上記事案について

　【事例1】【事例2】ともに、ルール違反をして獲得した選手によりチームの強化を図った点についての処罰であることから、チームに対する処分がなされていますが、選手（特にルールに抵触せずに登録した選手）にとっては不利益処分を科されることが妥当か否かという点に疑問があるといえるでしょう。

4 ｜ まとめ

　前述のように、高校スポーツの不祥事については、生徒による不祥事を中

心に量刑の考慮要素を検討しました。処分内容として教育的見地から対外試合禁止等の連帯責任を課されることからも（教育的見地から連帯責任を課すことの是非については別として）、量刑の考慮要素としては不祥事が集団的になされたのか否かが非常に重要な要素となっているといえます。

（下田一郎・森田豪丈）

3.
大学スポーツ不祥事における量刑の考慮要素

1 │ 総論

　大学スポーツ関係者が不祥事を起こした場合について、例えば大学野球の場合には、高校野球と同様に日本学生野球憲章に処分に関する規定があり、日本学生野球協会は、かかる規定に基づいて審議し、処分内容を決定しています。

　このように競技団体が当該不祥事を起こした者や所属チームに対して厳重注意、謹慎処分、対外試合禁止等の処分を下すこともありますし、不祥事を起こしたチームを有する学校（大学）が大会出場を辞退する等の自主的処分を決定する場合もあります。こうした点においては、大学スポーツ不祥事は高校スポーツ不祥事と共通する部分が多々あります。その一方で、大学生は、その社会的地位においては、全員が未成年である高校生よりも社会人に近いといえます。

　このように、高校生と社会人とのいわば中間に位置する大学生や大学スポーツ関係者の不祥事においては、どのような事情が考慮され処分に影響しているのか、以下では、それぞれの属性ごとに具体的事例を挙げて分析していきます。なお、高校スポーツ関係者の不祥事事案と同様に、大学スポーツ関係者の不祥事事案につきましても、日本学生野球協会が定期的に公表している処分事案が大きな情報ソースとなりますので、以下で取り上げる事案では、大学野球に関する事案が多くなっていることを、一言お断りしておきます。

2 類型ごとの不祥事事案の分析
～部員の不祥事～

　大学スポーツ関係者の不祥事も、高校スポーツ関係者の不祥事と同様に、学生による不祥事と指導者等による不祥事に大別できますが、大学スポーツ不祥事の処分の特徴は前者によくみられるため、まず前者を中心にみていきます。

[1] 暴力

　この類型に属する不祥事は数多くあり、起こった場所により、部内での暴力、部外での暴力、試合中の暴力等に分けることができます。さらに被害の程度により、暴行にとどまる事件、傷害に至った事件、死亡に至った事件に分けることができます。
　以下では、そのうち主要な事案についてみていきます。

(1) 事案
【事例1】
〈事案の概要〉
　昭和61年7月1日、東京都内の大学空手部において、部内で2年生6人が1年生9人に対して腹を蹴る等の暴行を加えるリンチ事件があり、うち1名が内臓出血等で死亡し、うち1名が内臓破裂等の重傷を負った。警察は、リンチを加えた空手部員6人を傷害致死等の疑いで緊急逮捕した。
〈処分内容〉
　7月2日、大学は、同部の廃止と原因究明のための特別委員会を設置した。7月12日、大学理事会は、理事らの減給処分、学園祭等祭り色の強い学内行事の年度内中止、事件のあった日を「反省と誓い日（仮称）」とすることを決定した。

【事例2】

〈事案の概要〉

　平成元年5月、東京都内の大学ラグビー部において、4年生部員に命令された1年生部員が、通行人に暴行して全治4週間の大ケガを負わせた。

〈処分内容〉

　大学は、同部に対して、3ヶ月間の対外試合の自粛を要請した。

【事例3】

〈事案の概要〉

　平成7年、福岡県内の大学野球部において、試合中の暴力行為があった。

〈処分内容〉

　12月4日、日本学生野球協会は、暴力行為を行った部員をリーグ戦出場停止処分とし、部長および監督を警告処分とした。

【事例4】

〈事案の概要〉

　平成9年7月、東京都内の大学相撲部において、上級生が下級生に対し、約1年間にわたって暴行を繰り返した。このことが、同上級生卒業後の平成11年になって発覚した。

〈処分内容〉

　大学は、各運動部に対して同様の事件の再発防止をするように通達を出したが、暴行を働いた者に対する処分については、すでに社会に出ている（大相撲の世界で関取になっている）ので、事情を聞く予定はないし、誰かを処分をする予定もない旨の見解を示した。

【事例5】

〈事案の概要〉

　平成10年、群馬県内の大学（A大学、B大学）野球部同士の試合中に暴力行為があった。

〈処分内容〉

12月11日、日本学生野球協会は、A大学の部員1名ならびにB大学の部長および監督を約5ヶ月の謹慎処分とし、A大学の部長および監督を春期リーグ終了までの謹慎処分とし、さらに両校野球部を警告処分とした。

【事例6】

〈事案の概要〉

平成11年9月、東京都内の大学剣道部の男子寮内で、上級生が下級生に対し、同下級生が嘘をついた等として、同下級生のみぞおちを10回ほど蹴り、同下級生は心臓を強く打って間もなく死亡した。なお、加害部員は傷害の現行犯で逮捕された。

〈処分内容〉

10月21日、大学は、剣道部を解散処分とし、加害部員を退学処分とした。また、大学は、「部内の上下関係の改善」等の防止策をすべての運動部に徹底することを決定するとともに「非暴力宣言」を発表した。

【事例7】

〈事案の概要〉

平成11年、神奈川県内の大学野球部と東京都内の大学野球部との試合中に暴力行為があった。

〈処分内容〉

5月13日、日本学生野球協会は、各大学の暴力行為を行った野球部員を約1ヶ月間の謹慎処分とした。

【事例8】

〈事案の概要〉

平成15年7月、青森県内の大学野球部内において、2年生3人が1年生に対して暴行を加えてケガをさせた。2年生3人は傷害等の疑いで警察に逮捕された。

〈処分内容〉

7月17日、大学は、部員3人をいずれも野球部退部処分および無期

停学処分とし、7月23日、監督に対し6ヶ月間の謹慎処分とし、野球部の活動を月末まで自粛することとした。また、北東北大学野球連盟は、同部を1部から3部への降格処分とした。さらに、9月24日、日本学生野球協会は、部長を1年間の謹慎処分とし、監督を6ヶ月間の謹慎処分とした。

【事例9】
〈事案の概要〉
　平成17年2月～3月、東京都内の大学野球部内において、部室で3年生1人が1年生2人に対して暴行を加え、うち1年生1人はバットが腕に当たり打撲を負った。また、3年生1人が多数の1年生に、スリッパで叩いたり顔をふみつけたりする等の暴行を行った。なお、前年夏にも部員間で同様の暴力行為があった。
〈処分内容〉
　3月18日、全日本大学野球連盟は、部長に対して、当分の間謹慎とする応急措置を決定し、野球部に対しては、当該3年生部員2人を除き、対外試合の出場は認める決定をした。また、日本学生野球協会は、部長を6ヶ月間の謹慎処分とし、野球部を警告処分とした。

【事例10】
〈事案の概要〉
　平成19年7月、東京都内の大学応援団リーダー部内において、下級生が上級生から、下半身を裸にされ熱湯をかけられる等の暴行を受け、同下級生は自殺した。
〈処分内容〉
　平成20年1月、大学は、応援団リーダー部を解散した。

【事例11】
〈事案の概要〉
　平成20年4月20日、京都府内の大学野球部において、2年生3人が1年生2人に対し、平手打ちや蹴る等し、1年生の1人が鼓膜を損傷する全治2週間のケガを負った。また、もう1人の1年生にケガは

なかったが、事件直後に退部した。
〈処分内容〉
　7月4日、大学は、加害部員を一定期間の合同練習への参加禁止処分とし、監督は辞任した。また、9月3日、日本学生野球協会は、野球部を警告処分とした。
【事例12】
〈事案の概要〉
　平成22年8月、滋賀県内の大学野球部における1年生部員4人が、同学年の他の部員に暴行を加えて重傷を負わせた。
〈処分内容〉
　9月10日、日本学生野球協会は、1年生部員全員（34人）を3ヶ月間の登録抹消処分とした。

（2）量刑の考慮要素

　暴力事案のうち、いわゆる部内暴力では、部員個々に対する処分は大学に委ねられている傾向がみられます。また、部に対する処分は、謹慎処分に留まるものが多いようにみえますが、加害部員が逮捕されているもの（【事例1】【事例6】【事例8】）や部内の組織的な関与（【事例1】【事例8】【事例9】【事例11】【事例12】）が認められるもの、結果が重大なもの（【事例1】【事例6】【事例10】）等、社会的な影響が大きいものについては、部長や監督に対して謹慎処分が下されていたり（【事例8】【事例9】）、大学の判断によって部自体が廃止・解散（【事例6】【事例10】）されたりしています。したがって、この類型における最大の考慮要素は、被害者が負ったケガの程度や人数を含む被害の程度・大小であると考えられます。

　その一方で、被害の大小と処分内容の軽重とが必ずしも比例していない印象を受ける事案も見受けられます。これは、報道・公表されていない事情が考慮されている可能性も大いにあるところですが、統一された基準がないなかで各大学等において独自の判断基準に基づいて各処分が

下されていることが一因になっているのではないかと考えられます。
　なお、大学の不祥事事案では、高校の不祥事事案に比べて試合中の暴力不祥事（【事例3】【事例5】【事例7】）の報告が多くみられる点が特徴的です。大学野球の場合、日本学生野球協会に処分権限がありますが、試合中の暴力不祥事事案に対して同協会より謹慎以上の処分が下されることが多い（【事例5】【事例7】）ことを鑑みると、同協会が当該類型の不祥事に対しては厳しい姿勢で臨んでいることが見受けられます。

[2] 飲酒・喫煙

　大学生は高校生よりも年齢を重ねており、未成年と成年とが入り混じるかたちとなるため、高校生の場合と異なり、飲酒・喫煙行為のみで問題視されることはあまりないようです。しかしながら、飲酒行為については、それに付随する行為（酒気帯び運転や、酒席の場で暴れたり等）が不祥事に発展した場合に、あわせて飲酒行為自体も問題視されるという点に特徴があり、以下に挙げるような事案が存在します。

(1) 事案

【事例1】
〈事案の概要〉
　平成15年、広島県内の大学野球部の部員が酒気帯び運転による交通事故を起こした。
〈処分内容〉
　12月3日、日本学生野球協会は、部長を1年間の謹慎処分とした。

【事例2】
〈事案の概要〉
　平成17年12月、東京都内の大学スケート部アイスホッケー部門の部員が、他大学との合宿中に泥酔して暴れ、合宿中の宿泊施設の複数の部屋に入り込んで荷物を蹴り飛ばしたり大声を出したりした。

〈処分内容〉

　平成18年1月、スケート部は、暴れた部員を退部処分とするとともに、アイスホッケー部門の監督の解任を決定し、当面の公式戦の出場辞退と活動自粛を決定した。また、日本代表に選ばれていた3選手についても、同代表を辞退させることとした。なお、同スケート部フィギュア部門に所属する選手の世界選手権出場については、辞退等の措置は何らとらなかった。

【事例3】
〈事案の概要〉

　平成20年3月23日、兵庫県内の大学硬式野球部の部員らが4年生を送る懇親会にて、1、2年生のうち未成年者の飲酒行為と、4年生が1年生に対して火傷を負わせる行為があった。なお、当該行為があったことについて部から大学への報告があったのは、当該行為の約半年後だった。

〈処分内容〉

　10月31日、大学は、部に対して、①1ヶ月間の活動禁止、②1年間の懇親会等での飲酒禁止、③年度末までの約5ヶ月間、毎月の活動報告書の提出、の三つの処分を下した。また、11月25日、日本学生野球協会は、部に対し、警告処分を下した。

(2) 量刑の考慮要素

　冒頭でも述べたとおり、大学生の飲酒行為については単独で問題視されることはあまりないため、付随行為の内容が処分内容に大きな影響を与えているようです。また、「付随行為＋飲酒行為」という形の不祥事として報道される結果、大学や部に対する社会的非難を受けやすいせいか、各大学において、部全体への処分が下されたり、監督責任が問われたりされやすい傾向にあるといえます。

[3] わいせつ事犯

　大学生の不祥事事案では、高校生の不祥事事案と比べて、男子大学生による婦女暴行事件や痴漢事件等のわいせつ事犯に関する不祥事が多く報告されていますので、単独の項目を設けて検討します。
　以下では、そのうち主要な事案についてみていきます。

(1) 事案

【事例1】

〈事案の概要〉

　平成9年5月、東京都内の大学スケート部アイスホッケー部門の部員5人が、20代の女性を集団で暴行し、さらにケガを負わせた。

　なお、加害学生は5人とも逮捕されたが、被害女性との間で示談が成立し、成年の加害学生1人は起訴猶予処分、残る未成年の加害学生4人は、家庭裁判所送致後、保護観察処分となった。また、事件後、監督は独自の判断で、加害学生5人のリーグ戦数試合の出場停止と3ヶ月間の反省文提出を命じていたが、大学当局や競技団体には報告せずに、部内処分だけで済ませるかたちで事件を隠していた。

〈処分内容〉

　平成10年1月、大学は、当初部内だけで済ませようとした事態を重く受け止め、関与した加害学生5人全員を退学処分とするとともに、スケート部を無期限活動停止処分とした。ただし、部員のうち、五輪代表選手と国体代表選手に関しては、例外として出場を認めた。

【事例2】

〈事案の概要〉

　平成10年1月、東京都内の大学ラグビー部の部員5人が婦女暴行事件を起こした。

〈処分内容〉

　1月21日、大学は、都内ホテルで予定されていた各運動部の祝勝会兼報告会を自粛し、ラグビー部は対外試合を無期限に辞退することを決

定した。事件とは関係のない同ラグビー部の現役選手と同ラグビー部のOB選手の2人も、日本代表候補合宿への参加を辞退することとなった。
【事例3】
〈事案の概要〉
　平成13年1月7日、福岡県内の大学野球部員1人を含む3人が、女性を無理矢理ワンボックスカーの中に押し込み、約3時間にわたって連れ回したうえ暴行し、5日間のケガを負わせた。3人は強姦致傷の容疑で逮捕された。
〈処分内容〉
　4月27日、日本学生野球協会は、部長を1年間の謹慎処分とした。
【事例4】
〈事案の概要〉
　平成16年9月、東京都内の大学スキー部において、同部の合宿中、男性部員2人が、女性部員に乱暴しようとした容疑で逮捕され、強制わいせつ罪等で起訴された。
〈処分内容〉
　11月、大学は、スキー部を約3ヶ月間の活動自粛とし、加害部員2人を退学処分とした。また、全日本学生スキー連盟は、スキー部男子に対し、翌年の全日本学生選手権への出場権を剥奪する処分を下した。
【事例5】
〈事案の概要〉
　平成16年10月、福岡県内の大学野球部部員4人が18歳未満の少女に対しわいせつ行為を行い、加害部員のうち1人が逮捕され、残る3人も書類送検された。
〈処分内容〉
　監督および部長が引責辞任。11月10日、日本学生野球協会は、監督及び部長に対していずれも1年間の謹慎処分を、部に対して警告処分を、それぞれ下した。

3. 大学スポーツ不祥事における量刑の考慮要素

【事例6】
〈事案の概要〉
　平成16年12月、東京都内の大学野球部部員5人が電車内で女性に対して集団痴漢行為をし、強制わいせつ未遂罪の現行犯で5人とも逮捕された。
〈処分内容〉
　12月、大学は、部を当分の間の部活動中止処分にするともに、加害部員を退学処分とした。また、東都大学野球連盟は、部に対し、リーグ戦への出場差止め処分を下した。さらに、平成17年4月28日、日本学生野球協会は、部に対し、6ヶ月間の対外試合禁止処分を下した。

【事例7】
〈事案の概要〉
　平成16年12月、東京都内の大学サッカー部部員15人が、当時15歳の少女にわいせつ行為をした。加害部員15人は都条例違反の罪等で逮捕され、うち14人が起訴、残る1人（少年）が家庭裁判所送致となった。
〈処分内容〉
　12月2日、部長が引責辞任し、全日本大学連盟は、部に対して無期限の活動停止処分を下した。

【事例8】
〈事案の概要〉
　平成18年1月26日、京都府内の大学アメリカンフットボール部員3人が集団で女性を暴行したとして、集団強姦の容疑で逮捕され、集団準強姦罪にて起訴された。
〈処分の内容〉
　1月30日、大学は、部として公式戦5試合の出場辞退とチーム練習の当面の自粛を決定するとともに、加害部員3人を退学処分とした。なお、関西学生アメリカンフットボール連盟は、同連盟に処分権限がないために処分については加盟校の判断に委ねている旨をコメントした。

第4章　量刑のあり方(1)　これまでに起きた不祥事事案の分析

【事例9】

〈事案の概要〉

　平成19年5月14日、京都府内の大学ラグビー部員3人が、深夜の路上を歩いていた女性をわいせつ目的で待ち伏せし、車に無理矢理連れ込もうとした容疑で逮捕され、起訴された。

〈処分内容〉

　5月から8月にかけて、大学は、部に対しては、対外試合を含めた公的活動の当面の自粛（実際には約2ヶ月半の間）とし、加害部員3人に対しては、まず無期限の謹慎処分とし、起訴後に、うち2人を退学処分、残る1人を停学処分とした。

【事例10】

〈事案の概要〉

　平成20年12月、東京都内の大学陸上部員が、電車内で女子高校生の下半身を触る等して、強制わいせつ罪の容疑で現行犯逮捕された。

〈処分内容〉

　12月、大学は、加害部員を退部処分とし、監督が引責辞任した。なお、関東学生陸上競技連盟は、12月5日、集団ではなく1人の部員（個人）であったことや、チームとしての活動中の不祥事ではなかったこと等の理由から、同校陸上部の箱根駅伝への出場を制限しない旨をコメントした。

【事例11】

〈事案の概要〉

　平成21年2月25日、京都府内の大学のアメリカンフットボール部や陸上競技部等同じ大学の運動部に所属する6人が、コンパで酒に酔った女子大学生（当時19歳）を集団で暴行したとして、集団準強姦の容疑で逮捕された。なお、京都地方検察庁は「教育的配慮をした」として不起訴処分とした。

〈処分の内容〉

　3月、大学は、加害部員を無期限停学処分とし、6月4日、加害部員

が加入していた各運動部を無期限活動停止処分とした。

【事例12】
〈事案の概要〉
　平成21年9月、東京都内の大学レスリング部員が強姦致傷容疑で逮捕された。
〈処分内容〉
　10月14日、大学は、加害部員を退学処分とし、監督および部長を解任し、部に対しては対外活動の無期限禁止処分を下した。

(2) 量刑の考慮要素

　大学生のわいせつ事犯については、加害者の年齢や社会的地位の違い等から、高校生のわいせつ事犯に比べて逮捕に結びつきやすい面があり、加害者が逮捕されている事案が多いという傾向があります。加害者が逮捕されるような不祥事事案は、もはや「不祥事」ではなく「刑事事件」であり、各大学等において、その悪質性の高さに応じた重い処分（加害部員に対する退部や退学といった処分）が下されていると考えられます。

　また、部員が複数関与する事件については、教育的見地に基づく連帯責任という観点から、さらには社会的注目や非難への配慮という観点から、部としての責任が問われやすく、各大学において、部に対する処分（活動停止や対外試合禁止等）が下されやすい傾向にあります。しかしながら、部に対する処分は、加害部員以外の部員の活動にも影響を与えるため、何らかの合理的な理由が必要だと考えられます。この点、どういった事案において部に対する処分を下すのか、その場合の処分内容をどうするのかについて、全大学で統一された基準がないなかで各大学等において独自の判断基準に基づいて各処分が下されているのが現状です。その結果、事案の重大性と処分内容の軽重とが必ずしも一致していないように思われる事案も見受けられます。

[4] 財産犯

　大学生の不祥事事案においても、高校生の不祥事事案と同様に、財産犯に関する不祥事が多く報告されています。高校生との違いとしては、高校生の不祥事では窃盗（万引き）事件が多かったのに対し、大学生の不祥事では窃盗にとどまらない恐喝、横領、強盗といった事件もよく見受けられ、被害の程度が重いものが高校生の不祥事よりも多いように思います。
　以下では、そのうち主要な事案についてみていきます。

(1) 事案

【事例1】
〈事案の概要〉
　平成13年8月、愛知県内の大学野球部員2人が恐喝容疑で逮捕された。
〈処分内容〉
　8月、大学は、部としてのリーグ戦の出場辞退と対外試合自粛処分を決定した。また、9月28日、日本学生野球協会は、部長に対し1年間の謹慎処分を下した。

【事例2】
〈事案の概要〉
　平成15年、青森県内の大学野球部員が、リーグ戦中に他大学の野球部員の財布を盗み、キャッシュカードで現金を引き出した。
〈処分内容〉
　大学は、部長の辞任を決定した。また、6月1日、北東北大学連盟は、監督に対して厳重注意処分を下した。さらに、7月7日、日本学生野球協会は、部長に対して1年間の謹慎処分を下した。

【事例3】
〈事案の概要〉
　平成15年、三重県内の大学野球部員が窃盗を行った。
〈処分の内容〉
　9月24日、日本学生野球協会は、部長に対して、1年間の謹慎処分

を下した。

【事例4】

〈事案の概要〉

平成17年、青森県内の大学野球部員が窃盗を行った。

〈処分内容〉

3月18日、全日本大学野球連盟は、部長および監督に対し、当分の間の謹慎処分を下した。また、2月、日本学生野球協会は、部長に対して1年間の謹慎処分を、監督に対して6ヶ月間の謹慎処分を、それぞれ下した。

【事例5】

〈事案の概要〉

平成18年、大阪府内の大学野球部員が業務上横領を行った。

〈処分内容〉

7月19日、日本学生野球協会は、部に対して2ヶ月間の対外試合禁止処分を、部長に対して6ヶ月の謹慎処分を、それぞれ下した。

【事例6】

〈事案の概要〉

平成20年11月、北海道内の大学野球部員2人は、大学とは直接関係のない高校の野球部部室のガラスを割って部室内に侵入し、グローブ等の野球用具や部費6万2,000円入りの財布を盗み、盗んだ野球用具をインターネットのオークションで転売した。

〈処分内容〉

平成21年2月12日、日本学生野球協会は、部に対して3ヶ月の対外試合禁止処分を、部長に対して6ヶ月の謹慎処分を、それぞれ下した。

【事例7】

〈事案の概要〉

平成20年11月、沖縄県内の大学硬式野球部員4人は、複数の高校の野球部部室に侵入してグローブ等の野球用具を盗み、インターネットのオークションで転売（判明しているだけで被害額約26万円）した。

〈処分内容〉

　監督および部長がそれぞれ辞任。11月18日、大学は、処分が決定するまでの間、部の活動自粛を決定した。翌平成21年2月12日、日本学生野球協会は、部に対して3ヶ月の対外試合禁止処分を、部長に対して6ヶ月の謹慎処分をそれぞれ下した。

【事例8】
〈事案の概要〉

　平成20年12月9日、三重県内の大学野球部員1人が、練習を休んでパチンコをしていた下級生部員を見つけ、素手で同部員の顔を殴り、あごの骨を折る全治1ヶ月のケガをさせた。また同年10月はじめから12月15日にかけ、別の野球部員4人が、他の部員のアパートに侵入し、現金を盗んだ。

〈処分内容〉

　翌平成21年2月、大学は、加害部員計5人をそれぞれ1～2週間の停学処分とした。また、3月19日、日本学生野球協会は、部に対し警告処分を下した。

【事例9】
〈事案の概要〉

　平成21年2月、奈良県内の大学ホッケー部員2人が、パチンコ店で隣の席に置き忘れられた現金2万円等が入った財布を盗んだ。

〈処分の内容〉

　大学は、加害部員を無期限謹慎処分とし、監督と部長が引責辞任した。また、5月、日本ホッケー協会は、部に対し、当該季の日本リーグ出場資格を剥奪し、約2ヶ月間の対外試合禁止等の処分を下した。

【事例10】
〈事案の概要〉

　平成21年6月、大阪府の大学ボクシング部員2人が、通行人に言いがかりをつけ現金を奪った。加害部員は、この件について強盗容疑で逮捕された他、合計17件の強盗致傷、恐喝等の容疑で立件された。

〈処分内容〉

9月、大学は、加害部員を退学処分とするとともに、部の廃部を決定した（なお、同部は、戦時中の昭和18年に創設された伝統ある名門ボクシング部であったため、OBを中心に部の復活を望む声が高まり、最終的には平成24年10月に復活した）。

【事例11】

〈事案の概要〉

平成21年8月、大阪府内の大学野球部員3人を含んだ、振り込め詐欺に絡む恐喝未遂事件および証拠隠滅事件が発生し、同部員3人らが逮捕された。

〈処分の内容〉

8月、大学は、部について、リーグ戦への参加辞退を含む一定期間の活動禁止処分を決定した。また、9月25日、日本学生野球協会は、部および部長をそれぞれ警告処分とした。

【事例12】

〈事案の概要〉

平成21年3月から5月にかけて、京都府内の大学野球部の3年生部員が、交通事故を装って金銭をだまし取る「当たり屋」行為を計画してその下級生部員に実行を強要した。また、このこととは別に、同3年生部員が、下級生部員に対し現金約20万円を貸すよう強要した。

〈処分内容〉

平成22年2月25日、大学は、加害部員を無期停学にするとともに、部を1ヶ月間の活動停止処分とした。また、3月5日、日本学生野球協会は、部に対して警告処分を下した。

（2）量刑の考慮要素

以上の各事案では、加害部員が逮捕されるような重大なものが多く含まれていることもあり、加害部員への処分はもちろんのこと、監督や部長に対しても、監督責任に基づく厳しい処分が下される傾向が見受けら

れます。また、部の一定期間の活動停止にいたる例も少なくなく、なかには部の廃止にまでいたった事案（【事例10】）まであり、重大な財産犯に対しては各大学や競技団体において厳しい処分が下されているといえます。

　また、着目すべきは、野球用具の窃盗事件（【事例6】【事例7】）において、日本学生野球協会が部全体への処分を下している点です。これは、野球を行う際に欠かせない野球用具を取り扱っている店舗に対しては、敬意や感謝の気持ちを持つことはあっても、損害を与えることはあってはならないとの考えのもと、当該店舗に損害を与えるような不祥事は野球というスポーツに対する冒涜行為であるとして、部全体の処分というかたちで厳正に対処されているのではないかと推察されます。

[5] その他の不祥事

以下では、その他の不祥事事案のうち主要な事案についてみていきます。

(1) 事案

【事例1】

〈事案の概要〉

　平成5年、沖縄県内の大学野球部員が、死亡交通事故を起こした。

〈処分内容〉

　12月8日、日本学生野球協会は、部長及び監督に対し、3ヶ月間の謹慎処分を下した。

【事例2】

〈事案の概要〉

　平成16年、東京都内の大学水泳部員（水球部門）2人が線路に置き石をし、往来危険罪の現行犯で逮捕された。

〈処分内容〉

　大学は、水泳部水球部門を無期限の対外活動停止とすることを決定するとともに、監督を解任した。また、部長は辞任した。

3. 大学スポーツ不祥事における量刑の考慮要素

【事例3】
〈事案の概要〉
　平成18年10月、東京都内の大学サッカー部員19人が、通学証明書の住所に嘘の住所を書く等して通学定期を不正に購入し、大学と練習場の区間で使用していた。後に同大学サッカー部員43人、同大学のラグビー部員18人も同様に不正購入をしていた事実が発覚した。
〈処分内容〉
　10月、大学は、サッカー部およびラグビー部の公式試合の出場辞退を決定し、通学証明書の発行手続の厳格化を発表した。

【事例4】
〈事案の概要〉
　平成19年11月、秋田県内の大学運動部員3人が、大学構内の掲示物（学生向けの文書）を約10回にわたって破り取った。なお、実際に破り取ったのは1人で、残りの2人は一緒にいただけであった。
〈処分の内容〉
　12月4日、大学は、破り取る行為をした学生を退学処分とし、他の2人を無期停学処分とした。その後、平成20年1月25日、無期停学処分を受けたうちの1人は自主退学したが、残りの1人と退学処分を受けた学生は、反省の態度が大学に認められ、退学処分を受けた学生は復学し、無期停学処分を受けたうちの1人は停学解除となった。

【事例5】
〈事案の概要〉
　平成20年、兵庫県内の大学ボート部員30人が、定期券を不正使用していたことが発覚した。
〈処分内容〉
　11月1日、大学は、部を無期限活動停止処分とした。

【事例6】
〈事案の概要〉
　平成19年11月、東京都内の大学ラグビー部員2人が大麻取締法

（栽培）違反で逮捕され、起訴された。後に、他の部員12人も大麻吸引をしていたことが発覚した。
〈処分内容〉
　12月4日、大学は、逮捕された2人を退学処分とし、部活動の年度末までの活動停止および全国ラグビー選手権（なお、6年連続で同選手権の決勝に進出するほどの強豪校であった）への出場辞退を決定した。また、平成20年1月25日、大学は、対外試合禁止期間の延期、大麻吸引を認めた12人の無期限停学処分および部活動の無期限謹慎処分を決定した。

【事例7】
〈事案の概要〉
　平成21年3月、東京都内の大学陸上部の合宿所が大麻取締法違反容疑で家宅捜査を受け、大麻だけでなく偽札もみつかった。この大麻は、3年生の男子部員が同合宿所で大麻を栽培し、吸引していたものであった。
〈処分内容〉
　3月5日、大学は、当該男子部員を退学処分とするとともに、部活動の当面の活動自粛を決定した。しかしながら、当該活動自粛期間が陸上部のオフシーズンであり、大きな大会に何の影響もないものであったため、4月、関東学生陸上競技連盟は、大学の自主処分が世間の認識とあまりにかけ離れているとして、同校の箱根駅伝のシード権を剥奪するとともに、出雲駅伝および全日本大学駅伝の各推薦を取り消した。

【事例8】
〈事案の概要〉
　平成21年6月、京都府内の大学アメリカンフットボール部員がアダルトビデオに数回出演した。
〈処分内容〉
　大学は、当該部員を退部処分とし、部を警告処分とした。

【事例9】
〈事案の概要〉
　平成21年7月、大阪府内の大学のラグビー部員3人が、大麻取締法違反（譲受け）の容疑で逮捕された。また、その翌月に、別のラグビー部員2人が、アダルトビデオに出演した。
〈処分内容〉
　大学は、両不祥事に対する処分として、部に対して部活動の無期限停止処分を下した。

(2) 量刑の考慮要素
　交通事故の事案（【事例1】）では、死亡事故という重大性が考慮されたのか、部の監督責任が厳しく問われています。ただし、部活動とは無関係の個人の事故に対する処分としては厳しい印象もありますので、何か別の事情が考慮された可能性もあります。
　また、定期券の不正使用（【事例3】【事例5】）については、個人レベルではなく部ぐるみでの不祥事であったという事案の悪質性から、部全体に対する厳しい処分が下されています。
　さらに、大麻等の薬物に関する事犯（【事例6】【事例7】【事例9】）については、この種の事犯に対する社会的非難の高まりとともに、厳しい処分が下されている傾向が見受けられ、いずれの事案も部全体に対する厳しい処分が下されています。

3 類型ごとの不祥事事案の分析
～指導者等による不祥事～

　指導者の不祥事としての典型例は、部員に対する暴力行為です（体罰を含みます）。
　以下では、そのうち主要な事案についてみていきます。

[1] 暴力行為
(1) 事案
【事例1】
〈事案の概要〉

平成17年3月、大阪府内の大学野球部のコーチ（元部員）が1年生部員3人を平手で叩く等し、うち2人に鼓膜が破れる等のケガを負わせた。さらに、同コーチは部員に口止めをして、5月の近畿学生野球連盟の調査に対して「暴力はなかった」という報告書を提出していた。

〈処分内容〉

大学は同コーチを解任した。また、平成18年3月、日本学生野球協会は、部に対し警告処分を下した。

【事例2】
〈事案の概要〉

平成20年9月、愛知県内の大学野球部のコーチが3年生部員の顔を1回殴打したところ、同部員はその場に倒れ脳しんとうになった。また、平成21年8月には、4年生部員の肩付近を突き飛ばし、壁に体を打ちつけた。いずれも救急車が出動する騒ぎになったが、ケガの程度としては軽症であった。

〈処分内容〉

平成22年2月5日、大学は、同コーチを無期限職務停止処分とし、監督および部長を厳重注意とし、部に対しては調査が終わるまでリーグ戦に出場させないとする処分を下した。また、4月9日、日本学生野球協会は、同コーチに対して1ヶ月の謹慎処分を下し、部及び監督に対して警告処分を下した。

【事例3】
〈事案の概要〉

平成21年10月、愛知県内の大学野球部の監督が、練習方法を間違えた部員の顔面を殴打し、転倒した同部員は首や右手に軽傷を負った。さらに同監督は、かかる暴行以外にも、言動で苦痛を与えるパワーハラ

スメントを行っていた。

〈処分内容〉

平成22年1月6日、大学は、同監督を譴責処分および厳重注意とし、コーチを厳重注意とした。また、3月5日、日本学生野球協会は、同監督を警告処分とした。

(2) 量刑の考慮要素

部内における指導者からの暴力行為は決して許されず、厳正な処分が下されるべきだと考えられます。しかし、その一方で、この種の不祥事に対する処分として部の活動に影響を与えるような処分が下されますと、何も悪くない部員の権利がさらに侵害されることになってしまいますので、部に対して厳しい処分が下されることについては、慎重に検討される必要があります。おそらく、そういったことも考慮され、暴力行為等を行った指導者自身に対する処分が中心となっているものと考えられます。

他方で、この種の不祥事は、一般的に、指導者等の権力に逆らうことができずに隠蔽される可能性が高く、なかなか発覚しづらいという背景事情があります。そこで、日本学生野球協会は、【事例1】や【事例2】において、指導者による暴力を容認する部の環境を改善させるべく、暴力を行った指導者に対する処分にとどまらず、部や他の指導者に対する処分を下しているものと考えられます。ただし、前述のとおり、部に対して厳しい処分を下すことについては慎重に検討される必要がありますので、【事例1】【事例2】とも、部に対する処分が警告処分にとどまっているのではないかと推測されます。

[2] その他の不祥事

暴力行為以外にも、指導者という影響力を背景として部員を犯罪行為に荷担させる等の不祥事が起きています。

以下では、暴力行為以外の指導者等による不祥事のうち主要な事案につい

(1) 事案

【事例1】

〈事案の概要〉

　平成15年4月、千葉県内の大学野球部の総監督が、県議選において選挙運動をした大学生に現金を渡したとして公職選挙法違反の疑いで逮捕された。

〈処分内容〉

　5月9日、日本学生野球協会は、同総監督を1年間の謹慎処分とし、部長を6ヶ月の謹慎処分とした。

【事例2】

〈事案の概要〉

　平成19年3月から平成20年8月にかけて、奈良県内の大学硬式野球部の元監督が開設した整骨院の診療について、実際には施術を受けていないにもかかわらず、同野球部の部員が施術を受けたことにして架空の申請書を作成・提出し、療養費約101万円を不正受給したため、同元監督は、詐欺罪および柔道整復師法違反で逮捕された。

〈処分内容〉

　平成21年2月12日、日本学生野球協会は、部に対し、4ヶ月の対外試合禁止処分を下した（なお、近畿学生野球連盟による処分案は、6ヶ月の対外試合禁止処分というものであったが、入替え戦に出場できるように日本学生野球協会が4ヶ月に縮めた旨の全日本大学野球連盟副会長のコメントがあった）。

【事例3】

〈事案の概要〉

　平成23年9月、大学柔道部のコーチを務めていた元柔道選手が、当該選手の教え子である未成年の女子部員の飲酒を黙認しつつ、乱暴行為を行った。

〈処分内容〉

　大学は、10月に調査委員会を設置し、調査結果を受けて11月に同コーチを懲戒解雇処分とした。

　また、全日本柔道連盟は、同コーチが12月に逮捕され、同月27日に起訴されたことを受け、起訴日（同月27日）に同コーチの指導者登録を停止することを決定した。さらに、平成25年2月1日に同コーチに実刑判決（準強姦罪・懲役5年・控訴中）が下されたことを受け、同月5日、同コーチに対し、「除名」に相当する指導者登録の永久停止を決定した。

(2) 量刑の考慮要素

　指導者が、その立場を利用して行った不祥事については、前述にて検討した部内における指導者からの暴力行為と同様に、部の活動に影響を与えるような処分を下すことについて慎重に検討される必要があります。例えば【事例1】では、総監督が逮捕されるという事態にまでいたっているにもかかわらず、日本学生野球協会において部に対する処分が下されていないのは、この点が考慮されているのではないかと推測されます。コーチが逮捕されるという事態にまでいたっている【事例3】も同様です。

　これに対し、【事例2】では、日本学生野球協会によって部に対する処分が下されていますが、これは、指導者から強制されたという事情はあるものの部員が事件に加担しているという部分が重視されたものと推測されます。もっとも、入替え戦に出場できるような対外試合禁止期間となるよう配慮されたようでもあり、部活動に影響を与えるような処分を下すことについては日本学生野球協会も慎重に検討していることがうかがわれます。

4 まとめ

　以上のとおり、大学スポーツの不祥事についても、高校スポーツの不祥事の項と同様に、学生による不祥事を中心に量刑の考慮要素を検討しました。

　その結果、高校スポーツと同じく教育的見地からの連帯責任の要請から、対外試合禁止等の部全体に対する処分が下されることが多い傾向が見受けられます。

　一方で、全員が未成年者で構成される高校生と異なり、成人も存在する大学生の場合には、1人1人の個人責任に帰すべきと考えられる部分もあり、不祥事を起こした大学生の退学や退部といった処分のみが行われている事案も多く見受けられます。

　この点、各大学や各スポーツ団体において必ずしも統一的な処分基準が存在するわけではないように思われますが、いずれの大学やスポーツ団体においても、当該不祥事が部の複数の関与者によって（部ぐるみで）行われたものであるのか否かという点が、連帯責任か個人責任かを分ける一つの大きな量刑の考慮要素となっているといえるでしょう。

（杉原嘉樹・安藤尚徳）

4.
社会人・プロスポーツ不祥事における量刑の考慮要素

1 | 総論

　社会人の不祥事事案と、高校生・大学生の不祥事事案と大きく異なるのは、社会人である以上、学生と異なり処罰に教育的要素は含まれないこと、また、プロスポーツ選手による不祥事も含まれることではないかと考えられます。このような違いから、社会人の不祥事事案における量刑のあり方は、高校生や大学生の不祥事事案における量刑のあり方とやや異なる面があると考えられますが、この点に関する検討は第5章に譲り、本項では主に、社会人の不祥事事案を分析し、処罰をするに際して、どのような事情が考慮されているのかを分析していきます。

2 | 類型ごとの不祥事事案の分析

[1] 暴行・傷害

　暴行・傷害行為については、被害者が存在し、かつ、意図的に行われるタイプの不祥事であるため、相当程度重い処分が下されているものが多いようです。

　以下では、主要な事案についてみていきます。

第4章 量刑のあり方(1) これまでに起きた不祥事事案の分析

(1) 事案

【事例1】

〈事案の概要〉

平成19年6月、相撲部屋の親方及び被害者の兄弟子である力士らが被害者に暴行を加え、これにより被害者が死亡した。

〈処分内容〉

日本相撲協会は、関与した親方および力士らを解雇する処分を下すことを決定した。

【事例2】

〈事案の概要〉

平成23年8月、Vリーグ選手がタクシー運転手および警察官へ暴行を加え、警察官に対し軽傷を負わせた。

〈処分内容〉

Vリーグ機構は、当該選手に対して、譴責（始末書提出）および3ヶ月間の社会貢献活動を命ずる処分を下すことを決定した。

【事例3】

〈事案の概要〉

平成23年11月、プロ野球独立リーグの選手が後輩選手に対し、床の上に並べた複数本のバットの上に正座させた。なお、被害者はこれが原因で脚を痛め、プレイが困難であるとして同年退団している。

〈処分内容〉

当該選手の所属球団は、正座をさせた選手に対して、6ヶ月の謹慎処分、これを止めなかった選手に対して3ヶ月の謹慎処分を下すことを決定した。

【事例4】

〈事案の概要〉

平成17年5月、ラグビー日本代表選手が女子プロレスラーへ暴行を加え、全治2週間のケガを負わせた。

〈処分内容〉

　日本ラグビー協会は、当該選手に対して1年間の日本代表としての活動を停止する処分を下すことを決定した。

【事例5】

〈事案の概要〉

　平成17年5月、社会人ラグビー選手がクラブ従業員へ暴行を加え、傷害を負わせた。

〈処分内容〉

　当該選手の所属チームは、当該選手に対して、一切の活動を中止、減俸という処分を下した上、チーム部長に対しても、辞任という処分を下すことを決定した。

　なお、当該事案においては、チーム自身も、練習・対外試合を自粛している。

（2）量刑の考慮要素

　以上の事案を分析すると、いずれも被害者が存在し、故意に行われているという点は共通しますが、さらに被害者に負わせた被害の程度により、処分の重さが異なるようです。したがって、暴行・傷害の類型の不祥事に対する量刑については、この点も重要な考慮要素の一つとなるものと考えられます。

[2] 未成年者の飲酒・喫煙

　社会人選手・プロスポーツ選手であっても、未成年であれば、飲酒・喫煙は当然処罰の対象となりえます。

　以下、未成年の社会人選手またはプロスポーツ選手による飲酒・喫煙の事案についてみていきます。

(1) 事案

【事例1】

〈事案の概要〉

平成21年12月、プロ野球選手（ただし入団前）が居酒屋において飲酒・喫煙行為をした。

〈処分内容〉

当該選手の所属する高校は、当該選手に対して停学2週間および授業観察期間10日間の処分を下すことを決定し、当該選手の所属球団は入団発表への出席禁止処分を下すことを決定した。

【事例2】

〈事案の概要〉

平成17年2月、プロ野球選手（ただし入団前）がパチンコ店において喫煙行為をした。

〈処分内容〉

当該選手の所属する高校は、当該選手に対して無期限停学という処分を下すことを決定し、当該選手の所属球団は、当該選手に対して謹慎処分を下すことを決定した。

(2) 量刑の考慮要素

これらは、未成年特有の不祥事事案ともいえるタイプのものですが、冒頭で述べたとおり、社会人に対する処罰には、高校生・大学生に対する処罰と異なり、教育的要素は基本的には含まれません。そのため、高校や大学といった教育機関による、教育的観点からの処分と同様の処分を課すべきか否かは、検討の余地があるでしょう。

[3] 交通違反（交通事故を含む）関係

社会人の不祥事事案の中でもっとも多いのが、この交通違反関係の不祥事です。この交通違反関係の不祥事事案を分析すると、交通事故を起こすタイプの不祥事、飲酒運転、スピード違反等に分類できることがわかります。

このうち、交通事故を起こすタイプの不祥事は、他のタイプと異なり被害者が存在することに特徴があり、飲酒運転については、意図的に行っている不祥事であるという点に特徴があるといえます。

そうすると、これらの点を抽象化し、不祥事事案の量刑の考慮要素という観点から考えると、まず、①被害者の有無と、②その不祥事が故意に行われたものであるか過失によるものか、という点が考慮要素となるものと考えられます。それでは、以下、個別に事案をみていきます。

(1) 事案
① 交通事故
【事例1】
〈事案の概要〉
　平成19年5月、力士が乗用車を運転していたところ人身事故を起こし、被害者に全治1週間のケガを負わせた。
〈処分内容〉
　日本相撲協会は、当該力士に対し、夏場所の出場停止処分を下すことを決定した。
【事例2】
〈事案の概要〉
　平成17年1月、プロ野球選手が無免許運転を行っていたところ、人身事故を起こし、被害者に全治1週間のケガを負わせた上逃走した（いわゆるひき逃げ行為）。
〈処分内容〉
　当該選手の所属球団は、当該選手に対して無期限謹慎処分を下すことを決定した。
【事例3】
〈事案の概要〉
　平成18年8月、社会人サッカー選手が乗用車を運転していたところ、人身事故を起こし、被害者に軽傷を負わせたが、当該選手はそのま

ま立ち去った（いわゆるひき逃げ行為）。
〈処分内容〉
　当該選手の所属球団は、当該選手に対して1週間の自宅謹慎、対外活動禁止の処分を下し、当該選手の所属球団のオーナー会社代表取締役に対して1ヶ月減俸30％の処分を下すことを決定した。
【事例4】
〈事案の概要〉
　平成17年9月、社会人サッカー選手が無免許運転を行い、追突事故を起こした。
〈処分内容〉
　当該選手の所属球団は、公式戦出場停止14日間の処分を下すことを決定した。
【事例5】
〈事案の概要〉
　平成18年10月、社会人ラグビー選手が酒気帯び運転を行った上、人身事故を起こし、全治1週間のケガを負わせた。
〈処分内容〉
　当該選手の所属するラグビーチームのオーナー会社は、当該選手に対して1年間の公式戦出場停止および部活動の無期限停止とする処分を下すことを決定した。
　なお、この件により、当該選手の所属するラグビーチームの部長は辞任している。

② 飲酒運転
【事例1】
〈事案の概要〉
　平成15年6月、プロ野球選手が酒気帯び運転を行った。
〈処分内容〉
　当該選手の所属球団は、当該選手に対して厳重注意および罰金50万

円の処分を下すことを決定した。

【事例2】

〈事案の概要〉

平成23年4月、相撲部屋の親方が酒気帯び運転を行った。

〈処分内容〉

日本相撲協会は、この親方に対して降格処分および一定期間の謹慎処分を下すことを決定した。

【事例3】

〈事案の概要〉

平成19年5月、フィギュアスケート選手（当時大学生）が酒気帯び運転を行った。

〈処分内容〉

日本スケート連盟は、当該選手に対して5ヶ月の出場停止処分を下し、当該選手の所属する大学は、当該選手に対して厳重注意処分を下すことを決定した。

③　スピード違反

【事例1】

〈事案の概要〉

平成15年4月、プロ野球選手がスピード違反運転（制限速度44キロ超過）を行った。

〈処分内容〉

当該選手の所属球団は、当該選手に対して罰金10万円、球団本部長、管理部長に対してそれぞれ厳重注意という処分を下すことを決定した。

【事例2】

〈事案の概要〉

平成15年3月、プロ野球選手がスピード違反運転（制限速度50キロ超過）を行った。

〈処分内容〉

　当該選手の所属球団は、当該選手に対して口頭注意の処分を行うことを決定した。

【事例3】

〈事案の概要〉

　プロ野球選手がスピード違反運転（2003年6月に制限速度83キロ超過、同7月に制限速度58キロ超過、同8月に制限速度29キロ超過）を行った上、出頭要請を放置した。

〈処分内容〉

　当該選手の所属球団は、当該選手に対して、自宅謹慎、罰金100万円および約2ヶ月間の公式戦出場停止処分を下すことを決定した。

④　その他

【事例】

〈事案の概要〉

　プロ野球選手が平成12年8月にスピード違反運転（制限速度50キロ超過）を行い免許停止となったが、この免許停止中に無免許運転の上違法駐車をし、レッカー移動された車について、球団関係者が身代わり出頭し、反則切符を受け取った。

〈処分内容〉

　当該選手の所属球団は、当該選手に対し、無期限の野球活動禁止、実家での謹慎、社会的信用を回復するための措置を命ずる処分を下すことを決定した。

(2) 量刑の考慮要素

　以上の、交通違反関係の不祥事を分析すると、人身事故関係の不祥事については、すべて出場停止等の重い処分を下されており、やはり、被害者の有無という点は相当程度量刑に影響するようです。

　次に、飲酒運転とスピード違反ですが、量刑自体、大きな違いはない

ようですが、出頭要請を放置する等、さらに不祥事を重ねると（当然ではありますが）、量刑は重くなり、しかもその程度は相当程度大きいようです。

なお、プロスポーツ選手とアマチュアスポーツ選手とでは、量刑にさほど大きな違いはないようです。

[4] わいせつ関係

わいせつ行為は、意図的に行われるものであって、かつ、被害者が存在するものであり、さらには被害者に対して肉体的にも精神的にもダメージを与えるものであって被害の程度も大きいものといえます。

このようなわいせつ行為に関する不祥事について、事案の概要とそれに対する処分内容をみていきましょう。

(1) 事案

【事例1】
〈事案の概要〉
平成4年1月、プロ野球選手が少女に対して強制わいせつ行為を行った。
〈処分内容〉
当該選手の所属球団は、解雇処分を下すことを決定した。

【事例2】
〈事案の概要〉
平成18年7月、社会人野球選手らが未成年者に対して暴行を行った。
〈処分内容〉
当該選手の所属球団は、当該選手の登録を抹消し、または謹慎を命じる処分を下すことを決定した。

【事例3】
〈事案の概要〉
平成17年3月、社会人アメリカンフットボール選手が女性宅に押し

入り、婦女暴行を行った。
〈処分内容〉
　当該選手の所属チームは当該選手に対して退部処分を下すことを決定した。また、チーム自身も、春季公式戦の出場を辞退の上、約3ヶ月間対外試合を自粛している。

(2) 量刑の考慮要素
　わいせつ関係に関する不祥事事案について、被害者が存在し、意図的に行われるものであって、かつ、被害者の被害の内容を考えれば、前述のような比較的に重い処分が下されるのはやむをえないでしょう。

[5] 財産犯
　恐喝、窃盗や詐欺等の財産犯については、被害者が存在し、かつ、意図的に行われるものであるという点については、[1]の不祥事事案（暴行・傷害）と同様です。財産犯の不祥事事案の特徴としては、被害者の被害の内容が人身ではなく財産に対するものであるということが挙げられます。この点が、量刑にどのように影響するのか、以下の不祥事事案をみてみます。

(1) 事案
① 恐喝
【事例】
〈事案の概要〉
　平成19年6月、元プロボクシング選手が恐喝（ただし、未遂）を行った。
〈処分内容〉
　日本ボクシングコミッションは、当該元プロボクシング選手を永久追放とする処分を下すことを決定した。

② 窃盗
【事例1】
〈事案の概要〉
　平成24年1月、プロバスケットボール選手がコンビニにおいて万引きを行った。
〈処分内容〉
　日本プロバスケットボールリーグ（bjリーグ）は、チームに対して譴責処分を下し、当該選手の所属球団は、当該選手に対して契約解除とする処分を下すことを決定した。
【事例2】
〈事案の概要〉
　平成21年1月、社会人ラグビー選手がタクシー車内の約1万円が入っていた鞄を盗んだ。
〈処分内容〉
　日本ラグビー協会は、当該選手に対して公式試合無期限出場停止の処分を下し、当該選手の所属チームは、当該選手に対して退部の処分を下すことを決定した。
　なお、本件により、部長は辞任、監督も謹慎している。

③ 詐欺
【事例】
〈事案の概要〉
　平成24年4月、社会人サッカー選手が、落とし物である財布の持ち主になりすまして詐欺行為を行った。
〈処分内容〉
　当該選手の所属球団は、当該選手に対して除籍処分を下すことを決定した。

(2) 量刑の考慮要素

以上の事案を分析すると、恐喝・詐欺・窃盗の事案においては、永久追放、無期限出場停止または除籍等の処分を下されており、財産的な被害を与える行為のほうが、前述の暴行・傷害等の事案に比べて重く処罰される傾向にあるようです。

[6] 賭博

賭博について、被害者は存在しないものの、意図的に行われるものであり、かつ、他の不祥事と異なる特徴として、単独で行われるものではなく、複数の者が関与することが前提とされていることが挙げられます。

(1) 事案

【事例1】

〈事案の概要〉

平成22年7月、相撲部屋の親方および力士ら（総勢27名）が野球賭博を行った。

〈処分内容〉

日本相撲協会は、当該親方や、力士らに対して解雇、降格または謹慎処分を下すことを決定した。

【事例2】

〈事案の概要〉

昭和63年1月、プロ野球選手が麻雀賭博を行った。

〈処分内容〉

当該選手の所属球団は、当該選手に対して謹慎6ヶ月、減俸2,500万円の処分を下すことを決定した。

【事例3】

〈事案の概要〉

平成24年11月、社会人野球選手らが賭博行為を行った。

〈処分内容〉
　日本野球連盟は、当該選手らの所属球団に対して6ヶ月の対外試合禁止処分を下すことを決定した。

(2) 量刑の考慮要素
　前述からは明らかとはなっていませんが、複数の者が不祥事に関与した場合、それぞれの行為者ごとにどのような処罰を下すべきか、差をつけるとしたら、それはどのような事情を考慮すべきかは重要な検討事項でしょう。また、チームの大半の者が関与した場合に、チームに対しても処罰を下すべきか、といったことも検討する必要があるでしょう。

[7] 薬物関係
　薬物に関する不祥事については、被害者が存在しないことが特徴として挙げられますが、刑法犯であり社会的非難が大きいこと等をふまえ、薬物の使用行為については、以下のような処分が下されています。

(1) 事案
【事例1】
〈事案の概要〉
　平成20年2月、力士らにおいて大麻陽性反応が確認された。
〈処分内容〉
　日本相撲協会は当該力士らを解雇処分とすることを決定した。
【事例2】
〈事案の概要〉
　平成21年2月、社会人ラグビー選手において大麻陽性反応が確認された。
〈処分内容〉
　日本ラグビー協会は、当該選手の記録を失効とする処分を下すことを決定した。なお、当該選手の所属チームは、当該選手に対して退部処分

を下すことを決定したうえ、試合への出場を辞退している。
【事例3】
〈事案の概要〉
　昭和63年6月、プロ野球選手が大麻を不法所持していた。
〈処分内容〉
　当該選手の所属球団は、当該選手に対して契約解除の処分を下すことを決定した。

(2) 量刑の考慮要素

　薬物に関する不祥事事案については、被害者が存在するタイプの不祥事ではないにもかかわらず、上記の事案を見る限り、プロスポーツ選手の場合であっても、アマチュアスポーツ選手の場合であっても、厳しい処分が下される傾向にあるようです。これは、薬物を使用することに対する社会的影響の大きさや、刑事罰の重さを考慮しているのではないかと考えられます。

　なお、前述の不祥事事案の中にはありませんが、仮に、薬物を自ら使用したのではなく第三者に売り渡したといったタイプの不祥事事案については、第三者を関与させているという点が考慮されて、さらに重い処罰が下されるでしょう。

[8] 暴力団との交際

　以前、芸能界において問題となりましたが、スポーツの世界においても暴力団との交際は問題となります。暴力団との交際に関する事案は以下のとおりです。

(1) 事案

【事例】
〈事案の概要〉
　平成23年9月、競馬調教師が暴力団関係者と交際していた。

〈処分内容〉
　日本中央競馬会が、免許剥奪処分を下すことを決定した。

(2) 量刑の考慮要素

　暴力団との交際に対して処分が下されるのは、スポーツの世界に対する暴力団による影響力を排除する趣旨でしょう。

　ただし、交際相手が暴力団であったかをただちに判断できるとは限りませんし、その交際の程度についても相当程度幅がありえます。事案によっては、スポーツ選手等において、交際相手が暴力団員であるか否かをそもそも認識していない場合等もありえるので、この種の不祥事についてどのような処罰を下すべきかについては、事案毎に慎重に検討する必要があるものと考えられます。

3 まとめ

　以上でみてきたとおり、社会人による不祥事事案に対する処罰の考慮要素としては、行為者がプロスポーツ選手か否か、被害者の有無、被害の内容（身体的・精神的なものか財産的なものか）およびその程度、その行為が意図的になされたものであるかどうか、単独犯か共犯がいるか、暴力団による影響力排除の必要性等が挙げられます。なお、[2]で述べたとおり、行為者が未成年者であるという要素を考慮すべきかについては、検討の余地があると考えます。

　これらの考慮要素について、具体的にそれぞれどの程度考慮すべきか、その結果、どのような処罰が望ましいか、という点については、次の第5章で検討します。

（久保田翼）

第5章

量刑のあり方 (2)

「あるべき処分」の検討

1. 総論

　本章では、スポーツ団体に所属するスポーツ選手や指導者・部等が何らかの不祥事を起こしてしまった場合に、スポーツ団体が下すべき処分のあり方、及び、その際に考慮に入れるべき要素等について考えてみます。

　なお、以下では専らスポーツ団体による処分を検討対象としており、学校・会社による処分や所属チームによる処分（退部や自主的な活動停止等）は検討対象としていない点にご留意ください（ただし、本章で述べることの多くは、学校・会社や所属チームが処分を自主的に下す場合にも、同様にあてはまる性質のものであり、参考になるものと考えます。また、過剰な自粛の問題点については、**3**をご参照ください）。

1｜スポーツ団体による処分の種類

　まず、スポーツ団体による処分にはどのようなものがあるのでしょうか。
　スポーツ権への影響という観点からは、スポーツ団体による処分は、大きく分けて、①注意や厳重注意等のように、スポーツ権の制約を伴わないもの、②謹慎処分や出場停止等のように、一定期間中、スポーツ権を制約するもの、③登録抹消や登録資格喪失等のように、永久に（またはほぼ永久に）スポーツ権を制約するものにそれぞれ分類することができます。
　また、上記①から③の処分とはやや性質が異なる処分として、罰金・公表等があります。ただし、これらの処分も、場合によっては、スポーツ権の事実上の制約につながることに留意が必要です。
　以下では、それぞれの処分の具体的な内容について説明します。

[1] 注意、厳重注意

　厳密な定義が存在するわけではありませんが、通常、「注意」とは、企業が従業員に対して行う訓告処分のように、対象者に対して直接不利益を伴わないかたちで反省を促し、将来における自身の言動を戒めるために行う処分を意味するものと考えられます。したがって、本章でもこのような意味を有するものとして使用します。「注意」は、スポーツ団体が下す処分のうち、最も軽い処分であるということができます。

　「厳重注意」とは、単なる注意よりも重い処分であり、不祥事を起こした者に対して、「再び不祥事を起こした場合には、謹慎処分や出場停止等の、より重い処分が下される」ことを示唆することで更なる反省を促すために行う処分を意味するものと考えられます。したがって、本章でもこのような意味を有するものとして使用します。

　なお、スポーツ団体によっては、「警告」という用語が用いられている場合もあります。言葉のニュアンスに若干の違いはありますが、一般的に「警告」という用語は、注意または厳重注意と同じ意味で用いられていることが多いように思われます。紛らわしさを避けるため、本章では、「注意」または「厳重注意」に用語を統一しています。

[2] 謹慎処分、出場停止

　「謹慎処分」とは、一定期間中、練習や試合等の活動を控えることを命じることを意味します。これに類似した処分として、対外試合を行うことのみを禁止し、練習をすることは認める「対外試合禁止」という処分も存在します。

　「出場停止」とは、一定期間中、（練習試合等の形で対外試合を行うこと自体は禁止していないものの）競技会等の公式戦への参加を禁止することを意味します。

　これらの処分は、一定期間とはいえ、スポーツ権を直接制約するものです（スポーツをする権利・みる権利・ささえる権利のすべてに対する制約となります）。また、仮に処分の期間が短かったとしても、例えば学生スポーツのように、競技に参加できる期間が限られている場合には、極めて重い処分にも

なりえます。したがって、これらの処分を下す際には、起こした不祥事とそれに対する処分の間の均衡を失しないよう、その期間の長さおよび処分時期を慎重に判断する必要があると考えられます。

[3] 登録抹消、登録資格喪失

「登録抹消」とは、競技会への参加等のために必要な、スポーツ団体への登録を抹消することを意味します。また、「登録資格喪失」とは、スポーツ団体への登録を行う資格を奪うことを意味します（「除名」という用語が用いられる場合もあります）。

両者とも、再登録や資格の再付与を前提とせず、いわゆる「永久追放」の意味合いで下されることが多く、対象者のスポーツ権を永久に（またはほぼ永久に）制約するものです。したがって、スポーツ団体が下しうる処分のうち、最も重い処分であるということができます。これらの処分を下すのは、よほど重大・悪質な不祥事の場合に限られるべきでしょう。

[4] 罰金、公表

「罰金」とは、不祥事を起こした者に対し、金銭の支払いを命じることを意味します。この処分は、金銭の多寡および対象者の支払能力によって、軽い処分にも重い処分にもなりえます（例えば、対象者の支払能力を超えた金額の罰金を命じ、支払わない限り競技会に参加させないようにすることは、スポーツ権の重大な制約になりえます）。

罰金の処分は、上記[1]から[3]までの処分と併用して下すことも、独立して下すことも考えられますが、通常は併用して下されることが多いようです。仮に独立して罰金の処分のみを下す場合には、「お金を払えば解決できる」との印象を内外に与えることがないように留意するべきでしょう。

「公表」とは、スポーツ選手や指導者・部等が不祥事を起こしたことや、下された処分の内容について、一般に明らかにすることを意味します。この処分は、将来、同様の不祥事が発生することを防止するために行われる場合が一般的です。抑止力を働かせる必要性が高い一定の基準以上（例えば、厳

重注意以上等）の処分について、スポーツ団体の所属選手やその所属団体に対して連絡するだけでなく、広く一般に公表することが考えられます。

　ただし、個人のプライバシー保護の観点から、不祥事を起こした者の氏名を公表することについては、慎重であるべきです。特に、未成年者の場合には、犯罪行為を行った場合でも、少年法によりその氏名が報道されない扱いとされていること等をふまえ、氏名を公表するべきではないと考えられます。氏名の公表を行うのは、対象者が成年であって、かつ、その者が不祥事を起こしたことについて一般に知らせる必要性が高い場合（重大な不祥事の発生等）に限るべきであると考えます。

（山辺紘太郎・石原遥平）

2 | 連座制について

[1]「連座制」の意味

　スポーツ選手、特にチームや部等の団体に所属するスポーツ選手が何らかの不祥事を起こしてしまった場合、その不祥事を起こした選手に対して処分が行われる他、その他のチームメイトやチーム等の団体全体に対しても何らかの処分が行われる場合があります。例えば、高校の部活動で、部内において日頃から暴行等のいじめが行われていた場合、いじめを行った部員に対して一定の処分が行われるのみならず、部全体に対しても処分が科される場合があります（全部員の謹慎や一定期間の対外試合禁止等）。また、予め学校等が対外試合の自粛や大会参加の辞退を自発的に決定することもあります。

　このように、不祥事を起こした者以外の者が当該不祥事について連帯責任を負うことを、本章では便宜上「連座制」と呼ぶこととします。連座制は、問題となっている不祥事に必ずしも直接は関与していない者に対しても不利益を課すこととなります。そのため、なぜ連座制が許されるのかを明らかにする必要があります。

[2] 連座制の当否と注意点

　では、連座制は、なぜ許容されるのでしょうか。

　たしかに、連座制には、各選手が、自分が不祥事を起こすことによってチームメイトに迷惑をかけてはいけない・チームメイトが不祥事を起こさないように気をつけなければいけないと思うことによって、不祥事が未然に防がれ、また、チームの結束力も強くなるという側面はありそうです。

　しかし一方で、例えば、全く自分ではどうにもならないような他の部員の不祥事で、大きな夢であった大会に挑戦する道が断たれてしまったらあまりに不合理です。少なくとも、全く落ち度のない選手が不利益を受けるという事態は避けるべきものと思われます。

　そもそも制裁（サンクション）というものは、対象者に具体的な責任が認められて初めて正当化されうるものです。また、日本の刑事裁判制度においても、犯罪の成否を決めるのは、犯した行為に対する責任（行為責任）を問えるかどうかとされていることを考慮すると、連座制は原則として許されないと考えるべきです。例外的に連座制が許されるのは、不祥事を起こした選手以外の選手やチーム全体について、少なくとも一定の具体的な責任が認められる場合に限られるべきではないでしょうか。

　具体的にいかなる場合にそのような責任が認められるかという点については、以下で類型ごとに検討しますが、共通する一つの大きな考慮要素として、教育的見地から、仲間の選手が不祥事を起こさないように注意することが、他の選手にも期待されるかどうかが挙げられると考えられます。

　高校や大学といったいわゆる「学校」（学校教育法1）では、部活動を通して、青少年の健全な心身の発達に寄与するという教育的見地が考慮される必要があります。特に、高校の部活動は、学校における教育活動の一環として位置づけられていることからすれば、教育的見地から、他の選手が何をしようと自分は関係ないというのではなく、仲間同士助けあいながら、時にルール違反等を起こさないように注意しあうことが期待されることもありうるように思われます。そうすると、例えば少し選手同士で注意しあえば防げたであろう不祥事が起こったとき、連座制によって当該不祥事に直接には関与し

ていなかった他の選手や部全体に対して連帯責任を負わせるかたちでの処分を行うことも、場合によっては許容されうるように思われます。

一方、大学は、高校と比べても、より自主性や自律性が尊重されるものとされており（教育基本法7②）、大学生においてもその自主性が尊重されることからすれば、発生した不祥事については、原則として、行為者個人に対して責任が科されるべきであり、他の部員や部全体に対しても連帯責任を負わせるかたちでの処分は限定的になされるべきものと考えられます。

また、社会人やプロのスポーツ選手に対しては、処分に際して前述のような教育的見地を考慮する必要がないことからすれば、基本的に、不祥事を起こした選手のみに対して処分を科せば足り、連座制は適用されるべきでないと考えられます。

以上の視点を念頭に置きながら、**2.**以下では、不祥事の類型ごとに、あるべき処分の範囲と主な考慮要素をみていくこととします。

（恒石直和・渡邉健太郎）

3 | 過剰な自主処分(自粛)の問題点について

スポーツ選手や指導者が不祥事を起こした場合、スポーツ団体による処分とは別に、学校・会社や所属チームが自主的な処分（例えば、対外試合の自粛や大会参加の辞退。あるいは当該選手に自主退学等を促す場合も同様と考えられます）を行う場合があります。第2章において検討したとおり、学校・会社・スポーツ団体等の各団体は、それぞれ独自に処分を行う法的根拠を有していますので、そのような処分が重複して行われること自体は必ずしも不合理なことではなく、やむをえない面があります。

しかしながら、学校・会社や所属チームによる自主的な処分は、スポーツ団体からの処分に先んじて最初に行われる場合が多いことから、世間からの非難をかわしたり、（後から下される）スポーツ団体からの処分の減免を期待したりする目的から、当該不祥事に対する適切な処分の枠を超えて重い処分

第5章　量刑のあり方(2)　「あるべき処分」の検討

となる傾向が見受けられます。

　当該不祥事に対する適切な処分の枠を超える処分を行うことは、関与したスポーツ選手や指導者等が有するスポーツ権の不当な侵害となりますので、これが許されないことはもちろんです。加えて、前述のとおりスポーツ団体は、スポーツ団体として独自の処分権限を有していますので、学校・会社や所属チームによる自主的な処分をどんなに重くしても、理屈の上では、(後から行われる) スポーツ団体からの処分の免除または軽減に必ずしもつながるわけではありません。確かに、重い自主的な処分が行われた結果、そのことが「すでに (当該スポーツ選手や指導者等において) 社会的制裁を十分に受けている」等として考慮されることが、現実にありえないわけではありません。また、スポーツ団体が一定期間の謹慎処分や出場停止等の処分を下す場合に、先になされた自主的な処分の内容やその期間を考慮し、当該自主的な処分の開始時期を、スポーツ団体による処分の開始時期とみなす等して、先に行われた学校・会社や所属チームによる処分の内容を考慮することもあるようです (このような考慮をすることによって、実質的な二重処罰によるスポーツ権の不当な侵害を回避することは、むしろ望ましいともいえます)。しかしながら、スポーツ団体が処分を行う際に、当該スポーツ団体の自治権の範囲内で、先に行われた学校・会社や所属チームによる処分の内容を考慮することと、学校・会社や所属チームが処分を行う際に、(後から行われる) スポーツ団体からの処分の免除または軽減をあらかじめ期待して重い自主的な処分を行うこととは、別の問題であると考えるべきでしょう。

　したがって、学校・会社や所属チームに対する世間からの非難をかわしたり、スポーツ団体からの処分の減免を期待したりする目的で「行き過ぎた」自主的な処分がなされないよう、学校・会社や所属チームが自主的に処分を行う際には慎重に検討すべきであると考えます。特に、部の廃止のような、不祥事を起こした選手以外の者のスポーツ権に対する重大な侵害ともなるような極めて重い処分は、他に適切な処分方法が見当たらない等の特段の事情がない限り、選択されるべきではないでしょう。

（山辺紘太郎・杉原嘉樹）

2.
スポーツ選手の不祥事に対する「あるべき処分」の検討

1 | 暴力・いじめ

[1] 対象行為

　本項で対象とする暴力行為およびいじめ行為については、部員間において行われたものを対象とし、部員から部員以外の者に対する行為や、指導者から部員に対する行為（後述 **3.** 参照）については、本項における検討対象からは除外します。

　また、処分の対象となる暴力行為およびいじめ行為が行われた場所については、原則として、学校施設内とします。ただし、学校施設外において実施された部活動中（例えば、学校外の施設を利用した練習や公式試合）において暴力行為等が行われた場合には、当然、処分の対象とし、部活動に付随する学校施設外における行為（例えば、部活動から自宅への帰宅途中等）も処分の対象行為とします。さらに、いじめ行為については、部活動中にとどまらず継続的に行われることが想定されることから、部活動以外における行為、例えば、学校内（教室等）における行為や、インターネット上における誹謗中傷といった行為も対象とします。

　なお、本章において、「いじめ」の定義については、文部科学省が用いている「当該児童生徒が、一定の人間関係のある者から、心理的、物理的な攻撃を受けたことにより、精神的な苦痛を感じているもの」（文部科学省「児童生徒の問題行動等生徒指導上の諸問題に関する調査」における「いじめ」の定義）を使用します。

[2] 処分方法
(1) 処分対象者

　部内における暴力行為やいじめ行為は、基本的には部員個人（または複数人）が主体となり、部員個人（または複数人）を相手方として行われるものであることからすれば、処分の対象者も、基本的には、暴力行為やいじめの主体となった部員個人（または複数人）に限定されるべきです。

　ただし、総論部分でも述べたとおり、例外的に、高校・大学の部活動において、不祥事を起こした選手以外の選手やチーム全体について、少なくとも一定の具体的な責任が認められる場合には、連座制の適用が認められる場合もありうるものと考えられます。例えば、上級生から下級生に対する恒常的な暴力行為やいじめ行為等が行われている場合であって、これが部全体として黙認されていた等、部員に対する暴力行為やいじめを他の部員が注意することなく容認していたものと認められるようなケースについては、例外的に、部全体の連帯責任として、部に対する出場停止等といった処分も容認しうるものと考えられます。

　しかし、部全体に対して連帯責任を負わせるかたちでの処分を行うことについては、あくまで教育的見地を理由として容認しうるものであり、社会人やプロスポーツ選手の場合にはこれに該当せず、また、大学においても、高校の部活動の場合と比べて、処分が科されるケースは限定されるべきです。

(2) 具体的な処分内容

　スポーツ団体による加害部員に対する処分の内容としては、①注意、②厳重注意、③謹慎処分、④出場停止処分、⑤登録抹消・登録資格喪失処分等が想定されます。

　暴力行為やいじめ行為については、各行為に関与した主体・客体の人数や行為態様、結果の程度等、処分を行うにあたり考慮すべき要素が幅広く想定されうることからすれば、一概に、暴力行為やいじめ行為が

あったことのみをもって、どのような処分が妥当であるか判断することは困難です。したがって、具体的にいかなる処分を下すべきかについては、事案ごとに具体的に検討せざるをえません。

　ただし、学校内・会社内のさらに狭い「運動部」のなかで行われる暴力行為やいじめ行為は、スポーツ選手としての活躍を期待されて入学・入社した被害者にとって、簡単に部を辞めることができないという心理的な影響もあいまって、暴力行為やいじめから逃れることが困難なものであり、被害者が受ける肉体的・精神的被害の度合いが強いものです。

　したがって、部活動内で行われた暴力行為やいじめ行為に対するスポーツ団体の処分としては、登録抹消処分や登録資格喪失処分といった、加害者の部活動自体を停止させるという重大な処分が行われることも、否定しえません。

(3) 指導者に対する処分

　高校の部活動は、教育課程外の任意の活動（課外活動）ではあるものの、学校における教育活動の一環として位置づけられることは間違いないことからすれば、指導者による教育的見地からの監督の必要性は比較的高いものと考えられます。

　したがって、部活動内における暴力行為やいじめ行為に対し、監督責任というかたちで指導者に対する処分を行うことは、各事案の内容にもよりますが、一定の相当性を有するものと考えられます。

　一方、大学の部活動は、高校の部活動と比較して、学校における教育活動の一環としての位置づけは低いものと考えられます。ただし、大学も学校教育法上の「学校」と位置づけられ、教育活動の一端を担っていることからすれば、部活動における暴力行為・いじめ行為に対し、監督責任という形で、指導者に対する処分を行うことも、個別具体的な事案の内容によっては考えられます。

　さらに、社会人選手の指導者については、企業スポーツは企業の宣伝活動としての性質を強く有しており、選手に対する教育活動としての性

質は必ずしも有していません。したがって、選手に対する教育的見地からの監督の必要性は低く、基本的に、監督責任というかたちでの処分は行うべきではないと考えられます。仮に指導者による監督責任が問われる場合であっても、処分内容は軽微なものにとどまるべきです。

[3] 主な考慮要素
(1) 加害部員の人数

　加害部員が複数存在する場合、被害部員に対して集団的な暴力行為がなされると、単独による暴力行為と比較して、より重大な傷害が生じる可能性が高く、すなわち、重大な法益侵害がなされる可能性が高いと考えられます。また、いじめ行為においても、加害部員が複数存在する場合、いじめ行為がエスカレートし、被害部員に対する身体的な被害や経済的な被害が多大なものとなる可能性がより高いと考えられます。

　以上からすれば、加害部員の人数が多い場合には、処分としても重い処分を下すことになるものと考えられます。

　ただし、加害部員が複数存在する場合には、各加害部員の処分を画一的に行うべきではありません。暴力行為やいじめ行為に関する事実関係を詳細に調査し、各加害部員が行った暴力行為やいじめ行為の具体的内容を把握したうえで、より重大な身体的被害を及ぼす結果となった暴力行為を行った部員に対しては、他の加害部員と比較し、重い処分を下すこととなるものと考えられます。また、被害者に対する直接的な暴行行為を行っていない場合であっても、別の部員に対して暴行を指示する等、暴力行為の主犯格として関与していた部員についても、直接の暴力行為を行った部員と比較してより、重い処分が科されるものと考えられます。

(2) 加害部員と被害部員の関係

　特に高校や大学の部活動においては、部活動終了後も、部員同士で寮生活を行う等、生活の大部分の時間を、同じ部員と過ごす場合が多くな

ります。このような生活状況が続くことで、上級生と下級生の関係が絶対的な服従関係となることが多く、加害部員が上級生（年上）で被害部員が下級生（年下）の場合、上級生としての地位を利用して、部内において弱い立場にある下級生（年下）に対する暴力行為やいじめ行為が行われる場合があります。このような場合には、被害部員に対する身体的・精神的被害も甚大となる可能性が高いものと考えられます。もちろん、集団生活における規律の習得や礼節を重んじるといった教育的見地からすれば、高校・大学の部活動における上下関係を否定するものではありませんが、上級生による極端な上下関係を利用した暴力行為やいじめ行為が行われることは、決して許されるものではありません。

したがって、このような上下関係を利用した暴力行為やいじめが行われた場合には、加害部員に対して、より重い処分を下す必要があるものと考えられます。

（3）被害部員の人数

暴力行為やいじめ行為による被害を受けた部員の人数が多ければ多いほど、その身体的被害や経済的被害が大きくなるものであり、そのような暴力行為やいじめを行った加害部員に対する処分についても、重くなるものと考えられます。

（4）行為態様

暴力行為やいじめ行為の具体的な行為態様がいかなるものであるかは、処分にあたっての考慮要素となることは当然ですが、どのように考慮すべきかについては、具体的な事案によって判断せざるをえません。

一般的な傾向としては、暴力行為の回数が多ければ多いほど、重大な身体的被害を生じさせる可能性が高くなるため、処分としても重くなるものと考えられます。また、いじめ行為については、いじめが開始されてからの期間が長期間に及べば及ぶほど、被害部員に対する身体的被害や経済的被害といった法益侵害の度合いは高くなることから、期間の長短

についても、処分内容を検討するにあたり考慮すべき事情となります。

　また、単純な暴力行為と比較して、長期にわたり継続的に行われるいじめ行為は、被害部員に与える精神的被害や経済的被害が大きく、法益侵害の度合いが強いことから、処分としても重くなるものと考えられます。

(5) 結果の程度

　特に暴力行為については、暴力行為により被害部員が負った傷害の程度が重ければ重いほど、法益侵害の度合いが強いことから、処分としても重い処分を下すべき方向に考慮されるべきです。

　また、いじめ行為においては、被害部員に対して継続的に金銭を要求し、財産的被害を受けることもあり、このような場合には、加害部員が被害部員より受け取った金銭の額についても、多ければ多いほど、加害部員が受けるべき処分も重くなるものと考えられます。

(6) 動機

　暴行やいじめ行為にいたった動機が悪質な場合には、当然、科される処分としても、重い処分を下すべき方向に考慮されるべきです。

(7) 学校・会社等から受けた処分の有無

　部活動内における暴力行為やいじめが発覚した場合、通常、学校や会社において、内部調査が行われ、その結果、学校や会社から加害部員に対して、処分（出席停止・退学等）がなされることがあります。また、社会人においては、会社の就業規則に基づき、懲戒処分がなされることも考えられます。

　このように、学校や会社から処分を受けている場合に、さらにスポーツ団体から処分を受けることは、加害部員にとって二重の処分を受けさせる結果となり、結果として処分が過剰なものとなってしまう可能性があります。

　以上からすれば、学校や会社から加害部員に対していかなる処分がな

されたかについては、スポーツ団体が下す処分の内容に影響するものと考えられます（ただし、**1. 3** に記載しましたとおり、スポーツ団体からの処分が免除または軽減されることをあらかじめ期待して、学校や会社による過剰な処分がなされるべきではありません）。

(渡邉健太郎)

2 | 未成年者の飲酒・喫煙

[1] 対象行為

本項では、未成年者のスポーツ選手による飲酒および喫煙行為を対象とします。

当然ながら、高校生のみならず、未成年の大学生や社会人による場合も含みます。ただし、高校生の場合も含め、飲酒や喫煙の場に同席しただけであれば処分対象には含まれません（あくまでも未成年者自らが行為を行った場合に限ります）。席上で未成年者による飲酒や喫煙をそそのかした等の特段の事情があれば別ですが、そうではなく飲酒も喫煙もしていない以上、その人を処分の対象とする必要はないからです（連座制の適用の余地がありうることについては後述します）。

また、原則として校内や寮等の施設内における行為を対象としますが、それら以外であっても、部やチームとしての活動と一定の関連性が認められれば（例えば遠征中である場合や、活動後の帰宅途中における集団での行為など）、対象とします。それ以外のケース、例えば完全にプライベートな場所・時間で部やチームと全く関係なく飲酒をしていたことが発覚した場合等は、事案の性質上他害的でないことも考えれば、通っている学校等による処分が検討されれば足りると考えられます。

なお、煙草やアルコール以外の禁止薬物の所持や使用は、別途処分が検討されるべきです。

[2] 処分方法
(1) 処分方法

　特に高校生については、若年時における煙草やアルコールによる悪影響の大きさを考え、また煙草やアルコールへの誘惑が類型的にはそれほどない環境にあるはずのところ、それを乗り越えてまで手を出してしまったことに対する非難可能性の大きさから、原則として厳重注意処分以上の処分をもって臨むべきでしょう。

　一方大学生や社会人については、成人に近く高校生に比べれば相対的には悪影響が小さいこと、お酒を飲む場に同席する機会も想定されうることから、注意処分も選択肢となりえます。

　処分の上限については、他害的ではない（被害者がいない）こと、未成年であり競技継続の道を断つべきでないことから、登録抹消・登録資格喪失といった処分は選択肢とすべきでないと考えられます。また、同様の理由から、長期間にわたって活動を禁止することも妥当とはいえず、謹慎処分等を科す場合であっても、比較的短期間にすべきと思われます。

(2) 処分対象者

　問題は、チーム全体への対外試合禁止処分といった連座制の適用がありうるかどうかです。総論部分で述べたように、連座制の適用にあたっては他の選手・チーム全体にも一定の具体的な責任が求められるところ、一部の選手が他の選手が気づかない態様で飲酒をしたり喫煙をしたりしても、他の選手はそれを注意したり止めたりしようがありません。そうすると、飲酒や喫煙において、連座制を適用することは原則としてできないものと思われます。ただし、高校または大学の部活動で、常習的な飲酒・喫煙が、他の部員にとって周知の事実であったにも関わらず注意されることなく黙認されていた等のあくまで例外的なケースにおいては、連座制の適用もありうるものと考えられます（なお、すでに述べられているとおり、部全体に対して連帯責任を負わせる形での処分を行うこ

とについては、あくまで教育的見地から容認しうるものであり、大学においては限定的に認められるべきです)。例えば合宿等の他の選手もいる場において、一部の選手が飲酒や喫煙をしたといった場合や、日常的に部室において飲酒・喫煙をする者がいたといったような場合は、周囲はそれを止めるようにすべきだったといいうることから、他の選手や部全体にも責任を認めることが可能となり、対外試合禁止処分等も選択肢となりえます。ただし、処分の期間は、例えば1ヶ月から3ヶ月といった比較的短期間とするべきです。

　第4章 **2.2** [1](2)において分析を行ったとおり、高校生の選手による飲酒・喫煙についての過去の処分をみてみると、1ヶ月程度の対外試合禁止処分が多くなっています。もしこれらが、個人プレイがメインの種目で、当該選手のみが対外試合禁止となっているのであれば、妥当な判断でしょう。しかしチーム全体が対外試合禁止となるのであれば、前述の例外的なケースに該当しない限り、必ずしも妥当な判断とはいえないように思われます。

(3) 指導者に対する処分

　それでは、選手が飲酒・喫煙を行ってしまった際の指導者(部長・監督・コーチ等)に対する処分についてはどう考えるべきでしょうか。

　学校、特に高校では、既に述べたように、部活動も教育活動の一貫としての側面が強くなります。したがって、指導者の選手に対する指導も、単なる技術指導の枠を越えて、教育指導としての側面を有することになります。そうすると、その教育指導が不徹底であったことにより生じた選手の喫煙や飲酒について、指導者にも責任が認められ、一定の制裁が科されうることになります。

　ただし、指導者も選手を始終見張っていることができるわけではないので、いかなる場合にも指導者の責任を認めることは妥当でありません。また、その指導者が謹慎等により指導できなくなると、その指導を受けられなくなる他の選手にとって間接的とはいえ不利益になります。

そこで原則として、選手が飲酒・喫煙を行った場合の指導者に対する処分は注意・厳重注意処分とすべきであり、ただ例外として、選手をそそのかしたり、報告を受けても放置していた等の場合に限り、それよりも重い処分（一定期間の謹慎等）を科しうるものと考えます。

[3] 主な考慮要素

他の類型と同様、事実関係をなるべく具体的かつ詳細に明らかにし、事案に即した判断をすべきです。そのうえで、主要な考慮要素としては、学生か社会人か、常習性が認められるかどうかが挙げられます。

すなわち、学生（特に高校生）であれば、身体への悪影響の大きさおよび誘惑も少ないはずのなかであえて飲酒・喫煙に手を出していることから処分を重くする要素となりますし、常習性も、身体への悪影響・規範意識の低下を理由にやはり処分を重くする方向に働きます。一方、集団性は、特に被害者が存在するものでもないため、個々の処分の軽重には影響しないように思われます。その他、これらに加えて、動機・時間や場所等の態様・既に別途社会的制裁を受けているかどうかといったことを加味して処分を決定することとなります。

したがって、学生で常習性が認められれば、基本的に謹慎処分等の比較的重い処分が中心となる一方、社会人で偶発的（例えば周囲の大人にすすめられてつい酒を口にしてしまったような場合）であれば、注意処分か、厳重注意処分で足りると考えられます。

また、連座制を適用してチーム全体への処分を科す場合においては、どの程度蔓延しているか、常態化しているかによって、処分の重さや出場停止等の期間の長さが決まることになります。

3 | 交通違反

[1] 対象行為

　ここでは、交通違反全般を対象とします。したがって、無免許運転から物損、死亡事故にいたるまで、すべてが対象となります。また、従来からスポーツ活動とは関係のない場面における事故でも（スポーツ団体でなく学校やチーム等による処分のケースが多いですが）処分を受けており（221ページ以下参照）、当該スポーツ活動からの行き帰り等における事故に限られません。他人に対して重大な危害を加えうる不祥事であることを考えれば、一定の場合やむをえないでしょう。ただし、ここでは選手自身による交通違反についての責任を対象として想定しているので、例えば、遠征のために手配したバスによる事故といったケースは想定していませんし、監督・コーチや父兄の運転による事故といったケースも想定していません。

　また、ここでも、高校生・大学生の部活動については教育の一環であり、生活指導も教育活動の一側面といえるものと考え、指導者（部長・監督等）の注意義務違反も処分の対象として想定しています。

[2] 処分方法・主な考慮要素
（1）処分方法

　前述したように、対象となる行為は軽度のスピード違反や物損事故から殺人行為に近いような悪質なものまで幅広いため、全体としての処分の選択肢は幅広いものにならざるを得ません。

　そこで、以下のようにさらに対象行為ごとに類型化し、主な考慮要素を抽出した上で一定の目安を検討します。ただ、基本的には私生活の中で起きるものであり、選手のするスポーツ活動とは関連性のない不祥事ですから、注意、厳重注意、謹慎が中心となり、それ以上の重い制裁が加えられることについては抑制的であるべきものと思われます。また特に交通違反は、まずは所属チームや通っている学校等による処分が検討

されるべきであり、スポーツ団体による処分は、それが行われなかったり不十分な場合の二次的なものであるべきです。

なお、複数の対象行為を同時に行った場合には、当該事実も考慮に入れた上で、最も重大な行為について処分を行うことが考えられます。

① 酒気帯び・酒酔い運転

酒気帯び・酒酔い運転は、それが事故に結びついていない場合には被害者はおらず、また、基本的にスポーツ活動と関連性がないことも考えあわせれば、必ずしもスポーツ団体としての処分はいらないようにも思われます。

しかし、酒気帯び・酒酔い運転が大事故を引き起こす高い可能性を潜在的に有していることは周知の通りですし、酒気帯び・酒酔い運転に対する社会的非難も近年ますます大きくなっています。

このことからすれば、たとえ幸いにして被害者が存在しなかったとしても、直前の酒量や動機、違反回数（常習性）等を考慮して、注意処分や厳重注意処分にはなりうるものと考えます（なお高校生等の未成年の場合、なかなか想定しがたいですがそもそも飲酒が禁止されているので、謹慎も選択肢として入るでしょう）。なお、酒気帯び・酒酔い運転の結果、物損・人身事故を生じるにいたった場合は、以下に述べるように謹慎や登録抹消・登録資格喪失といったより重い処分が検討されるべきです。

② スピード違反

スピード違反も、それが事故に結びついていない場合には被害者はおらず、また、基本的にスポーツ活動と関連性がないことも考えあわせれば、必ずしもスポーツ団体としての固有の処分は必要ないといってよいでしょう。

ただし、大幅なスピード違反で極めて危険性の高い場合や、スポーツ活動をするための移動中等でスポーツ活動と関連性のあった場合

は、たとえ被害者が存在しなかったとしても、速度超過の程度、場所、動機、違反回数（常習性）等を考慮の上、注意処分や厳重注意処分を検討すべきものと考えます。また、スピード違反の結果、物損・人身事故を生じるにいたった場合は、以下に述べるように、謹慎や登録抹消・登録資格喪失といったより重い処分が検討されるべきです。

③　無免許運転

　無免許運転も、それが事故に結びついていない場合には被害者はおらず、また、基本的にスポーツ活動と関連性がないという点では上記二つの違反と共通です。

　しかし無免許運転の場合、通常明らかに故意が認められ、またつい誘惑にかられて行うといった場面も想定しがたいものがあります。しかも、基本的には十分な運転技術を持たないまま運転するケースが想定されますから、危険性も大きいといえます。

　このことからすれば、動機や違反回数（常習性）、免許取得経験の有無（運転技術は有するものの取消し等により無免許となったのかどうか）等を勘案し、原則としては注意処分・厳重注意処分を検討すべきです。ただし、例えば、免許を取得したことがなく全く運転技術を有しないにも関わらず、無免許運転を繰り返しており、動機にも何ら汲むべき事情がないような場合においては、謹慎処分も検討対象に含めるべきです。また、無免許運転の結果、物損・人身事故を生じるにいたった場合は、以下に述べるように、謹慎や登録抹消・登録資格喪失といったより重い処分が検討されるべきです。

④　物損・人身事故

　物損・人身事故の場合、上記各違反と決定的に異なる点は、自車が損傷を受けただけといった場合でない限り被害者が存在するということです。基本的にスポーツ活動とは関係がなく、スポーツ団体による処分は謙抑的であるべき交通違反において、それでもなお処分がやむ

をえないとされる最も典型的なケースといえます。

物損事故や人身事故は、その態様や事故にいたる経緯が千差万別で、その類型化は困難です。考慮要素も様々なものが考えられますが、例えば、次のような要素を主として考慮していくことになるでしょう。

すなわち、以下の事情を勘案し、厳重注意処分を中心としつつも、罰金（学生に対する財産的な制裁を科すのは妥当性を欠くことから、社会人（特にプロ選手）に限ります）や無期限を含む謹慎処分も対象として処分を検討すべきことになります。

・被害者の人数
・被害の程度
・過失の程度（過失の割合）、他の違反（例えば無免許運転や酒気帯び運転等）を伴っているかどうか
・被害者の感情
・事故を起こすような運転をしてしまった動機
・違反回数（常習性）
・事故後の誠実な対応の有無等

また、重大な過失や他の交通違反等を伴ったことにより人命が失われたような極端なケースにおいては、登録抹消・登録資格喪失処分もありうるといわざるをえません。他方、自車の損傷が生じただけといった極めて軽微なケースについては、スポーツ団体からの処分は行わない（不措置）とすることも考えられます。

⑤　その他の交通違反

交通違反は種々様々であり、上記に含まれない交通違反も十分考えられます。ただそれらの場合でも、基本的にはスポーツ団体による処分については謙抑的でありつつ、被害者の有無・人数、故意の有無、結果の重大性を主要な考慮要素としながら、あわせて当該違反行為の回数・常習性、動機、過失の程度（過失割合）、選手が学生かどう

か・未成年かどうかといった事情を考慮し、具体的な処分を選択すべきこととなります。

（2）処分対象者

連座制については、基本的にスポーツ活動とは関係のない場所における不祥事という性質上、他のチームメイトも注意すべきであったといった責任を問うことが難しく、原則として適用すべきでないものと考えられます。ただ、無免許運転の横行等が他の部員にとって周知の事実であったにも関わらず皆黙認していたといったようなケースにおいては、例外的に連座制の適用もありうることとなるでしょう（ただし、すでに各項で述べられているとおり、部全体に対して連帯責任を負わせるかたちでの処分を行うことについては、あくまで教育的見地から容認しうるものであり、社会人やプロスポーツ選手の場合にはこれに該当せず、また、大学においても限定的に認められるべきです）。

（3）指導者に対する処分

一方、高校生・大学生による事故における指導者の責任については、交通事故が部の活動中に起きる、もしくは活動場所で起きるということが通常想定できません（万が一そのような例外的な事態が生じた場合は別途謹慎等を考えるべきことになります）。あくまでも生活指導が行き届いていたかどうかといった点における注意義務違反が問われるに止まるため、指導者の責任を問うには限界があります。

したがって、基本的には注意処分が限度ということになります。ただし例えば、校則に反して二輪車を使用していたことを指導者が黙認していたとか、危険な運転を日頃からしているのがわかっていたのに放置していたといった極端な場合には、例外的に厳重注意等もありうるということになるでしょう。

また、社会人やプロの選手が違反をした場合は、教育目的も見いだせず各自の自己責任が原則ですから、指導者の責任を問うのは妥当ではあ

りません。

(恒石直和)

4 わいせつ事犯

[1] 対象行為

　本項において処分の対象とする行為としては、刑法上の強姦罪（準強姦罪、集団強姦罪等）、強制わいせつ罪（準強制わいせつ罪、強制わいせつ等致死傷罪等）、公然わいせつ罪並びにわいせつ目的略取及び誘拐罪のみならず、「児童買春、児童ポルノに係る行為等の処罰及び児童の保護等に関する法律」等の特別刑法や、各地方公共団体が制定する条例（例えば、痴漢行為や盗撮行為を処罰する、各都道府県が制定する迷惑行為防止条例や、青少年健全育成条例等）等、広く性に関する犯罪を含むものとします。

[2] 処分方法
(1) 処分対象者

　　現行刑法においては、犯した行為に対する責任として刑罰が科される（行為責任）ことを考えれば、まさに刑法に違反する行為に対するスポーツ団体による処分についても、基本的には、当該選手が犯した行為に対する責任としてなされるべきであり、他の選手に対して連帯責任を負わせるべきではありません。

　　ただし、例えば、複数の選手が関与したうえで、計画的に継続して行われるわいせつ行為等の場合には、事前に計画を知っていた他の選手による注意等があれば、当該わいせつ事犯を防止できた可能性があります。このような極めて例外的なケースに限り、部全体の連帯責任として、チームに対する出場停止等の処分も容認しうるものと考えられます。

　　しかし、すでに各項で述べられているとおり、部全体に対して連帯責任を負わせるかたちでの処分を行うことについては、教育的見地を理由

として容認しうるものであり、社会人やプロスポーツ選手の場合にはこれに該当せず、また、大学の部活動においても、教育的見地の要請が高校よりも低いことから、部全体に対する連帯責任は限定的に認められるべきです。

(2) 具体的な処分内容

スポーツ団体による犯罪行為を行ったスポーツ選手に対する処分の内容としては、①注意、②厳重注意、③謹慎処分、④出場停止処分、⑤登録抹消・登録資格喪失処分等が想定されます。

なお、わいせつ事犯については、以下のとおり、その行為態様が幅広く想定されうることからすれば、一概に、犯罪を行ったことをもってどのような処分が妥当であるか判断することは困難です。また、同じ犯罪であっても、その具体的な事案の内容によって、下すべき処分の内容も大きく異なってきます。したがって、具体的にいかなる処分を下すべきかについては、事案ごとに具体的に検討せざるをえません。

しかし、わいせつ事犯においては、被害者が負う肉体的・精神的被害が大きく、また、社会的な非難の度合いが高いことからすれば、わいせつ行為を行った選手に対する処分としては、謹慎処分以上の重い処分が科されるべき場合が多いものと考えられます。

(3) 各カテゴリー（高校・大学・社会人）による処分の特徴

部活動外で行われたわいせつ事犯に対するスポーツ団体の処分としては、原則として、当該行為者に科せば足りるものであり、この点については、行為者がどのような立場にいたとしても、異なるものではありません。

しかし、20歳に満たない「少年」が罪を犯した場合には、少年の健全な育成を期すことを目的とした少年法が適用されるのと同様に、当該行為者が未成年者である場合には、犯罪を行った場合であっても、当該行為者が未成年者であることが、処分にあたって考慮されるべき事情と

なりえます。したがって、高校生の場合には、原則として未成年者であることを前提に処分方法が決定される一方、大学・社会人の場合には、犯罪を行った部員が未成年者であるか否かが、処分にあたり考慮されるべきものと考えられます。

(4) 指導者に対する処分

　前述のとおり、わいせつ事犯に対する処分については、基本的には、当該選手が犯した行為に対する責任としてなされるべきなので、指導者に対して監督責任としての処分を科すことには、原則として、謙抑的であるべきです。

　ただし、わいせつ事犯においては、被害者が負う肉体的・精神的被害が大きく、また、社会的な非難の度合いが高いものです。また、高校の部活動は、学校における教育活動の一環として位置づけられていることからすれば、高校の指導者に対し、教育的見地からの監督が不十分であったとして、スポーツ団体による処分が科されることもありうるでしょう。ただし、ある選手のわいせつ事犯により、指導者が謹慎処分を受け、他の選手の指導ができなくなることは、他の選手に対する影響が大きいことからすれば、処分としては、原則として、厳重注意処分までに留めるべきであり、例外的に、複数の部員が関与する重大な犯罪が行われた場合には、謹慎処分等の厳しい処分を科すべきです。

　また、大学の場合には、教育的見地の監督の必要性が高校生の場合より低いので、複数の部員が関与する重大な犯罪がなされた場合に限り、監督責任としてスポーツ団体による処分が科されることがありうるものと考えます。ただし、処分内容としては、原則として厳重注意処分までにとどめるべきです。さらに、社会人やプロの選手がわいせつ事犯を犯した場合には、当該選手の自己責任が原則となるので、仮に、複数の部員が関与する重大な犯罪がなされ、指導者に対して処分を科す必要が生じたとしても、原則として注意処分を限度とするべきです。

[3] 主な考慮要素
(1) 犯罪の性質

わが国において、わいせつ事犯として扱うことができる犯罪としては、いわゆる「刑法」という名の法律（刑法典）のみならず、特別刑法（例えば、「児童買春、児童ポルノに係る行為等の処罰及び児童の保護等に関する法律」）が存在しますし、各地方公共団体が制定する条例（例えば、痴漢行為や盗撮行為を処罰する、各都道府県が制定する迷惑行為防止条例）においても、刑罰が規定されている場合があります。

したがって、選手がわいせつ事犯を起こしたことを理由として、所属スポーツ団体より何らかの処分がなされること自体は否定されるべきものではないものの、わいせつ事犯であること自体を理由として、処分方法を一律に決することはできないものであり、選手が起こした犯罪の性質自体が、処分を科すにあたっての重要な考慮要素となります。

(2) 行為態様

わいせつ事犯においては、具体的な行為態様がいかなるものであるかは、スポーツ団体の処分にあたっての考慮要素となることは当然ですが、どのように考慮すべきかについては、具体的な事案の内容によって判断せざるをえません。

一般的にいえば、犯罪行為に及んだ選手の人数が増えれば増えるほど、処分としても重くなるものと考えられます。また、犯罪行為が複数回かつ長期に及べば及ぶほど、処分としても重くなるものと考えられます。

(3) 結果（被害）の程度

原則として、犯罪行為による結果としての法益侵害の程度が重ければ重いほど、処分としても重い処分を下すべき方向に考慮されるものと考えられます。

(4) 動機・目的

　犯罪にいたる動機や目的が悪質であった場合には、処分としても重い処分が下される方向に考慮されるものと考えられます。

　具体的な例を挙げると、犯行が計画的に行われた場合や、単なる個人的欲求を満たす目的でのみ行われた場合等は、行為者に対する同情の余地が少ないことから、処分としても重くならざるをえません。

　一方で、計画性がなく、突発的に行われた犯行や、第三者に命令されてこれを拒否できずに仕方なく行われた犯行については、行為者に対する処分としても、比較的軽微なものになると考えられます。

(5) 刑事処分の有無

　刑法犯については、犯人の性格、年齢および境遇、犯罪の軽重および情状ならびに犯罪後の情況により訴追を必要としないときは、公訴を提起しないことができます（起訴便宜主義。刑訴法248）。そして、検察官は、被疑事実が明白な場合において、被疑者の性格、年齢および境遇、犯罪の軽重および情状ならびに犯罪後の情況により訴追を必要としないときには、起訴猶予処分を行うものとされています。

　このように、刑法犯は、検察官の裁量によって、起訴するか、あるいは不起訴にするかが判断されています。したがって、検察官により起訴が相当であると判断された場合には、スポーツ団体が下すべき処分が重くなることも考えられます。しかし、処分対象者が起訴されたこと自体をもって必ず処分を重くすることが妥当ではない場合もあります。例えば、処分対象者が事実を否認しているような場合においては、犯罪の嫌疑がない場合等を除き、通常、検察官によって起訴がなされますが、このような場合には、裁判所による最終的な判断がなされていない以上、スポーツ団体において行われる処分の考慮要素とするべきではないものと考えます。

　なお、処分対象者が少年（20歳に満たない者）である場合、検察官は、少年の被疑事件について捜査を遂げた結果、犯罪の嫌疑があるもの

と思料するときは、少年法第45条第5号本文の規定によって家庭裁判所から送致を受けた事件について公訴を提起する場合を除いて、これを家庭裁判所に送致しなければならない旨、定められています（同42前段）。この場合、家庭裁判所は、審判不開始（同19①）、不処分（同23②）、知事・児童相談所長送致（同18、23①）、検察官送致（同19②、20、23①③）、保護処分（同24①）のいずれかの終局決定を行うことになります。したがって、処分対象者が少年の場合には、前述家庭裁判所の判断が、スポーツ団体による処分においても考慮すべき要素として考えられます。

5 | 財産犯

[1] 対象行為

本項において処分の対象とする行為は、刑法第36章から第40章に定められている犯罪（例えば、窃盗罪、強盗罪、詐欺罪、恐喝罪、横領罪、背任罪等）を中心とした、いわゆる財産に関する犯罪を広く対象とします。

[2] 処分方法
(1) 処分対象者

4で述べたとおり、財産犯に対するスポーツ団体による処分についても、基本的には、当該選手が犯した行為に対する責任としてなされるべきであり、他の選手に対して連帯責任を負わせるべきではありません。

ただし、財産犯の場合であっても、例えば、複数の選手が計画的に継続して行っていた万引き行為等については、事前に計画を知っていた他の選手による注意等があれば、当該犯罪を防止し得た場合がありえます。したがって、このような例外的なケースについては、部全体の連帯責任として、チームに対する出場停止等の処分も容認しうるものと考えられます。

しかし、すでに各項で述べられているとおり、部全体に対して連帯責任を負わせるかたちでの処分を行うことについては、あくまで教育的見地から容認しうるものであり、社会人やプロスポーツ選手の場合にはこれに該当せず、また、大学においても限定的に認められるべきです。

(2) 具体的な処分内容

スポーツ団体による犯罪行為を行ったスポーツ選手に対する処分の内容としては、①注意、②厳重注意、③謹慎処分、④出場停止処分、⑤登録抹消・登録資格喪失処分等が想定されます。

財産犯についても、一概に、犯罪を行ったことをもってどのような処分が妥当であるか判断することは困難ですし、同じ犯罪であっても、その具体的な事案の内容によって、下すべき処分の内容も大きく異なってきます。したがって、具体的にいかなる処分を下すべきかについては、事案ごとに具体的に検討せざるをえません。

なお、部活動に必要な用具等の窃盗（例えば、野球部部員によるグローブの万引き）等、部活動に関連した行われた財産犯については、青少年の健全な心身の発達に寄与する目的で行われている部活動の本来の趣旨に反する行為なので、教育的な配慮から、部活動に関連した財産犯を犯した選手に対しては、同様の事案と比べて、重い処分を科すべきでしょう。また、部活動に関連した財産犯を犯した選手に対し、スポーツ団体として重い処分を科すことで、スポーツ団体が管轄する他の選手に対する抑止力を働かせるという効果をもたらすことが可能になるものと考えられます。

(3) 指導者に対する処分

財産犯においても、刑法に違反する行為に対する処分については、基本的には、当該選手が犯した行為に対する責任としてなされるべきなので、指導者に対して監督責任としての処分を科すことには謙抑的であるべきです。

ただし、例外的に複数の選手による犯罪への関与が認められ、他の選手もこれを黙認していたような場合には、チーム全体を監督する立場にある指導者に対しては、監督責任として、スポーツ団体による処分が科されることがありうるものと考えます。特に、高校生を指導する立場にある指導者に対しては、教育的見地からの監督が不十分であるとして、個別具体的な事案に応じて、謹慎処分まで科すことが考えられます。これに対し、大学の指導者においては、教育的見地からの監督が高校よりも低いことから、処分としても、厳重注意処分までにとどめるべきですし、社会人やプロスポーツ選手の場合には、原則として選手個人の自己責任によるべきですので、仮に指導者に対して処分を科すとしても、原則として注意処分が限度とするべきです。

[3] 主な考慮要素

　財産犯においても、上記4[3]に記載した各考慮要素が基本的には妥当します。

（渡邉健太郎）

3.
指導者・部等の不祥事に対する「あるべき処分」の検討

1 | 指導者の不祥事

　以下では、指導者による不祥事を取り扱います。スポーツ選手と同様、指導者による不祥事も様々なものが考えられますが、ここでは、問題になりやすい類型として、①暴力・いじめ・セクハラ、②交通違反、および③その他の犯罪行為を取り扱います。

[1] 暴力・いじめ・セクハラ
(1) 対象行為

　　本項で対象とする行為は、指導者から部員に対する暴力（体罰を含みます。以下同じ）、いじめ、およびセクハラ行為とします。指導者から部員以外の者に対するこれらの行為については、競技とは直接の関係のない行為であり、犯罪行為（[3]参照）として扱えばよいと考えられるためです。

　　なお、本章において、「体罰」という用語は、指導者から選手への指導にあたって行われる、殴る・蹴る等の身体に対する侵害や、正座・直立等特定の姿勢を長時間にわたって保持させる等の肉体的苦痛を与える行為を意味するものとして使用しています（指導方法の一環として体罰が

(注1)
　監督、顧問、部長、コーチ等名称の如何を問わず、指導者全般を意味します。
(注2)
　平成19年2月5日付文部科学省通知（18文科初第1019号）『問題行動を起こす児童生徒に対する指導について　別紙「学校教育法第11条に規定する児童生徒の懲戒・体罰に関する考え方」』参照

許容されるかどうかについては、241ページのコラム「体罰は指導の一環？」もご参照ください）。

(2) 処分方法

　指導者と部員との間に存在する一定の上下関係に起因する部員の弱い立場、被害部員の精神的苦痛、他の部員への影響等を考慮すると、指導者による暴力・いじめ・セクハラ行為については、原則として、部員によるこれらの行為に比べて重く処分すべきであると考えられます。もっとも、指導者であるということのみを理由に不当に重く処分されることを回避するため、実際の行為の性質を十分に考慮した上で処分方法を検討する必要があります。

　一口に、指導者から部員に対する暴力・いじめ・セクハラ行為といっても、事案によってその性質は様々ですから、部員に対する処分と同様に、処分方法には幅を持たせるべきでしょう。具体的には、事案の軽重に応じ、①注意、②厳重注意、③謹慎処分、④登録抹消・登録資格喪失等の処分が考えられます。また、当該行為が常習化しているような極めて悪質な事案については、将来入部等を検討するスポーツ選手へ注意喚起し、将来の被害を防ぐ観点から、当該処分について実名で公表することも十分考えられます。

　一方で、指導者による暴力・いじめ・セクハラを原因とする、部に対する処分としては、注意や厳重注意等が考えられます。対外試合禁止等の処分については、将来の違法行為への抑止効果を有する可能性はありますが、何ら責任のない部員に対するスポーツ権の侵害になりかねず、特に被害部員にとっては二重の被害となりえますから、処分方法として基本的に適当ではありません。ただし、例えば、部内であまりにも体罰等の暴力行為が常態化しており、部の活動を継続することにより新しい被害が発生する危険性が存在する場合等には、例外的に、不祥事の原因について十分な調査が実施され、再発防止が図られるまでの間、部の活動を停止させることも合理的な場合があると考えられます。

(3) 主な考慮要素

機械的な線引きは困難ですが、以下に掲げた事情等を総合的に考慮しながら処分内容を決定する必要があります。

① 被害部員の人数

部員間における暴力・いじめと同様に、被害を受けた部員の人数が多ければ多いほど重い処分が妥当することになります。ただし、指導者からの暴力・いじめ・セクハラは、その絶対的な上下関係から部員の身体だけでなく精神的側面に与える影響が大きいものと考えられ、最終的に部員間の暴力等に発展することも想定されますから、特に重要な考慮要素になるものと考えられます。

② 行為態様

当該行為の回数および期間、当該行為が常習的なものかどうか等が主な考慮要素になると考えられますが、その悪質性（例えば、竹刀等の武器を用いた暴力等）や陰湿性（他の者が目撃・通報しづらい場所における暴力等）も検討すべきです。

③ 結果の程度

いうまでもなく、暴力等により生じた身体的傷病、精神的疾患の程度というものは重要な考慮要素の一つであるものと考えられます。

もっとも、指導者による暴力だけに限らず、部員による暴力等が複雑に絡まり合うことも想定されますから、そういった場合の結果と当該行為との因果関係は慎重に判断すべきでしょう。特に、被害部員が自殺にいたってしまったような場合には、被害部員から事情を聴取することができず、因果関係に係る事実認定は相当困難なものになると考えられます。単なる暴力・いじめ・セクハラの問題として処理するだけでなく、結果の程度によっては刑事事件として告発し、然るべき機関による十分な捜査の下で詳細な事実認定を行い、それを前提に処

分を決定すべきです。

④　その他

その他にも、動機、前科・前歴、学校・会社等から受けた処分の有無も考慮要素になるでしょう。

[2] 交通違反

本章 **2.3** で述べたとおり、交通違反行為には、無免許運転から物損、死亡事故に至るまで様々なものがあります。処分方法・主な考慮要素については、本章 **2.3** で述べたことが基本的にあてはまります。ただし、指導者は、選手の模範となるべき存在と考えられることから、故意に交通違反行為を行った場合には、選手が同様の行為を行った場合よりも厳しい内容の処分が下されることもありうるものと考えます。

また、部に対する処分としては、注意や厳重注意等のスポーツ権の制約を伴わないものが考えられます。出場停止等の処分については、何ら責任のない部員に対するスポーツ権の侵害になりかねないため、処分方法として基本的に適当ではないと考えられます。

[3] その他の犯罪行為

(1) 対象行為

指導者による犯罪行為にも、様々なものが考えられます。過去の事例では、わいせつ事犯（強姦（準強姦）、強制わいせつ、青少年健全育成条例違反、児童買春等）、財産犯（窃盗、詐欺、業務上横領等）、その他の犯罪（賭博、恐喝、大麻所持等）があります。

(2) 処分方法

対象行為として様々な犯罪行為が考えられる以上、処分内容も幅広いものとならざるをえません。ただし、法律に違反する行為が現に行われている以上、あまりに軽度な処分方法をとることは適当でないと考えら

れます。具体的には、事案の軽重に応じ、①厳重注意、②謹慎処分、③登録抹消・登録資格喪失等の処分を検討すべきです。

　わいせつ事犯、財産犯に係る処分方法については、本章2.4および5で述べたことが基本的にあてはまります。ただし、指導者は、選手の模範となるべき存在と考えられることから、故意に犯罪行為を行った場合には、選手が同様の行為を行った場合よりも厳しい内容の処分が下されることもありうるものと考えます。

　また、部に対する処分としては、注意や厳重注意等のスポーツ権の制約を伴わないものが考えられます。出場停止等の処分については、何ら責任のない部員に対するスポーツ権の侵害になりかねないため、処分方法として基本的に適当ではないと考えられます。

(3) 主な考慮要素

　機械的な線引きは困難ですが、以下に掲げた事情等を総合的に考慮しながら処分内容を決定する必要があると考えられます（それぞれの考慮要素に関する考え方は、スポーツ選手による犯罪行為の場合と基本的には同じです）。

・被害者の有無・数
・行為態様
・結果の程度（被害品の価値等）
・動機・目的
・前科・前歴
・起訴／不起訴、学校・会社等から受けた処分の有無　等

2 | 部の不祥事

[1] 対象行為

　本項では、部（またはチーム。以下同じ）として不適切な行為が行われた場

合を対象とします（部員の行為によって、部に対して処分が下される場合については、本章 2.をご参照ください）。もっとも、部として犯罪行為を行うことは通常ありませんので、想定される行為は、スポーツ団体の規則違反が中心となります。具体的には、スポーツ団体による処分への不服従、不祥事隠蔽・報告遅れ、不正入試、部員登録詐称、勧誘に関する規則違反、プロとの接触に関する規則違反等が挙げられます。

[2] 処分方法

　スポーツ団体の規則違反にも様々な性質のものが存在しますので、事案ごとに個別に判断する必要がありますが、他の部との公平な競争を不可能にするような違反行為については、他の競技者のスポーツ権を不当に制限するものと評価できますから、厳しい処分をもって臨むべきであるといえます。ただし、対外試合禁止等の処分は当該部に所属する選手のスポーツをする機会を奪う結果にもなりますので、違反行為を実質的に主導した人間の属性や関与者の人数等を考慮した上で、慎重に行うべきです。具体的には、事案の軽重に応じ、①注意、②厳重注意、③出場停止、④登録抹消・登録資格喪失等の処分を検討すべきです。

　また、部に対して処分を行う場合には、主導者や部の責任者に対しても、その関与の度合い、管理者としての義務を果たしていたか等に応じて、①注意、②厳重注意、③謹慎処分、④登録抹消・登録資格喪失等の処分を検討すべきです。

[3] 主な考慮要素

　機械的な線引きは困難ですが、以下に掲げた事情等を総合的に考慮しながら処分内容を決定する必要があります。

(1) 主導者の役職

　　主導者の役職が高ければ高いほど、より事案の悪質性が高く、重い処分を下す必要性が高いと考えられます。

(2) 関与した人数

部内で関与した人数が多ければ多いほど、より事案の悪質性が高く、重い処分を下す必要性が高いと考えられます。

(3) 期間・回数

違反期間の長さや回数が多ければ多いほど、より事案の悪質性が高く、重い処分を下す必要性が高いと考えられます。

(4) 目的・動機

当該違反行為が、競技上不正なアドバンテージを獲得することを意図して行われたものであるか、それともスポーツ団体の規則に対する知識不足が原因で行われたものであるかによって、処分に差をつけることが適当と考えられます。

(5) 結果の程度

当該行為によって、どのような結果がもたらされたか（例えば、部員登録詐称であれば、本来登録できない部員が登録されたことによって、当該部にどれだけの不正なアドバンテージがもたらされたのか等）も、処分にあたって考慮すべき要素の一つと考えられます。

（山辺紘太郎・石原遥平）

4. 量刑ガイドライン

【スポーツ選手による不祥事】

	暴力・いじめ			未成年者の飲酒・喫煙		
	あるべき処分		主な考慮要素	あるべき処分		主な考慮要素
	処分対象者	処分内容		処分対象者	処分内容	
高校	当該部員	・注意 ・厳重注意 ・謹慎 ・出場停止 ・登録抹消・登録資格喪失	・加害部員の人数 ・加害部員と被害部員の関係 ・被害部員の人数 ・行為態様 ・結果の程度 ・動機 ・学校（会社）等から受けた処分の有無 等	当該部員	・厳重注意 ・謹慎 ・出場停止	・人数（ごく一部か蔓延しているか） ・頻度（突発的に1回だけか散発的か常態化しているか） ・行為場所 ・動機 ・成年者の関与やその程度 ・所属団体（チーム）による処分の有無 等
高校	指導者	・注意 ・厳重注意 ・謹慎		指導者	・注意 ・厳重注意 ・謹慎	
高校	部	（例外的に、部員に対する暴力行為やいじめを他の部員が容認していたものと認められる場合） ・出場停止		部	（例外的に、常習的な飲酒・喫煙が他の部員にも周知の事実であったにも関わらず黙認されていたような場合） ・出場停止	
大学	当該部員	・注意 ・厳重注意 ・謹慎 ・出場停止 ・登録抹消・登録資格喪失		当該部員	・注意 ・厳重注意 ・謹慎 ・出場停止	
大学	指導者	・注意 ・厳重注意 ・謹慎 ※高校の場合と比べて限定的であるべき		指導者	・注意 ・厳重注意 ・謹慎 ※高校の場合と比べて限定的であるべき	
大学	部	（例外的に、部員に対する暴力行為やいじめを他の部員が容認していたものと認められる場合） ・出場停止 ※高校の場合と比べて限定的であるべき		部	（例外的に、常習的な飲酒・喫煙が他の部員にも周知の事実であったにも関わらず黙認されていたような場合） ・出場停止 ※高校の場合と比べて限定的であるべき	
社会人	当該部員	・注意 ・厳重注意 ・謹慎 ・出場停止 ・登録抹消・登録資格喪失		当該部員	・注意 ・厳重注意 ・謹慎	
社会人	指導者	（・注意） （・厳重注意） ※高校・大学の場合と比べてさらに限定的であるべき		指導者	（・注意） （・厳重注意） ※高校・大学の場合と比べてさらに限定的であるべき	
社会人	部			部	―	

第5章　量刑のあり方(2)　「あるべき処分」の検討

		交通違反		主な考慮要素	わいせつ事犯		主な考慮要素
		あるべき処分			あるべき処分		
	処分対象者	処分内容		処分対象者	処分内容	
高校	当該部員	・酒気帯び／酒酔い運転 　注意・厳重注意・謹慎 ・スピード違反 　注意・厳重注意 ・無免許運転 　注意・厳重注意(例外的に謹慎) ・物損／人身事故 　注意・厳重注意・謹慎・登録抹消		・被害者の有無 ・結果の重大性 ・違反の程度、態様 ・故意に基づくか過失か ・違反行為の頻度、常習性 ・経緯 ・違反行為後の誠実な対応の有無 ・他の違反を伴っているかどうか ・未成年かどうか ・所属団体(チーム)による処分の有無　等	当該部員	(・注意) (・厳重注意) ・謹慎 ・出場停止 ・登録抹消・登録資格喪失	・犯罪の性質 ・行為態様 ・結果(被害)の程度 ・動機・目的 ・刑事処分の有無　等
	指導者	・注意 ・(例外的に)厳重注意		指導者	・注意 ・厳重注意 ・謹慎(ただし、複数の部員による重大な犯罪が行われた場合に限る)	
	部	(例外的なケースに限り) ・出場停止		部	(例外的なケースに限り) ・出場停止	
大学	当該部員	・酒気帯び／酒酔い運転 　注意・厳重注意 ・スピード違反 　注意・厳重注意 ・無免許運転 　注意・厳重注意(例外的に謹慎) ・物損／人身事故 　注意・厳重注意・謹慎・登録抹消		当該部員	(・注意) (・厳重注意) ・謹慎 ・出場停止 ・登録抹消・登録資格喪失	
	指導者	・注意 ・(例外的に)厳重注意		指導者	(例外的に、複数の部員による重大な犯罪が行われた場合) ・注意 ・厳重注意	
	部	(例外的なケースに限り) ・出場停止 ※高校の場合と比べて限定的であるべき		部	(例外的なケースに限り) ・出場停止 ※高校の場合と比べて限定的であるべき	
社会人	当該部員	・酒気帯び／酒酔い運転 　注意・厳重注意 ・スピード違反 　注意・厳重注意 ・無免許運転 　注意・厳重注意(例外的に謹慎) ・物損／人身事故 　注意・厳重注意・謹慎・登録抹消		当該部員	(・注意) (・厳重注意) ・謹慎 ・出場停止 ・登録抹消・登録資格喪失	
	指導者	―		指導者	(例外的に、複数の部員による重大な犯罪が行われた場合) ・注意	
	部	―		部	―	

4. 量刑ガイドライン

		財産犯	
		あるべき処分	主な考慮要素
	処分対象者	処分内容	
高校	当該部員	・注意 ・厳重注意 ・謹慎 ・出場停止 ・登録抹消・登録資格喪失	・犯罪の性質 ・行為態様 ・結果（被害）の程度 ・動機・目的 ・刑事処分の有無　等
	指導者	（例外的に、複数の選手が関与し、他の選手がこれを黙認していた場合） ・注意 ・厳重注意 ・謹慎	
	部	（例外的に、複数の選手が関与し、他の選手がこれを黙認していた場合） ・出場停止	
大学	当該部員	・注意 ・厳重注意 ・謹慎 ・出場停止 ・登録抹消・登録資格喪失	
	指導者	（例外的に、複数の選手が関与し、他の選手がこれを黙認していた場合） ・注意 ・厳重注意	
	部	（例外的に、複数の選手が関与し、他の選手がこれを黙認していた場合） ・出場停止 ※高校の場合と比べて限定的であるべき	
社会人	当該部員	・注意 ・厳重注意 ・謹慎 ・出場停止 ・登録抹消・登録資格喪失	
	指導者	（例外的に、複数の選手が関与し、他の選手がこれを黙認していた場合） ・注意	
	部	－	

第5章　量刑のあり方(2)　「あるべき処分」の検討

【指導者による不祥事】

暴力（体罰を含む）・いじめ・セクハラ			その他の犯罪行為※		
あるべき処分		主な考慮要素	あるべき処分		主な考慮要素
処分対象者	処分内容		処分対象者	処分内容	
指導者	・注意 ・厳重注意 ・謹慎 ・登録抹消・登録資格喪失 （極めて悪質な場合には公表も）	・被害部員の人数 ・行為態様 ・結果の程度 ・動機 ・前科・前歴 ・学校・会社等から受けた処分の有無　等	指導者	・厳重注意 ・謹慎 ・登録抹消・登録資格喪失	・被害者の有無・数 ・行為態様 ・結果の程度（被害品の価値等） ・動機・目的 ・前科・前歴 ・起訴／不起訴、学校・会社等から受けた処分の有無　等
部	・注意 ・厳重注意 （例外的に、部の活動を継続することにより新しい被害が発生する危険性が存在するような場合）活動の停止		部	・注意 ・厳重注意	

※　交通違反、わいせつ事犯、財産犯の処分内容・主な考慮要素については、「スポーツ選手による不祥事」の表も参照。

【部による不祥事】

規定違反 （団体による処分への不服従、不祥事隠蔽・報告遅れ、不正入試、部員登録詐称等）		
あるべき処分		主な考慮要素
処分対象者	処分内容	
部	・注意 ・厳重注意 ・出場停止 ・登録抹消・登録資格喪失	・主導者の役職 ・関与した人数 ・期間・回数 ・目的・動機 ・結果の程度　等
主導者や部の責任者	・注意 ・厳重注意 ・謹慎 ・登録抹消・登録資格喪失	

| コラム | 体罰は指導の一環？ |

　大阪市立高校バスケットボール部の顧問が同部の部員に対して日常的に体罰を加え、1人の尊い命が失われたこと（以下、大阪市立高校バスケ部体罰事件）は記憶に新しいところかと思います。また、その直後に、女子柔道選手 15 名が日本代表監督による体罰を日本オリンピック委員会に対して告発した事件（以下、柔道女子代表体罰事件）も起こり、指導者による体罰の是非（特に、「愛の鞭」として体罰が許されるかどうか）について活発な議論を呼び起こしました。

●体罰の法律上の位置づけ
　現行法上、体罰について規定が設けられているのは学校教育法第 11 条（第 2 章 **2.1** [2]参照）だけです。
　同条は、「校長及び教員は、教育上必要があると認めるときは、文部科学大臣の定めるところにより、児童、生徒及び学生に懲戒を加えることができる。ただし、体罰を加えることはできない」として、学校教育の場における「体罰」を明確に禁止しています。ただし、同法上「体罰」という用語は定義されておらず、どのような行為が禁止されるのかは法文上明らかでありません。(注1)
　第 2 章 **1.2** [2](1)において述べたとおり、文部科学省は、平成 25 年 3 月 13 日付通知（25 文科初第 1269 号「体罰の禁止及び児童生徒理解に基づく指導の徹底について（通知）」）およびその別紙「学校教育法第 11 条に規定する児童生徒の懲戒・体罰等に関する参考事例」のなかで「体罰」に関する解釈・運用を示しています。同通知の内容をふまえても、実際の教育現場において、懲戒として許される行為と体罰とを明確に区分することは、なお困難な場合があると思われますが、少なくとも、部活動において、指導者の指示通りに選手が動くことができないこと等を理由に殴る・

（注1）
　［参考判例 7］（最高裁平成 21 年 4 月 28 日判決（民集 63 巻 4 号 904 頁））参照

蹴る等の暴力を加えることは、一切許されないと考えるべきでしょう。
　それでは、学校教育法の適用がない社会人やプロスポーツの場合はどうでしょうか。これらの場合に「体罰」を直接禁止する法律上の規定はありません。しかしながら、体罰は、客観的には暴行罪（刑法 208）や傷害罪（同 204）に該当する行為ですので、正当防衛（同 36）等の特別な事情がない限り、本来許されない違法な行為です（かかる点において、厳しく叱りつけたり、罰走を命じたりする他の指導方法とは、本質的に異なる行為であると考えられます）。
　仮に、選手が体罰による指導を受けることを自ら望んでいるような場合には、いわゆる「被害者の同意」により、行為の違法性がなくなり犯罪が成立しないと考える余地もなくはありません。しかし、どの選手を大会や試合に出場させるか決定する権限を有する指導者に対して選手が本当の気持ちを伝えられていない可能性を、常に念頭におくべきでしょう。仮に、体罰を甘受しなければ競技を続けることができない等の状況のもとで、選手が体罰を受け入れるような言動をしていたとしても、それを理由に「被害者の同意」の存在を認定することは妥当でないと思われます。

●スポーツにおける指導と体罰の必要性
　以上が体罰に関する法律上の位置づけですが、法律論からは離れて、そもそも、選手やチームを強くさせるために、体罰は本当に必要なのでしょうか。
　元プロ野球選手の桑田真澄氏が早稲田大学大学院に在籍していた平成 21 年、プロ野球選手と東京六大学の野球部員の計約 550 人にアンケートをとったところ、①指導者から体罰を受けた経験のある人は中学で 45 ％、高校で 46 ％、②先輩から体罰を受けた経験のある人は中学で 36 ％、高校で 51 ％に上ったという結果が出たそうです。また、体罰が部活動にとって「必要」または「ときとして必要」という回答は、実に 83 ％に上った

（注2）
　朝日新聞デジタル平成 25 年 1 月 11 日付記事「『体罰は自立妨げ成長の芽摘む』桑田真澄さん経験踏まえ」より。以下同じ。

そうです。このように、教育的見地から、一定の体罰は必要であると考えている人はそれなりに多いと考えられます。

しかし、注目すべきは、桑田氏自身が「私は、体罰を受けなかった高校時代に一番成長しました」と語っている点です。指導者として真に選手の技術の向上・体力の成長を望むのであれば、暴力によって選手に恐怖感を抱かせて指導するのではなく、よりよい成績を残すためには何をすればよいのかを選手自身に主体的に考えさせるように導くと同時に、その選手の考えをもとにアドバイスをすることが必要なのではないでしょうか。

●体罰による悲劇を繰り返さないためにできること

大阪市立高校バスケ部体罰事件と柔道女子代表体罰事件は、スポーツに携わる人々に大きな衝撃を与え、体罰の是非をめぐって国民的な議論を呼び起こしました。また、これらの問題については国際的な関心も高く、東京への五輪招致への悪影響等も懸念されています。わが国でスポーツに携わる者は、議論を一時的なもので終わらせるのではなく、今回の問題の原因がどこにあったのか、どうやったら今後二度と同じ悲劇をくり返さないようにすることができるのかを、今一度真剣に考える必要があります。

まず、現代において、体罰を部活動における当然の前提という意識を少しでも持っている指導者がいたとすれば、ただちに改めるべきでしょう。「自分もそうやって指導されたから」といったことは理由になりません。また、選手やその親等も、体罰は許されない行為であるという意識をもって、指導者やその他の部員による暴力行為に対して厳しい目を持つ必要があります。ただし、そうはいっても、選手やその親等が指導者やその他の部員による暴力行為を告発することは、事実上困難な場合が多いと思われます。そこで、スポーツ団体や学校が、匿名性を前提に、選手に対するアンケートを実施したり、選手が相談できるホットライン（電話に限らず、メール等も受けつける）を設置したりすることも必要であると考えられます。

（山辺紘太郎・石原遥平）

資料

資料

モデル規則

第一章　総則

（目的）
第一条　この規則は、本スポーツ団体の加盟員の不祥事に対する処分及び当該処分の変更に関する審査決定手続を定める。

（免責）
第二条　事実調査委員及び処分審査委員（以下、総称して「委員」という。）は、故意または重過失による場合を除き、審査手続に関する作為または不作為について、何人に対しても責任を負わない。

（委員の選任）
第三条　委員は、本スポーツ団体で選任する。
2　委員会の委員数は、各々次のとおりとする。
　一　事実調査委員会　2名以上とし、うち1名以上は第三者委員（本スポーツ団体に所属していない者をいう。以下、同じ。）とする。また、第三者委員のうち1名以上は弁護士とするよう努めなければならない。
　二　処分審査委員会　3名以上とし、うち1名以上は第三者委員とする。また、第三者委員のうち1名以上は弁護士とするよう努めなければならない。
3　事実調査委員と処分審査委員を兼務することができない。

（委員の任期）
第四条　委員の任期は、2年とし、再任を妨げない。
2　補欠または増員により選任された委員の任期は、前任者又は現任者の残任期間とする。
3　委員は、その任期満了後でも後任者が就任するまでは、なおその職務を行う。

（処分手続の非公表など）

第五条　本スポーツ団体は、本規則に基づき処分審査委員会が処分を決定するまでの間、事案に関する公表を行わない。ただし、処分審査委員会が公表を承認した場合はこの限りではない。

2　委員および本スポーツ団体の関係者は、本手続を通じて入手した事実を他に漏らしてはならない。ただし、前項に基づき公表された事実はこの限りでない。

（代理人）

第六条　処分対象者は、本手続を通じていつでも代理人を選任することができる。

2　代理人の資格は、弁護士に限るものとする。

3　代理人は、各自、処分対象者のために、本手続に関する一切の行為をすることができる。

4　処分対象者が代理人の選任を本スポーツ団体に通知した場合、それ以降の手続において本スポーツ団体、事実調査委員会、処分審査委員会が処分対象者に対して通知を行う場合には、当該通知を当該代理人に対しても行うものとする。

第二章　事実調査

（処分申請の原則）

第七条　本スポーツ団体の加盟員は、事実調査委員会に対して、不祥事と疑われる事案があると思料するときは、その事由の説明を添えた書面をもって事実の調査を行うよう請求（以下、「事実調査請求」という。）することができる。

2　前項の事実調査請求があった場合において、事実調査委員会は、事実調査委員の全員一致で明らかに不祥事と疑われる事案が存在しないと認める場合には、事実調査を開始しない旨の決定を行うことができる。この場合には、事実調査委員会は、本スポーツ団体および事実調査請求者に対して、当該決定を書面をもって通知しなければならない。

3　事実調査委員会は、中立、公正かつ迅速に不祥事と疑われる事案について事実の調査を行い、当該事案の調査に基づき、事実調査委員の全員一致で処分を不相当と認める場合を除き、処分審査委員会に対して次に掲げる事項を含む書面

をもって処分申請を行わなければならない。なお、事実調査委員会は、処分申請を行わない場合には、その旨の決定をし、本スポーツ団体および事実調査請求者に対して、当該決定を書面をもって通知しなければならない。

一　処分対象者の表示
二　処分の対象とすべき事実
三　処分の内容を決めるに考慮すべき事実
四　処分申請を行った日

4　当該事案に何らかの形で関与したことがある事実調査委員および当該事案に利害関係を有する事実調査委員は、当該事案に関し事実調査委員として事実調査に加わることができない。当該事案に関し事実調査に加わることができる事実調査委員の員数が2名に満たない場合には、本スポーツ団体は、事実調査に加わることができる事実調査委員の員数が2名以上となるまで、特別調査委員（当該事案限りの事実調査委員のことをいう。）を選任しなければならない。

5　第1項の処分申請は、事実調査委員会が処分の対象となる事実を知った日から、3箇月以内に行わなければならない。ただし、処分対象たる事実について3箇月以内に調査を完了することが困難な場合は、処分審査委員会にその旨を報告し、処分申請の期間の延長を求めることができる。

6　第1項の処分申請は、処分の対象となる事実があってから3年を経過した場合には行うことはできない。

（事案解明のための措置）
第八条　事実調査委員会は、本スポーツ団体、処分対象者またはその他関係者に対して、事案の解明のために、事実関係について説明および証拠資料の提出を求め、または現地調査をすることができる。

第三章　処分審査

（審査手続の開始）
第九条　処分審査委員会は、事実調査委員会からの処分申請があったときは、本スポーツ団体および処分対象者に対して、すみやかに第7条第3項に基づく事実

調査委員会からの処分申請書の写しを送付し、審査手続を開始する。

（審査の原則）
第十条　処分審査委員会は、事実調査委員会からの処分申請に対し、本スポーツ団体・事実調査委員会とは独立して、中立、公正かつ迅速に審査し、処分を決定する。
2　処分審査手続は、書面審査を原則とする。
3　処分審査は、処分審査員委員の過半数の出席をもって開催し、その議決は出席した処分審査委員の過半数をもって行う。ただし、処分対象者の登録抹消・登録資格喪失の処分をしようとする場合には、処分審査委員の3分の2以上の出席をもって開催し、その議決は出席した処分審査委員の3分の2以上に当たる多数をもって行わなければならない。
4　当該事案に何らかの形で関与したことがある処分審査委員および当該事案に利害関係を有する処分審査委員は、当該事案に関して処分審査委員として処分審査に加わることができない。当該事案に関し処分審査に加わることができる処分審査委員の員数が3名に満たない場合には、本スポーツ団体は、処分審査に加わることができる処分審査委員の員数が3名以上となるまで、特別審査委員（当該事案限りの処分審査委員のことをいう。）を選任しなければならない。
5　処分審査委員は、当該事案について処分対象者と直接連絡をとってはならない。
6　第1項の処分決定は、事実調査委員会から処分申請があった日から、3箇月以内に行わなければならない。但し、処分審査について3箇月以内に決定することが困難な場合は、処分審査委員会はその旨の決定を行ったうえで審査期間の延長ができる。

（事案解明のための措置）
第十一条　処分審査委員会は、次の各号の区分に従い、処分対象者に対して、当該各号に定める意見陳述のための手続を執らなければならない。
　一　次のいずれかに該当するとき　聴聞
　　イ　処分対象者の登録抹消・登録資格喪失の処分をしようとするとき。
　　ロ　イに掲げる場合以外の場合であって処分審査委員会が相当と認めるとき。

二　前号イからロまでのいずれにも該当しないとき　弁明の機会の付与
2　前項に掲げる場合のほか、処分審査委員会は、本スポーツ団体、事実調査委員会、処分対象者またはその他関係者に対して、事案の解明のために、事実関係について説明および証拠資料の提出を求め、または現地調査をすることができる。

（聴聞の方式）
第十二条　処分対象者は、聴聞の期日に出頭して意見を述べおよび証拠資料を提出し、または聴聞の期日への出頭に代えて陳述書および証拠書類を提出することができる。
2　処分審査委員会は、聴聞を行うにあたっては、聴聞を行うべき期日までに相当な期間をおいて、処分対象者に対し、次に掲げる事項を書面により通知しなければならない。
　一　予定される処分の内容
　二　処分の対象となった事実
　三　処分の内容を決めるに考慮すべき事実
　四　聴聞の期日および場所
3　処分審査委員会は、聴聞の期日における審理の結果、なお聴聞を続行する必要があると認めるときは、さらに新たな期日を定めることができる。この場合において、処分対象者に対し、あらかじめ、次回の聴聞の期日及び場所を書面により通知しなければならない。ただし、聴聞の期日に出頭した処分対象者に対しては、当該聴聞の期日においてこれを告知すれば足りる。

（弁明の機会の付与）
第十三条　処分対象者は、処分審査委員会が口頭ですることを認めた場合を除き、弁明を記載した書面（以下、「弁明書」という。）及び証拠資料を提出することができる。
2　処分審査委員会は、弁明書の提出期限（口頭による弁明の機会の付与を行う場合には、その日時）までに相当な期間をおいて、処分対象者に対し、次に掲げる事項を書面により通知しなければならない。
　一　予定される処分の内容

二　処分の対象となった事実
　三　処分の内容を決めるに考慮すべき事実
　四　弁明書の提出先及び提出期限（口頭による弁明の機会の付与を行う場合には、その旨並びに出頭すべき日時及び場所）

（処分の通知）
第十四条　処分審査委員会は、本スポーツ団体および処分対象者に対して、書面をもって処分決定を通知する。
2　前項の処分決定の通知には次の事項を含む。
　一　処分対象者の表示
　二　処分の内容
　三　処分の手続の経過
　四　処分の理由
　五　処分の年月日
　六　処分決定に不服がある場合には、処分対象者は日本スポーツ仲裁機構に対して処分審査委員会の行った処分決定の取り消しを求めて仲裁の申立てを行うことができる旨およびその申立期間
3　本スポーツ団体はこの記録を処分決定日から10年を経過する日まで保管するものとする。

（処分決定の効力）
第十五条　処分決定は、第14条第1項の通知が処分対象者に到達した時に効力を生じる。
2　第16条第1項の申立てがあった場合でも、処分審査委員会または日本スポーツ仲裁機構により、処分決定が取り消され、または処分決定の効力が停止されるまでの間、処分決定は効力を失わない。

第四章　不服申立

（処分決定に対する不服申立）

第十六条　処分決定に不服がある場合には、処分対象者は日本スポーツ仲裁機構に対して処分審査委員会の行った処分決定の取り消しを求めて仲裁の申立てを行うことができる。
2　処分対象者は、前項の日本スポーツ仲裁機構への仲裁申立を除き、処分決定に対する不服申立はできない。
3　本スポーツ団体は、第1項の申立てをしたことを理由として、処分対象者に対して処分決定以外の不利益な取扱をしてはならない。

第五章　処分の解除・変更

（処分の解除・変更）
第十七条　処分審査委員会は、処分決定後、処分内容を解除・変更することができる。ただし、処分の変更は、より軽い処分とする場合に限る。
2　処分委員会は、前項の処分の解除・変更をした場合は、本スポーツ団体及び処分対象者に対して、書面をもってこれを通知する。

第六章　本規則の改正手続

（本規則の改正手続）
第十八条　本規則を改正するには、あらかじめ、事実調査委員会及び処分審査委員会の意見を求めなければならない。

附則

（遡及適用）
第十九条　本規則の施行以前の不祥事については、本スポーツ団体がこれに対して処分を行っていない場合には、本規則を適用する。

（施行日）
第二十条　本規則は、平成●年●月●日より施行する。

モデル規則関連文書雛形

事実調査請求書

平成　年　月　日

●(スポーツ団体名)事実調査委員会　御中

氏名又は名称：(法人その他の団体にあっては、その名称及び代表者の氏名)

住所又は居所：(法人その他の団体にあっては、主たる事務所等の所在地)
〒
　　　　　　　　　　　　TEL　　　(　　　　)

連絡先：(連絡先が上記の本人以外の場合は、連絡担当者の住所・氏名・電話番号)

●(規則の名称)第7条1項の規定に基づき、下記のとおり事実調査を開始することを請求します。

記

1　事実調査対象者の名称

2　事実調査を行うよう求める事案の概要 (出来る限り具体的に記載して下さい。)

処分申請書

平成　年　月　日

●(スポーツ団体名)処分審査委員会　御中

　　　　　申請者　名称　　　●(スポーツ団体名)事実調査委員会
　　　　　　　　住所
　　　　　　　　連絡先（担当者）

●(規則の名称)第7条3項の規定に基づき、下記のとおり処分申請をします。

記

1　処分対象者の表示

2　処分の対象とすべき事実

3　処分の内容を決めるに考慮すべき事実

平成　　年　　月　　日

● (処分対象者)　殿

　　　　　　　　　　　　●(スポーツ団体名) 処分審査委員会

聴聞通知書

●(規則の名称)第11条1項の規定に基づき、次のとおり聴聞を行うこととしましたので、●(規則の名称)第12条2項の規定により通知します。

　なお、貴殿は、聴聞の期日に出頭して意見を述べ及び証拠資料を提出し、又は聴聞の期日への出頭に代えて陳述書及び証拠書類を提出することができます。

1　予定される処分の内容

2　処分の対象となった事実

3　処分の内容を決めるに考慮すべき事実

4　聴聞の期日及び場所

資料

平成　　年　　月　　日

● (処分対象者)　殿

● (スポーツ団体名) 処分審査委員会

弁明の機会の付与通知書

●(規則の名称)第 11 条 1 項の規定に基づき、次のとおり弁明の機会の付与を行うこととしましたので、●(規則の名称)第 13 条 2 項の規定により通知します。

1　予定される処分の内容

2　処分の対象となった事実

3　処分の内容を決めるに考慮すべき事実

4　弁明書の提出先及び提出期限
　(1)　提出先

　(2)　提出期限

　(3)　その他
　　貴殿は、●(規則の名称)第 13 条 1 項の規定に基づき弁明書（弁明を記載した書面）及び証拠資料を提出することができます。
　　証拠資料を提出する場合は、弁明書の提出期限までに提出して下さい。

処分決定通知書

平成　　年　　月　　日

●(処分対象者)　殿

●(スポーツ団体名)処分審査委員会
委員　●
委員　●
委員　●

貴殿の処分について、次のとおり決定しましたので通知します。

1　処分の内容

2　処分の手続の経過
　(1)　●年●月●日、●は、●(スポーツ団体名)事実調査委員会に対し、事実調査請求書を提出し、事実調査を行うよう求めた。
　(2)　同年●月●日、●(スポーツ団体名)事実調査委員会は、「別紙1 処分申請書」を●(スポーツ団体名)処分審査委員会に提出し、処分審査を行うよう求めた。
　(3)　……

3　処分の理由
　(1)　事実の概要

　(2)　処分の前提となる事実

　(3)　争点に対する判断

4　この処分決定に不服がある場合には、日本スポーツ仲裁機構に対して処分決定の取り消しを求めて仲裁の申立を行うことが出来ます。

　　仲裁の申立を行う場合には、平成●年●月●日までに、日本スポーツ仲裁機構に対して仲裁申立書を提出して下さい。

以上

判例評釈

判例1 東京地方裁判所昭和56年5月21日判決
(判タ449号199頁)

【事件の概要】

競輪選手に不正競争等の疑いがあったとして、日本自転車振興会(以下、振興会)が当該選手に対してあっせん保留を行い、全国の各自転車競技会(以下、各競技会)が当該選手に対してあっせん辞退を行った。その後、振興会は、あっせん保留を解除したものの、各競技会は、あっせん辞退を解除せず、あっせん辞退の期間を更新した。これらにより、当該選手は、競輪に出場することができなくなり、賞金等を得られなかったことから各競技会があっせん辞退を解除しなかったことおよび振興会が各競技会にあっせん辞退を解除させなかったことが不法行為にあたるとして、損害賠償請求を行った事案。

【裁判所の判断】

競輪選手が出場あっせんを受ける地位は法的に保護されるべきものと判断し、そのうえで、本件選手の不正疑惑に対し、疑いを裏づける資料が出なかったにもかかわらず、各競技会が漫然とあっせん辞退を続けたことおよび振興会が各競技会に対してあっせん辞退を解除するような措置を欠いたことが、本判決時には違法になるとして、不法行為の成立を認め、選手の損害賠償請求を認めた。

【評釈】

選手が競輪に出場するためには、原則、競輪施行者の委託を受けた各競技会に振興会から出場あっせんが行われ、選手と競輪施行者が直接出場契約を締結する形態がとられています。この制度上、あっせん保留またはあっせん辞退がされると事実上競輪に出場することが不可能となること、競輪に出場することが選手の収入源であることおよび日々トレーニングが必要であるという生活の特殊性等を総合的に判断し、選手が出場あっせんを受ける地位は法的に保護されるべきと判断されました。また、損害額の選定について、過去の成績、年齢等を考慮し、全選手の平均獲得賞金額を基準に行なわれたことは、以後の参考となります。

判例2 大阪地方裁判所平成8年12月25日判決
（判タ946号198頁）

【事件の概要】

　私立高校の教師が、生徒に対して、体育の授業中、水泳のスタート用ピストルで複数回叩き、全裸でプールを泳がせたこと等を理由に学校から懲戒解雇されたが、これを不当として従わず、その後も水泳部の顧問として指導を続ける等したため、高校側が当該教師を予備的に通常解雇したところ、当該教師は、これらの解雇が無効であるとして、雇用関係存続の確認等を求めた事案。

【裁判所の判断】

　裁判所は、本件行為の内容・性質・結果、当該教師の長年の功績、生徒との関係性、本件行為が新聞報道されるまでの当該教師の言動、学校規則等を総合的に判断し、解雇権の濫用であるとして、懲戒解雇は無効と判断した。

　一方、通常解雇は、懲戒解雇の判断と同様の事情に加え、学校からの通知に反して懲戒解雇後も水泳部の指導をしたこと等を総合的に判断し、当該教師は教師としての適格性を欠き、通常解雇は相当なものとして有効と判断した。

【評釈】

　本件は、クラブ推薦制度で入学した生徒に対するクラブ顧問の体罰に基づく解雇事案です。当該教師は、本件以前から担当するクラブの生徒をはじめ、多くの生徒に対して体罰を行っていました。また、クラブの顧問として、大学への推薦入学に関しても、生徒およびその保護者に対して大きな影響力を有していました。

　このような関係性のなかで、当該教師が行った体罰行為およびその後の対応等は、何らかの懲戒を受けるものではありますが、教師のこれまでの功績や学校の規則・対応等を考慮すれば、懲戒の程度・手段としての懲戒解雇は、重きに失するとして、懲戒権の濫用とされました。

　学校という限定された社会において懲戒権の濫用の判断がなされる例は多くなく、参考になる裁判例といえます。

判例3 最高裁判所平成15年1月17日判決
（判タ1115号164頁）

【事件の概要】

　県議会議員（以下、議員）および事務局職員（以下、職員）に対し、全国都道府県議会議員軟式野球大会（以下、本件大会）に参加等するために県から支払われた旅費が違法な支出であるとして、住民が地方自治法第242条の2第1項第4号に基づき当該旅費相当額の返還を求めた事案。

【裁判所の判断】

　本件大会は、他県の議員との意見交換や相互交流の機会はなく、施設見学等の予定もないことからすれば、本件大会に参加することは議会の権能を果たすために必要があるものではなく、議員の職務とはいえないことから、本件大会参加のための旅費の利得は、法律上原因があるとはいえないとして、議員には旅費相当額の不当利得返還義務が存在すると判断した。

　他方、職員については、本件大会へ随行するための職員への旅行命令自体は違法であるものの、重大かつ明白な瑕疵とまではいえず、旅費の支出は、当該命令に従って支払われたものであり、不当利得にはあたらないとした。

【評釈】

　本件大会への参加等については、全国各地で本件と同様の訴訟が提起されており、裁判所によって、違法となるかの判断が分かれているところでした。

　本件訴訟でも第一審および原審では、議員および職員への旅行命令は違法であり、旅費の支出も違法であるとしていました。本判決は、これらについての最高裁の判断を示したものとして有用であるといえます。

　本判決は、職務命令としての旅行命令が違法であったとしても、それに重大かつ明白な瑕疵がない限り、職員はこれに従う義務があることが認められ、これに基づいて支出された旅費については、不当利得返還義務を負わないとの新判断が示されたものです。

判例4 日本スポーツ仲裁機構仲裁判断（JSAA-AP-2003-001）
（JSAA ホームページ http://www.jsaa.jp/award/2003-001.html）

【事件の概要】

　私立大学のウエイトリフティング部に所属していた男子部員（当時 22 歳）が、大麻取締法違反の被疑事実で逮捕された。これを理由に、社団法人日本ウエイトリフティング協会が、当該男子部員に対し、2 年間の資格停止処分を下すとともに、監督不行届きを理由に、ウエイトリフティング女子部コーチに対して、協会の登録から除籍し、除籍後半年間、協会への登録を拒否する処分決定を行った。これに対し、当該コーチが、処分の取消しを求めて日本スポーツ仲裁機構に申立てをした事案。

【仲裁機構の判断】

　申立人であるコーチに対する事情聴取等の手続がなかったことを処分決定に至る手続の重大な違法と判断し、コーチへの処分を取り消した。

【評釈】

　本仲裁判断は選手に対する不利益処分の取消し事由について判示したリーディングケースです。スポーツ団体の運営に一定の自律性が認められその限度において仲裁機関はスポーツ団体の決定を尊重しなければならないとする一方で、スポーツ団体の決定がその制定した規則に違反している場合、規則には違反していないが著しく合理性を欠く場合、または決定にいたる手続に瑕疵がある場合等において、処分を取り消すことができることを一般的に判示しています。具体的な事例判断のなかでも、事実関係の調査をするために処分を受ける申立人本人に対して事情聴取を行う等何らかの弁明の機会を与えることは不可欠の手続であるにもかかわらず、申立人本人に告知もされることなく不意打ちで処分が決定されたという手続の瑕疵を、処分の取消しを基礎づける重大な違法であると判断しています。以上のように、一般論、事例判断とも実務上参考となる事案です。

判例5　岡山地方裁判所倉敷支部平成19年3月23日判決
（裁判所ホームページ http://www.courts.go.jp/）

【事件の概要】

　私立高校の野球部監督が、部員間で暴行があったとして、部員2名に対し、顔面を数回手拳で殴打する等の暴行を加え、別の日時に、掃除を怠ける等部員の態度がよくないとして、部員3名に対し、顔面を数回手拳で殴打する等の暴行を加え、暴行罪で起訴された。

　同監督が、部員を指示に従わせるため、部員11名に対し、全裸の状態のままランニング（以下、全裸ランニング）を強要したとして、強要罪で起訴された。

【裁判所の判断】

　判決は、同監督を懲役1年6月（執行猶予3年）に処すとした。

【評釈】

　判決は、①学校教育法第11条の懲戒として刑法上の正当行為にあたるか、②全裸ランニングは義務なき行為かという争点について、以下のように判示しました。

　①について、同監督の暴行行為が、生活指導の一環として、説諭しながら軽く叩いたという軽度のものともいえず、いたずらに感情に走らないよう教育者として抑制に配慮したものでもなく、態様自体において教育的活動としての節度を有しているものでもなく、さらには、教育従業者を信頼して指導をゆだねた父母らの賛同を決して得られないものであり、行き過ぎた懲戒であって体罰に該当し、正当行為にあたらないとしました。

　②について、全裸ランニングは、同監督の黙示の脅迫により、部員の畏怖状態において敢行されたもので、部員に嫌悪感を覚えさせ、その尊厳をいたずらに軽んじるものであり、部員や父母の同意を到底得られないものであり、義務なき行為を行わせたことは明らかであるとしました。

判例6 東京地方裁判所平成14年1月28日判決
（判タ1099号226頁）

【事件の概要】
　高校ラグビー部に所属していた元部員5名が、当該高校を設置する学校法人および当時の教頭兼ラグビー部部長を被告として、被告らが、元部員らの入学前に発生した同校ラグビー部員間の暴行事件に関して、公式戦出場を1年間辞退するとの届出をしたこと等（本件決定等）が、公式戦に出場するという元部員らの法的利益を侵害し不法行為に該当する等として、損害賠償を求めた事案。

【裁判所の判断】
　学校教育法等に照らすと、学校長は、同法に基づき教育課程を編成し執行する権限ないしクラブ活動における具体的活動に対して権限を有し、これらは、教育的見地からの学校長の裁量事項である。そうすると、本件決定等も校長の権限行使にあたるところ、問題はこれらに社会通念上合理性を欠く点があるか否かという点にある。そして本件決定等は、内容面、手続面いずれの観点からも社会通念上合理性を欠いてはいない（元部員らの請求棄却）。

【評釈】
　本件では原告側から、上記暴行事件の判決直後に本件決定等がなされたことを受けて、元部員らとは何ら関連のない事情に基づく不利益処分である等の主張がなされました。しかし裁判所は、本件決定等が当該暴行事件の判決のみを前提としたものではなく、その後発覚した継続的な暴力行為の存在等をふまえ本件ラグビー部の暴力的体質を改善する目的でなされたとの認定のもと、その合理性を認めています。また手続面については、学校長の上記権限の行使としてなされたもので、部員や父兄等への事前説明を要しないとしています。

　ただ、少なくともきっかけとなった事件とは関係のない部員が予期せぬ不利益を被ったという面は否定できません。紛争回避のためにも、学校は、事件発覚後速やかに調査のうえ、判決を待たずに対応を決定すべきだったといえます。

判例7 最高裁判所平成21年4月28日判決
（民集63巻4号904頁）

【事件の概要】

公立小学校の教員が、悪ふざけをした2年生の男子生徒を追いかけて捕まえ、その胸元の洋服を右手でつかんで壁に押し当て、大声で「もう、すんなよ」と叱ったところ、当該生徒がこれによりPTSDになったと主張して、公立小学校を設置管理する市に対して国家賠償法第1条第1項に基づく損害賠償を求めた事案。

【裁判所の判断】

教員の当該行為は、男子生徒が、休み時間に、通りかかった女子数人を他の男子とともに蹴ったうえ、これを注意した当該教員のでん部付近を2回にわたって蹴って逃げ出したことから、このような悪ふざけをしないように指導するために行われたものであり、悪ふざけの罰として肉体的苦痛を与えるために行われたものではないことが明らかであり、その目的、態様、継続時間等から判断して、教員が児童に対して行うことが許される教育的指導の範囲を逸脱するものではなく、学校教育法第11条ただし書にいう体罰に該当するものではない。

したがって、上記行為に違法性は認められないとして、男子生徒の請求を棄却した。

【評釈】

本件は、教師による生徒への有形力の行使を伴う行為が、学校教育法第11条ただし書によって禁止されている「体罰」に該当するかが争われた事案です。本判決は、問題となった行為の目的、態様、継続時間等を考慮して、体罰には該当しないという判断を下しました。このように、教師による生徒への有形力の行使は、その一切が禁止されているわけではありません。しかし、特定の行為が体罰に該当しないかどうかについては、個別具体的に検討する必要があります。本判決も、問題となった行為の目的、態様、継続時間等の事情を総合的に考慮しており、事情が異なれば結論も異なりうる点に注意が必要です。

判例8 東京地方裁判所平成22年12月1日判決
(判タ1350号240頁)

【事件の概要】

学生スキー競技連盟がその会員に対して行った競技大会への出場を停止する処分等の無効確認請求にかかる訴えについて、団体の内部問題であるとして部分社会の法理により訴えを却下するとともに、同競技連盟が主催する、出場者の参加区分が上位から下位に分かれている競技大会における参加区分の確認請求にかかる訴えについて、法律上の争訟にあたらないとして訴えを却下した事件。

【裁判所の判断】

処分等の無効確認請求については、処分等は学生スキー競技連盟がその組織目的を達成するために、定款に基づいて行った懲戒作用であり、あくまでも処分にかかる原告被告間の関係は団体内部における問題であって一般市民法秩序と直接の関係を有するものではないとして訴えを却下した。また、競技大会における参加区分については、競技大会における参加区分は選手の社会生活上の利益に関わるとしても、そのことがただちに権利義務ないし法律関係に関わるとは認められないとして、法律上の争訟にあたらないとして訴えを却下した。

【評釈】

本件は、学生スキー競技連盟が行った処分について、正面からその有効性を争おうとした近時の事案であるところ、裁判所は訴えを却下し、実体的な判断の是非については立ち入りませんでした。

スポーツ権を重視し、大会に参加する資格や競技大会における参加区分を、スポーツをする権利と結びつけて考えれば、形式的な理由づけで、ただちに法律上の争訟性を否定する現在の裁判例は受け入れがたいものです。一方で、部分社会の法理に基づいて訴えを却下する裁判例を別の角度からみると、部分社会であるスポーツ団体のガバナンスは可能な限り強化するべきであるというメッセージと捉えることもできます。

判例9 東京高等裁判所平成 24 年 7 月 12 日決定
(判タ 1376 号 149 頁)

【事件の概要】

東京都公立学校教員として都立のろう学校に配属され、クラス担任を受け持つとともに、同校中学部で野球部顧問として同部の指導にあたっていた教師が、授業および部活動で問題行動を起こしたため、採用から 1 年後に免職処分を受けた。当該教師は、この免職処分の処分取消訴訟を提起するとともに、行政事件訴訟法第 25 条第 2 項に基づき、免職処分の執行停止を求めた事案。

【裁判所の判断】

都教育委員会は当該教師の問題行動を裏付ける証拠として、校長の陳述書（校長の経験に基づき、教師の問題行動を過去にさかのぼって具体的に校長の言葉でまとめた文書）を提出したが、一審裁判所は、事後的に作成されたもので、かつ校長の陳述は反対尋問を受けていないことから、客観的証拠の裏付けが十分でない等として、教師の請求を認容した。これに対し、本決定（控訴審）は、迅速な判断を要する執行停止の申立てについて、過去の事実関係等をまとめた分かりやすい陳述書を作成し、事実を疎明することは通常行われており、客観的合理性がないとはいえないとして、教師の請求を限定的に認容した。

【評釈】

本件は、特殊な手続上の裁判ではありますが、問題となったのは、教師の問題行動について、裁判のために作成した校長の陳述書の信用性です。事後的に作成され、教師側から反対尋問をされた訳ではないので、教育委員会側に立つ校長がまとめた文書を基に事実を認定してよいか、という点で裁判所の見解が分かれています。

このようなことを避けるためには、問題行動があった場合、その都度、文書をもって教師に注意を与える等記録を残しておくという努力が必要になります。

スポーツ法関連法規

【スポーツ基本法】

　スポーツは、世界共通の人類の文化である。

　スポーツは、心身の健全な発達、健康及び体力の保持増進、精神的な充足感の獲得、自律心その他の精神の涵（かん）養等のために個人又は集団で行われる運動競技その他の身体活動であり、今日、国民が生涯にわたり心身ともに健康で文化的な生活を営む上で不可欠のものとなっている。スポーツを通じて幸福で豊かな生活を営むことは、全ての人々の権利であり、全ての国民がその自発性の下に、各々の関心、適性等に応じて、安全かつ公正な環境の下で日常的にスポーツに親しみ、スポーツを楽しみ、又はスポーツを支える活動に参画することのできる機会が確保されなければならない。

　スポーツは、次代を担う青少年の体力を向上させるとともに、他者を尊重しこれと協同する精神、公正さと規律を尊ぶ態度や克己心を培い、実践的な思考力や判断力を育む等人格の形成に大きな影響を及ぼすものである。

　また、スポーツは、人と人との交流及び地域と地域との交流を促進し、地域の一体感や活力を醸成するものであり、人間関係の希薄化等の問題を抱える地域社会の再生に寄与するものである。さらに、スポーツは、心身の健康の保持増進にも重要な役割を果たすものであり、健康で活力に満ちた長寿社会の実現に不可欠である。

　スポーツ選手の不断の努力は、人間の可能性の極限を追求する有意義な営みであり、こうした努力に基づく国際競技大会における日本人選手の活躍は、国民に誇りと喜び、夢と感動を与え、国民のスポーツへの関心を高めるものである。これらを通じて、スポーツは、我が国社会に活力を生み出し、国民経済の発展に広く寄与するものである。また、スポーツの国際的な交流や貢献が、国際相互理解を促進し、国際平和に大きく貢献するなど、スポーツは、我が国の国際的地位の向上にも極めて重要な役割を果たすものである。

　そして、地域におけるスポーツを推進する中から優れたスポーツ選手が育まれ、

資料

　そのスポーツ選手が地域におけるスポーツの推進に寄与することは、スポーツに係る多様な主体の連携と協働による我が国のスポーツの発展を支える好循環をもたらすものである。

　このような国民生活における多面にわたるスポーツの果たす役割の重要性に鑑み、スポーツ立国を実現することは、二十一世紀の我が国の発展のために不可欠な重要課題である。

　ここに、スポーツ立国の実現を目指し、国家戦略として、スポーツに関する施策を総合的かつ計画的に推進するため、この法律を制定する。

第一章　総則

（目的）
第一条　この法律は、スポーツに関し、基本理念を定め、並びに国及び地方公共団体の責務並びにスポーツ団体の努力等を明らかにするとともに、スポーツに関する施策の基本となる事項を定めることにより、スポーツに関する施策を総合的かつ計画的に推進し、もって国民の心身の健全な発達、明るく豊かな国民生活の形成、活力ある社会の実現及び国際社会の調和ある発展に寄与することを目的とする。

（基本理念）
第二条　スポーツは、これを通じて幸福で豊かな生活を営むことが人々の権利であることに鑑み、国民が生涯にわたりあらゆる機会とあらゆる場所において、自主的かつ自律的にその適性及び健康状態に応じて行うことができるようにすることを旨として、推進されなければならない。

2　スポーツは、とりわけ心身の成長の過程にある青少年のスポーツが、体力を向上させ、公正さと規律を尊ぶ態度や克己心を培う等人格の形成に大きな影響を及ぼすものであり、国民の生涯にわたる健全な心と身体を培い、豊かな人間性を育む基礎となるものであるとの認識の下に、学校、スポーツ団体（スポーツの振興のための事業を行うことを主たる目的とする団体をいう。以下同じ。）、家庭及び地域における活動の相互の連携を図りながら推進されなければならない。

3　スポーツは、人々がその居住する地域において、主体的に協働することにより

身近に親しむことができるようにするとともに、これを通じて、当該地域における全ての世代の人々の交流が促進され、かつ、地域間の交流の基盤が形成されるものとなるよう推進されなければならない。
4　スポーツは、スポーツを行う者の心身の健康の保持増進及び安全の確保が図られるよう推進されなければならない。
5　スポーツは、障害者が自主的かつ積極的にスポーツを行うことができるよう、障害の種類及び程度に応じ必要な配慮をしつつ推進されなければならない。
6　スポーツは、我が国のスポーツ選手（プロスポーツの選手を含む。以下同じ。）が国際競技大会（オリンピック競技大会、パラリンピック競技大会その他の国際的な規模のスポーツの競技会をいう。以下同じ。）又は全国的な規模のスポーツの競技会において優秀な成績を収めることができるよう、スポーツに関する競技水準（以下「競技水準」という。）の向上に資する諸施策相互の有機的な連携を図りつつ、効果的に推進されなければならない。
7　スポーツは、スポーツに係る国際的な交流及び貢献を推進することにより、国際相互理解の増進及び国際平和に寄与するものとなるよう推進されなければならない。
8　スポーツは、スポーツを行う者に対し、不当に差別的取扱いをせず、また、スポーツに関するあらゆる活動を公正かつ適切に実施することを旨として、ドーピングの防止の重要性に対する国民の認識を深めるなど、スポーツに対する国民の幅広い理解及び支援が得られるよう推進されなければならない。

（国の責務）
第三条　国は、前条の基本理念（以下「基本理念」という。）にのっとり、スポーツに関する施策を総合的に策定し、及び実施する責務を有する。

（地方公共団体の責務）
第四条　地方公共団体は、基本理念にのっとり、スポーツに関する施策に関し、国との連携を図りつつ、自主的かつ主体的に、その地域の特性に応じた施策を策定し、及び実施する責務を有する。

（スポーツ団体の努力）
第五条　スポーツ団体は、スポーツの普及及び競技水準の向上に果たすべき重要な役割に鑑み、基本理念にのっとり、スポーツを行う者の権利利益の保護、心身の健康の保持増進及び安全の確保に配慮しつつ、スポーツの推進に主体的に取り組むよう努めるものとする。
2　スポーツ団体は、スポーツの振興のための事業を適正に行うため、その運営の透明性の確保を図るとともに、その事業活動に関し自らが遵守すべき基準を作成するよう努めるものとする。
3　スポーツ団体は、スポーツに関する紛争について、迅速かつ適正な解決に努めるものとする。

（国民の参加及び支援の促進）
第六条　国、地方公共団体及びスポーツ団体は、国民が健やかで明るく豊かな生活を享受することができるよう、スポーツに対する国民の関心と理解を深め、スポーツへの国民の参加及び支援を促進するよう努めなければならない。

（関係者相互の連携及び協働）
第七条　国、独立行政法人、地方公共団体、学校、スポーツ団体及び民間事業者その他の関係者は、基本理念の実現を図るため、相互に連携を図りながら協働するよう努めなければならない。

（法制上の措置等）
第八条　政府は、スポーツに関する施策を実施するため必要な法制上、財政上又は税制上の措置その他の措置を講じなければならない。

第二章　スポーツ基本計画等

（スポーツ基本計画）
第九条　文部科学大臣は、スポーツに関する施策の総合的かつ計画的な推進を図るため、スポーツの推進に関する基本的な計画（以下「スポーツ基本計画」とい

う。）を定めなければならない。
2　文部科学大臣は、スポーツ基本計画を定め、又はこれを変更しようとするときは、あらかじめ、審議会等（国家行政組織法（昭和二十三年法律第百二十号）第八条に規定する機関をいう。以下同じ。）で政令で定めるものの意見を聴かなければならない。
3　文部科学大臣は、スポーツ基本計画を定め、又はこれを変更しようとするときは、あらかじめ、関係行政機関の施策に係る事項について、第三十条に規定するスポーツ推進会議において連絡調整を図るものとする。

（地方スポーツ推進計画）
第十条　都道府県及び市（特別区を含む。以下同じ。）町村の教育委員会（地方教育行政の組織及び運営に関する法律（昭和三十一年法律第百六十二号）第二十四条の二第一項の条例の定めるところによりその長がスポーツに関する事務（学校における体育に関する事務を除く。）を管理し、及び執行することとされた地方公共団体（以下「特定地方公共団体」という。）にあっては、その長）は、スポーツ基本計画を参酌して、その地方の実情に即したスポーツの推進に関する計画（以下「地方スポーツ推進計画」という。）を定めるよう努めるものとする。
2　特定地方公共団体の長が地方スポーツ推進計画を定め、又はこれを変更しようとするときは、あらかじめ、当該特定地方公共団体の教育委員会の意見を聴かなければならない。

第三章　基本的施策

第一節　スポーツの推進のための基礎的条件の整備等

（指導者等の養成等）
第十一条　国及び地方公共団体は、スポーツの指導者その他スポーツの推進に寄与する人材（以下「指導者等」という。）の養成及び資質の向上並びにその活用のため、系統的な養成システムの開発又は利用への支援、研究集会又は講習会（以下「研究集会等」という。）の開催その他の必要な施策を講ずるよう努めなけれ

ばならない。

(スポーツ施設の整備等)
第十二条　国及び地方公共団体は、国民が身近にスポーツに親しむことができるようにするとともに、競技水準の向上を図ることができるよう、スポーツ施設（スポーツの設備を含む。以下同じ。）の整備、利用者の需要に応じたスポーツ施設の運用の改善、スポーツ施設への指導者等の配置その他の必要な施策を講ずるよう努めなければならない。
2　前項の規定によりスポーツ施設を整備するに当たっては、当該スポーツ施設の利用の実態等に応じて、安全の確保を図るとともに、障害者等の利便性の向上を図るよう努めるものとする。

(学校施設の利用)
第十三条　学校教育法（昭和二十二年法律第二十六号）第二条第二項に規定する国立学校及び公立学校の設置者は、その設置する学校の教育に支障のない限り、当該学校のスポーツ施設を一般のスポーツのための利用に供するよう努めなければならない。
2　国及び地方公共団体は、前項の利用を容易にさせるため、又はその利用上の利便性の向上を図るため、当該学校のスポーツ施設の改修、照明施設の設置その他の必要な施策を講ずるよう努めなければならない。

(スポーツ事故の防止等)
第十四条　国及び地方公共団体は、スポーツ事故その他スポーツによって生じる外傷、障害等の防止及びこれらの軽減に資するため、指導者等の研修、スポーツ施設の整備、スポーツにおける心身の健康の保持増進及び安全の確保に関する知識（スポーツ用具の適切な使用に係る知識を含む。）の普及その他の必要な措置を講ずるよう努めなければならない。

(スポーツに関する紛争の迅速かつ適正な解決)
第十五条　国は、スポーツに関する紛争の仲裁又は調停の中立性及び公正性が確保

され、スポーツを行う者の権利利益の保護が図られるよう、スポーツに関する紛争の仲裁又は調停を行う機関への支援、仲裁人等の資質の向上、紛争解決手続についてのスポーツ団体の理解の増進その他のスポーツに関する紛争の迅速かつ適正な解決に資するために必要な施策を講ずるものとする。

（スポーツに関する科学的研究の推進等）
第十六条　国は、医学、歯学、生理学、心理学、力学等のスポーツに関する諸科学を総合して実際的及び基礎的な研究を推進し、これらの研究の成果を活用してスポーツに関する施策の効果的な推進を図るものとする。この場合において、研究体制の整備、国、独立行政法人、大学、スポーツ団体、民間事業者等の間の連携の強化その他の必要な施策を講ずるものとする。
2　国は、我が国のスポーツの推進を図るため、スポーツの実施状況並びに競技水準の向上を図るための調査研究の成果及び取組の状況に関する情報その他のスポーツに関する国の内外の情報の収集、整理及び活用について必要な施策を講ずるものとする。

（学校における体育の充実）
第十七条　国及び地方公共団体は、学校における体育が青少年の心身の健全な発達に資するものであり、かつ、スポーツに関する技能及び生涯にわたってスポーツに親しむ態度を養う上で重要な役割を果たすものであることに鑑み、体育に関する指導の充実、体育館、運動場、水泳プール、武道場その他のスポーツ施設の整備、体育に関する教員の資質の向上、地域におけるスポーツの指導者等の活用その他の必要な施策を講ずるよう努めなければならない。

（スポーツ産業の事業者との連携等）
第十八条　国は、スポーツの普及又は競技水準の向上を図る上でスポーツ産業の事業者が果たす役割の重要性に鑑み、スポーツ団体とスポーツ産業の事業者との連携及び協力の促進その他の必要な施策を講ずるものとする。

(スポーツに係る国際的な交流及び貢献の推進)
第十九条　国及び地方公共団体は、スポーツ選手及び指導者等の派遣及び招へい、スポーツに関する国際団体への人材の派遣、国際競技大会及び国際的な規模のスポーツの研究集会等の開催その他のスポーツに係る国際的な交流及び貢献を推進するために必要な施策を講ずることにより、我が国の競技水準の向上を図るよう努めるとともに、環境の保全に留意しつつ、国際相互理解の増進及び国際平和に寄与するよう努めなければならない。

(顕彰)
第二十条　国及び地方公共団体は、スポーツの競技会において優秀な成績を収めた者及びスポーツの発展に寄与した者の顕彰に努めなければならない。

第二節　多様なスポーツの機会の確保のための環境の整備

(地域におけるスポーツの振興のための事業への支援等)
第二十一条　国及び地方公共団体は、国民がその興味又は関心に応じて身近にスポーツに親しむことができるよう、住民が主体的に運営するスポーツ団体(以下「地域スポーツクラブ」という。)が行う地域におけるスポーツの振興のための事業への支援、住民が安全かつ効果的にスポーツを行うための指導者等の配置、住民が快適にスポーツを行い相互に交流を深めることができるスポーツ施設の整備その他の必要な施策を講ずるよう努めなければならない。

(スポーツ行事の実施及び奨励)
第二十二条　地方公共団体は、広く住民が自主的かつ積極的に参加できるような運動会、競技会、体力テスト、スポーツ教室等のスポーツ行事を実施するよう努めるとともに、地域スポーツクラブその他の者がこれらの行事を実施するよう奨励に努めなければならない。
2　国は、地方公共団体に対し、前項の行事の実施に関し必要な援助を行うものとする。

(体育の日の行事)
第二十三条　国及び地方公共団体は、国民の祝日に関する法律(昭和二十三年法律第百七十八号)第二条に規定する体育の日において、国民の間に広くスポーツについての関心と理解を深め、かつ、積極的にスポーツを行う意欲を高揚するような行事を実施するよう努めるとともに、広く国民があらゆる地域でそれぞれその生活の実情に即してスポーツを行うことができるような行事が実施されるよう、必要な施策を講じ、及び援助を行うよう努めなければならない。

(野外活動及びスポーツ・レクリエーション活動の普及奨励)
第二十四条　国及び地方公共団体は、心身の健全な発達、生きがいのある豊かな生活の実現等のために行われるハイキング、サイクリング、キャンプ活動その他の野外活動及びスポーツとして行われるレクリエーション活動(以下この条において「スポーツ・レクリエーション活動」という。)を普及奨励するため、野外活動又はスポーツ・レクリエーション活動に係るスポーツ施設の整備、住民の交流の場となる行事の実施その他の必要な施策を講ずるよう努めなければならない。

第三節　競技水準の向上等

(優秀なスポーツ選手の育成等)
第二十五条　国は、優秀なスポーツ選手を確保し、及び育成するため、スポーツ団体が行う合宿、国際競技大会又は全国的な規模のスポーツの競技会へのスポーツ選手及び指導者等の派遣、優れた資質を有する青少年に対する指導その他の活動への支援、スポーツ選手の競技技術の向上及びその効果の十分な発揮を図る上で必要な環境の整備その他の必要な施策を講ずるものとする。
2　国は、優秀なスポーツ選手及び指導者等が、生涯にわたりその有する能力を幅広く社会に生かすことができるよう、社会の各分野で活躍できる知識及び技能の習得に対する支援並びに活躍できる環境の整備の促進その他の必要な施策を講ずるものとする。

(国民体育大会及び全国障害者スポーツ大会)
第二十六条　国民体育大会は、公益財団法人日本体育協会（昭和二年八月八日に財団法人大日本体育協会という名称で設立された法人をいう。以下同じ。）、国及び開催地の都道府県が共同して開催するものとし、これらの開催者が定める方法により選出された選手が参加して総合的に運動競技をするものとする。

2　全国障害者スポーツ大会は、財団法人日本障害者スポーツ協会（昭和四十年五月二十四日に財団法人日本身体障害者スポーツ協会という名称で設立された法人をいう。以下同じ。）、国及び開催地の都道府県が共同して開催するものとし、これらの開催者が定める方法により選出された選手が参加して総合的に運動競技をするものとする。

3　国は、国民体育大会及び全国障害者スポーツ大会の円滑な実施及び運営に資するため、これらの開催者である公益財団法人日本体育協会又は財団法人日本障害者スポーツ協会及び開催地の都道府県に対し、必要な援助を行うものとする。

(国際競技大会の招致又は開催の支援等)
第二十七条　国は、国際競技大会の我が国への招致又はその開催が円滑になされるよう、環境の保全に留意しつつ、そのための社会的気運の醸成、当該招致又は開催に必要な資金の確保、国際競技大会に参加する外国人の受入れ等に必要な特別の措置を講ずるものとする。

2　国は、公益財団法人日本オリンピック委員会（平成元年八月七日に財団法人日本オリンピック委員会という名称で設立された法人をいう。）、財団法人日本障害者スポーツ協会その他のスポーツ団体が行う国際的な規模のスポーツの振興のための事業に関し必要な措置を講ずるに当たっては、当該スポーツ団体との緊密な連絡を図るものとする。

(企業、大学等によるスポーツへの支援)
第二十八条　国は、スポーツの普及又は競技水準の向上を図る上で企業のスポーツチーム等が果たす役割の重要性に鑑み、企業、大学等によるスポーツへの支援に必要な施策を講ずるものとする。

(ドーピング防止活動の推進)
第二十九条　国は、スポーツにおけるドーピングの防止に関する国際規約に従ってドーピングの防止活動を実施するため、公益財団法人日本アンチ・ドーピング機構（平成十三年九月十六日に財団法人日本アンチ・ドーピング機構という名称で設立された法人をいう。）と連携を図りつつ、ドーピングの検査、ドーピングの防止に関する教育及び啓発その他のドーピングの防止活動の実施に係る体制の整備、国際的なドーピングの防止に関する機関等への支援その他の必要な施策を講ずるものとする。

第四章　スポーツの推進に係る体制の整備

(スポーツ推進会議)
第三十条　政府は、スポーツに関する施策の総合的、一体的かつ効果的な推進を図るため、スポーツ推進会議を設け、文部科学省及び厚生労働省、経済産業省、国土交通省その他の関係行政機関相互の連絡調整を行うものとする。

(都道府県及び市町村のスポーツ推進審議会等)
第三十一条　都道府県及び市町村に、地方スポーツ推進計画その他のスポーツの推進に関する重要事項を調査審議させるため、条例で定めるところにより、審議会その他の合議制の機関（以下「スポーツ推進審議会等」という。）を置くことができる。

(スポーツ推進委員)
第三十二条　市町村の教育委員会（特定地方公共団体にあっては、その長）は、当該市町村におけるスポーツの推進に係る体制の整備を図るため、社会的信望があり、スポーツに関する深い関心と理解を有し、及び次項に規定する職務を行うのに必要な熱意と能力を有する者の中から、スポーツ推進委員を委嘱するものとする。
2　スポーツ推進委員は、当該市町村におけるスポーツの推進のため、教育委員会規則（特定地方公共団体にあっては、地方公共団体の規則）の定めるところにより、スポーツの推進のための事業の実施に係る連絡調整並びに住民に対するス

ポーツの実技の指導その他スポーツに関する指導及び助言を行うものとする。
3　スポーツ推進委員は、非常勤とする。

　　第五章　国の補助等

（国の補助）
第三十三条　国は、地方公共団体に対し、予算の範囲内において、政令で定めるところにより、次に掲げる経費について、その一部を補助する。
　一　国民体育大会及び全国障害者スポーツ大会の実施及び運営に要する経費であって、これらの開催地の都道府県において要するもの
　二　その他スポーツの推進のために地方公共団体が行う事業に要する経費であって特に必要と認められるもの
2　国は、学校法人に対し、その設置する学校のスポーツ施設の整備に要する経費について、予算の範囲内において、その一部を補助することができる。この場合においては、私立学校振興助成法（昭和五十年法律第六十一号）第十一条から第十三条までの規定の適用があるものとする。
3　国は、スポーツ団体であってその行う事業が我が国のスポーツの振興に重要な意義を有すると認められるものに対し、当該事業に関し必要な経費について、予算の範囲内において、その一部を補助することができる。

（地方公共団体の補助）
第三十四条　地方公共団体は、スポーツ団体に対し、その行うスポーツの振興のための事業に関し必要な経費について、その一部を補助することができる。

（審議会等への諮問等）
第三十五条　国又は地方公共団体が第三十三条第三項又は前条の規定により社会教育関係団体（社会教育法（昭和二十四年法律第二百七号）第十条に規定する社会教育関係団体をいう。）であるスポーツ団体に対し補助金を交付しようとする場合には、あらかじめ、国にあっては文部科学大臣が第九条第二項の政令で定める審議会等の、地方公共団体にあっては教育委員会（特定地方公共団体におけるス

ポーツに関する事務（学校における体育に関する事務を除く。）に係る補助金の交付については、その長）がスポーツ推進審議会等その他の合議制の機関の意見を聴かなければならない。この意見を聴いた場合においては、同法第十三条の規定による意見を聴くことを要しない。

附則

（施行期日）
第一条　この法律は、公布の日から起算して六月を超えない範囲内において政令で定める日から施行する。

（スポーツに関する施策を総合的に推進するための行政組織の在り方の検討）
第二条　政府は、スポーツに関する施策を総合的に推進するため、スポーツ庁及びスポーツに関する審議会等の設置等行政組織の在り方について、政府の行政改革の基本方針との整合性に配慮して検討を加え、その結果に基づいて必要な措置を講ずるものとする。

（スポーツの振興に関する計画に関する経過措置）
第三条　この法律の施行の際現に改正前のスポーツ振興法第四条の規定により策定されている同条第一項に規定するスポーツの振興に関する基本的計画又は同条第三項に規定するスポーツの振興に関する計画は、それぞれ改正後のスポーツ基本法第九条又は第十条の規定により策定されたスポーツ基本計画又は地方スポーツ推進計画とみなす。

（スポーツ推進委員に関する経過措置）
第四条　この法律の施行の際現に改正前のスポーツ振興法第十九条第一項の規定により委嘱されている体育指導委員は、改正後のスポーツ基本法第三十二条第一項の規定により委嘱されたスポーツ推進委員とみなす。

資料

【ヨーロッパ・みんなのためのスポーツ憲章】

European Sport for All Charter

Principles for a policy of sport for all

(Defined by the Conference of European Ministers responsible for Sport in Brussels (1975) under the title "European Sport for All Charter")

Article 1

Every individual shall have the right to participate in sport.

第1条

すべての個人は、スポーツに参加する権利を持つ。

Article 2

Sport shall be encouraged as an important factor in human development and appropriate support shall be made available out of public funds.

第2条

スポーツ振興は、人間性を発展させるひとつの重要な要素として奨励されるべきであり、これのための援助は、公的財源からの支出をもってなされなければならない。

Article 3

Sport, being an aspect of socio-cultural development, shall be related at local, regional and national levels to other areas of policy-making and planning such as education, health, social service, town and country planning, conservation, the arts and leisure services.

第3条

スポーツは、社会・文化を発展させる一要素なのであるから、各地域、地方および国家段階において、教育、健康、社会事業、都市および地域計画、環境保全、芸術および余暇対策事業等の分野を異にする政策の立案・計画に対してもかかわりをもたねばならない。

Article 4

Each government shall foster permanent and effective co-operation between public authorities and voluntary organisations and shall encourage the establishment of national machinery for the development and co-ordination of sport for all.

第4条

どの政府も、公的機関と民間組織とのあいだの永続的かつ効果的な協力を助長すべきであり、＜みんなのためのスポーツ＞の発展と協力をはかる国家的組織の設立を奨励すべきである。

Article 5

Methods shall be sought to safeguard sport and sportsmen from exploitation for political, commercial or financial gain, and from practices that are abusive and debasing, including the unfair use of drugs.

第5条

スポーツおよびスポーツマンを、政治的、商業的あるいは金銭的利益への利用から保護し、さらにまた薬剤の不正使用を含む悪と堕落の習慣から保護するために、いくつかの方法が試みられねばならない。

Article 6

Since the scale of participation in sport is dependent, among other things, on the extent, the variety and the accessibility of facilities, the overall planning of facilities shall be accepted as a matter for public authorities, shall take account of local, regional and national requirements, and shall incorporate measures designed to ensure full use of both new and existing facilities.

第6条

スポーツへの参加の規模は、とりわけ、施設の広さ、多様性および利用のしやすさによって左右されるのであるから、全般的な施設計画は、公的機関の所管事項として考えられるべきであり、地域、地方および国家にとっての必要性が勘案されるべきであり、さらにまた新設、既設の施設をふたつながら十分に活用することを狙った諸方策を組み込まねばならない。

資料

Article 7

Measures, including legislation where appropriate, shall be introduced to ensure access to open country and water for the purpose of recreation.

第 7 条

　レクリエーションの目的で田園地帯および水辺地域へ立ち入ることを保証するため、所要の場合には立法措置を含む諸方策がとられねばならない。

Article 8

In any programme of sports development, the need for qualified personnel at all levels of administrative and technical management, leadership and coaching shall be recognised.

第 8 条

　いかなるスポーツ振興計画においても、行政的、専門的な管理業務、指導およびコーチ等あらゆる部門における有資格職員の必要性が認められねばならない。

　　　　　　　　　　　和訳出典：
　　　　　　　　　　　仲村敏雄他編『スポーツ政策（第 3 版）』（大修館書店、昭和 58 年）
　　　　　　　　　　　新日本スポーツ連盟ホームページ
　　　　　　　　　　　http://www.njsf.net/national/right/sports_for_all.pdf

【体育およびスポーツに関する国際憲章（抄）】
International Charter of Physical Education and Sport

Article 1. The practice of physical education and sport is a fundamental right for all.
第1条　体育・スポーツの実践はすべての人にとって基本的権利である。

1.1. Every human being has a fundamental right of access to physical education and sport, which are essential for the full development of his personality. The freedom to develop physical, intellectual and moral powers through physical education and sport must be guaranteed both within the educational system and in other aspects of social life.
1.1. すべて人間は、人格の全面的発達にとって不可欠な体育・スポーツへのアクセスの基本的権利をもっている。体育・スポーツを通じて肉体的、知的、道徳的能力を発達させる自由は、教育体系および社会生活の他の側面においても保障されなければならない。

1.2. Everyone must have full opportunities, in accordance with his national tradition of sport, for practising physical education and sport. developing his physical fitness and attaining a level of achievement in sport which corresponds to his gifts.
1.2. すべて人は、自己の身体的適応性を発達させ能力に応じたスポーツ水準を達成するよう、自国のスポーツの伝統に従って体育・スポーツを実践する十分な機会をもたなければならない。

1.3. Special opportunities must be made available for young people, including children of pre-school age, for the aged and for the handicapped to develop their personalities to the full through physical education and sport programmes suited to their requirements.
1.3. 学齢前児童を含む若い人々、高齢者、身体障害者に対して、その要求に合致し

資料

た体育・スポーツのプログラムにより、その人格を全面的に発達させるための特別の機会が利用可能とされなければならない。

   和訳出典：
   文部科学省ホームページ
   http://www.mext.go.jp/b_menu/shingi/chukyo/chukyo8/gijiroku/020901hl.htm

【オリンピック憲章（抄）】
OLYMPIC CHARTER

Fundamental Principles of Olympism
オリンピズムの根本原則

1. Olympism is a philosophy of life, exalting and combining in a balanced whole the qualities of body, will and mind. Blending sport with culture and education, Olympism seeks to create a way of life based on the joy of effort, the educational value of good example, social responsibility and respect for universal fundamental ethical principles.

1. オリンピズムは人生哲学であり、肉体と意志と知性の資質を高めて融合させた、均衡のとれた総体としての人間を目指すものである。スポーツを文化と教育と融合させることで、オリンピズムが求めるものは、努力のうちに見出される喜び、よい手本となる教育的価値、社会的責任、普遍的・基本的・倫理的諸原則の尊重に基づいた生き方の創造である。

2. The goal of Olympism is to place sport at the service of the harmonious development of humankind, with a view to promoting a peaceful society concerned with the preservation of human dignity.

2. オリンピズムの目標は、スポーツを人類の調和のとれた発達に役立てることにあり、その目的は、人間の尊厳保持に重きを置く、平和な社会を推進することにある。

3. The Olympic Movement is the concerted, organised, universal and permanent action, carried out under the supreme authority of the IOC, of all individuals and entities who are inspired by the values of Olympism. It covers the five continents. It reaches its peak with the bringing together of the world's athletes at the great sports festival, the Olympic Games. Its symbol is five interlaced rings.

3. オリンピック・ムーブメントは、オリンピズムの諸価値に依って生きようとす

資料

る全ての個人や団体による、IOCの最高権威のもとで行われる、計画され組織された普遍的かつ恒久的な活動である。それは五大陸にまたがるものである。またそれは世界中の競技者を一堂に集めて開催される偉大なスポーツの祭典、オリンピック競技大会で頂点に達する。そのシンボルは、互いに交わる五輪である。

4. The practice of sport is a human right. Every individual must have the possibility of practising sport, without discrimination of any kind and in the Olympic spirit, which requires mutual understanding with a spirit of friendship, solidarity and fair play.

4. スポーツを行うことは人権の一つである。すべての個人はいかなる種類の差別もなく、オリンピック精神によりスポーツを行う機会を与えられなければならず、それには、友情、連帯そしてフェアプレーの精神に基づく相互理解が求められる。

5. Recognising that sport occurs within the framework of society, sports organisations within the Olympic Movement shall have the rights and obligations of autonomy, which include freely establishing and controlling the rules of sport, determining the structure and governance of their organisations, enjoying the right of elections free from any outside influence and the responsibility for ensuring that principles of good governance be applied.

5. スポーツが社会の枠組みの中で行われることを踏まえ、オリンピック・ムーブメントのスポーツ組織は、自律の権利と義務を有する。その自律には、スポーツの規則を設け、それを管理すること、また組織の構成と統治を決定し、いかなる外部の影響も受けることなく選挙を実施する権利、さらに良好な統治原則の適用を保証する責任が含まれる。

6. Any form of discrimination with regard to a country or a person on grounds of race, religion, politics, gender or otherwise is incompatible with belonging to the Olympic Movement.

6. 人種、宗教、政治、性別、その他の理由に基づく国や個人に対する差別はいか

なる形であれオリンピック・ムーブメントに属する事とは相容れない。

7. Belonging to the Olympic Movement requires compliance with the Olympic Charter and recognition by the IOC.
7. オリンピック・ムーブメントに属するためには、オリンピック憲章の遵守及び IOC の承認が必要である。

　　　　　　　　　　　　　　　　和訳出典：
　　　　　　　　　　　　　　　　公益財団法人日本オリンピック委員会ホームページ
　　　　　　　　　　　　　　　　http://www.joc.or.jp/olympism/charter/

資料

不祥事事案集

【高校生編】 特に明記のないものは硬式野球部

通番号	処分対象者の類型	不祥事の類型	不祥事発生時期	処分時期	具体的な処分対象者
1	団体	暴力・喫煙	不明	2005年8月	学校
2	団体	暴力・喫煙	不明	2005年8月	学校
3	監督等	暴力	不明	2005年8月	学校
4	団体	財産犯	2006年3月	2006年3月	学校
5	団体	飲酒・喫煙	2006年3月	2006年3月	学校
6	団体	飲酒・喫煙	2006年3月	2006年3月	学校
7	団体	暴力	不明	2006年5月	学校
8	団体	暴力	不明	2006年6月	学校
9	団体	暴力	不明	2006年8月	学校
10	団体	暴力	不明	2006年11月	学校
11	団体	財産犯	2007年1月	2007年1月	学校・アイスホッケー
12	団体	暴力	不明	2007年2月	学校
13	団体	財産犯	不明	2007年2月	学校
14	団体	財産犯	不明	2007年2月	学校
15	団体	財産犯	不明	2007年2月	学校
16	団体	不正	不明	2007年2月	学校
17	団体	財産犯	不明	2007年3月	学校
18	団体	ルール違反	不明	2007年4月	学校
19	団体	財産犯	不明	2007年3月	学校
20	団体	暴力・喫煙	不明	2007年3月	学校
21	団体	暴力・喫煙	不明	2007年4月	学校

不祥事の内容	処分決定者	処分内容	備考
部員の喫煙、暴力行為	同校	全国高校野球選手権大会出場辞退	
部員の喫煙、暴力行為	日本高野連	秋季大会出場差止め	
野球部長が部員に暴力	日本高野連	全国高校野球選手権大会優勝有効	
部員2人が移動中のフェリー船内でバッグを窃取	同校	全国高校バレーボール選抜大会出場辞退	
3年生部員が飲酒・喫煙をして補導	同校	選抜高校野球大会出場辞退	
3年生部員が飲酒・喫煙をして補導	日本学生野球協会	警告	
コーチや上級生部員が下級生部員に複数回の暴力	日本学生野球協会	対外試合禁止1年	
部内暴力	日本高野連	夏の地方大会出場差止め 対外試合禁止（期間不明）	
部員の傷害（他の野球部員は一切関与していない）	日本高野連	高校野球選手権大会出場容認	
部内暴力	—	アイスホッケー大会出場（処分なし）	
3年生選手が大会開会式前日朝に下着窃盗を起こした	同校	高校総体アイスホッケー競技出場を辞退	実行委「（選手の下着窃盗という）こうした犯罪で出場辞退はこれまで聞いたことがない」
部員のいじめ	日本学生野球協会	対外試合禁止3ヶ月	
部員の窃盗	日本学生野球協会	厳重注意処分（選抜高校野球出場には差し支えない）	
部員の窃盗	日本学生野球協会	対外試合禁止1ヶ月	
軟式部員の万引き	日本学生野球協会	対外試合禁止3ヶ月	
卒業考査不正行為	日本学生野球協会	厳重注意処分（選抜高校野球出場には差し支えない）	
部員の窃盗	日本学生野球協会	対外試合禁止1ヶ月	
日本学生野球憲章に違反するスポーツ特待生度	日本学生野球協会	対外試合禁止（当分の間）	
部員の自転車窃盗	日本学生野球協会	対外試合禁止1ヶ月	
部員の部内暴力・喫煙	日本学生野球協会	対外試合禁止1ヶ月	
軟式部員の部内暴力・喫煙	日本学生野球協会	対外試合禁止1ヶ月	

資料

通番号	処分対象者の類型	不祥事の類型	不祥事発生時期	処分時期	具体的な処分対象者
22	団体	飲酒	不明	2007年4月	学校
23	団体	いたずら	不明	2007年4月	学校
24	団体	暴力	不明	2007年6月	学校
25	団体	財産犯	不明	2007年6月	学校
26	団体	喫煙	不明	2007年6月	学校
27	団体	財産犯	2007年7月	2007年7月	学校
28	選手、団体	財産犯	2007年7月	2007年7月	学校・サッカー
29	選手	暴力	2007年4月中旬から5月下旬	2007年8月	学校・柔道
30	団体	財産犯	2007年12月	2007年12月	学校
31	監督等	暴力	不明	2007年12月	学校・バスケットボール
32	監督等	暴力	不明	2007年12月	学校
33	団体	暴力	不明	2008年2月	学校

不祥事の内容	処分決定者	処分内容	備考
部員の自動車無免許運転	日本学生野球協会	警告	
部員のいたずらメール行為	日本学生野球協会	警告	
部内暴力、いじめ	日本学生野球協会	対外仕合禁止（期間不明）	
部員の万引き	日本学生野球協会	対外試合禁止（期間不明）	
部員の喫煙	日本学生野球協会	対外試合禁止（期間不明）	
部員の万引き	日本高野連	全国高校野球選手権県大会への出場容認	
2年生部員ら生徒2人が、市内の中学2年生の自転車の前かごから携帯ゲーム機等が入ったバック（計約1万6千円相当）を、自転車で追い抜きながらひったくり、翌日、盗んだゲーム機を市内のゲーム機販売店で売ろうとしたが、盗まれたとして連絡を受けていたゲーム機と同機種だったため、店員が警察署に通報	警察署	2年生徒部員ら2人を逮捕	同校は、全国高校体連の事務局に報告 事件の内容を検討した結果、全国高体連事務局は「私生活上の個人の問題であり、連帯責任を取る必要はない」との見解を示したため、同校の校長は、「部の組織的関与はなかった」として高校総体の出場辞退はしない方針を明らかにした
いじめ 2年生部員2人は、07年4月中旬から5月下旬、1年生部員8人を並ばせて1人ずつ殴る等の暴行を加えたうち2人は裸でトイレットペーパーを巻きつけられ、ビデオで撮られた 5月下旬には1人が頭や背中等をバットで殴られてケガを負った	同校	2年生部員2人を停学等の処分にした	暴行を受けた1年生部員2人は転向をする予定 顧問の教諭はバットを使った暴行を把握して被害者の保護者に謝罪したが、約1ヶ月校長に報告していなかった
部員が修学旅行中に自転車窃盗	同校	選抜高校野球大会の21世紀枠推薦辞退	
指導上の行き過ぎによる部員への暴力行為があったとして07年7月、減給10%（約1ヶ月）と訓戒の処分を受けている同部男性監督について、7月以降も暴力行為があった？	同校		
野球部副部長の不祥事（授業中に携帯電話を使っていた1年生部員を注意する際にケガを負わせた）	同校		
部内暴力	日本学生野球協会	対外試合禁止（期間不明）	

資料

通番号	処分対象者の類型	不祥事の類型	不祥事発生時期	処分時期	具体的な処分対象者
34	団体	飲酒・喫煙	不明	2008年2月	学校
35	団体	暴力	不明	2008年6月	学校
36	選手	暴力	2008年4月以降	2008年7月	学校・バレー
37	団体	わいせつ	不明	2008年8月	学校
38	団体	わいせつ	不明	2009年2月	学校
39	団体	喫煙	不明	2009年2月	学校
40	団体	喫煙	不明	2009年2月	学校
41	団体	暴力	2009年3月	2009年4月	学校
42	団体	暴力	不明	2009年5月	学校
43	団体	暴力	不明	2009年5月	学校
44	団体	暴力	不明	2009年5月	学校
45	団体	財産犯	不明	2009年5月	学校
46	団体	暴力	不明	2009年6月	学校
47	団体	喫煙	不明	2009年6月	学校
48	団体	暴力	不明	2009年7月	学校
49	団体	財産犯	不明	2009年9月	学校
50	団体	財産犯	2009年6月から9月中旬まで	2009年9月	学校
51	団体	財産犯	不明	2009年9月	学校
52	団体	喫煙	不明	2009年9月	学校

不祥事の内容	処分決定者	処分内容	備考
部員の喫煙、飲酒	日本学生野球協会	対外試合禁止（期間不明）	
部内暴力（3年生部員の関与なし）	日本高野連	全国高校野球選手権地区大会へ出場容認（3年生だけで出場、秋季大会は出場辞退）	
3年生2人は08年4月以降、寮や練習場等で複数回にわたって1年生部員を殴ったり、やけどを負わせたりしていた「プレイがよくできていない」「態度が悪かった」等説明	同校	3年生2人に自主的な退学を勧告し、2人は6月23日に退学したほかに2、3年生各1人が自宅謹慎処分になった	
部員の強制わいせつ	日本高野連	全国高校野球選手権大会への出場容認	
部員の盗撮、誹謗中傷行為	日本学生野球協会	対外試合禁止（期間不明）	
部員の喫煙	日本学生野球協会	対外試合禁止（期間不明）	
部員の喫煙	日本学生野球協会	対外試合禁止（期間不明）	
部内暴力（全治2ヶ月の大ケガ）	日本学生野球協会	対外試合禁止3ヶ月（夏の高校野球の地区大会には出場可能）	
部内暴力	日本学生野球協会	対外試合禁止3ヶ月	
部内暴力	日本学生野球協会	対外試合禁止1ヶ月	
部内暴力・傷害	日本学生野球協会	対外試合禁止6ヶ月	
部員のバイク窃盗	日本学生野球協会	対外試合禁止1年（全国選手権出場辞退）	
部内暴力	—	全国高校野球選手権地区大会への出場差止め（日本学生野球協会の処分は不明）	
部員の喫煙	日本学生野球協会	対外試合禁止1ヶ月	
部員暴力	日本学生野球協会	警告（全国高校野球選手権地区大会には出場）	
部員の万引き	日本学生野球協会	対外試合禁止1ヶ月	
部員の暴力、いじめ（財布から金銭を抜き取る、携帯電話を無断使用）	日本学生野球協会	対外試合禁止3ヶ月（活動自粛、秋季東北地区高校野球地区大会出場辞退）	
部員の暴力、万引き、窃盗	日本学生野球協会	対外試合禁止6ヶ月	
部員の喫煙	日本学生野球協会	対外試合禁止1ヶ月	

資料

通番号	処分対象者の類型	不祥事の類型	不祥事発生時期	処分時期	具体的な処分対象者
53	団体	わいせつ	不明	2009年10月	学校
54	団体	財産犯	不明	2009年10月	学校
55	団体	財産犯	不明	2009年10月	学校
56	選手、団体	財産犯	2008年1月から11月	2009年10月	学校・レスリング
57	団体	暴力	不明	2009年11月	学校
58	団体	暴力	不明	2009年11月	学校
59	団体	暴力	2009年5月、同年6月	2009年11月	学校・テニス
60	団体	財産犯	不明	2009年11月	学校
61	団体	財産犯	不明	2009年11月	学校
62	団体	財産犯	不明	2009年11月	学校
63	団体	財産犯	不明	2009年11月	学校
64	団体	喫煙	不明	2009年11月	学校
65	団体	飲酒	不明	2009年11月	学校
66	団体	暴力	不明	2009年12月	学校
67	団体	財産犯	不明	2009年12月	学校
68	団体	財産犯	不明	2009年12月	学校

不祥事の内容	処分決定者	処分内容	備考
部員の強制わいせつ	日本学生野球協会	警告 （対外試合禁止処分にはあたらない）	
部員のいじめ、金銭強要	日本学生野球協会	対外試合禁止3ヶ月	
部員の万引き	日本学生野球協会	対外試合禁止6ヶ月	
男子部員（当時3年）が男子部員2人（同）から現金十数万円を脅し取られていた 被害者の腹を殴ることもあった	同校	加害者2人を無期停学処分 高体連や市教委、保護者に事情を説明 レスリング部は10日間、活動を自粛したが、監督と部長には処分を行わなかった	被害者が卒業後、両親が警察署に被害届を提出 同署は08年10月に校内で現金数千円を脅し取った疑いで地検に書類送検し、地検は家裁に送致した
部員の暴力	日本学生野球協会	対外試合禁止3ヶ月	
部員の暴力、いじめ	日本学生野球協会	対外試合禁止1年	
09年5月、同室の3年生が被害者（1年生）のテニスボールを投げて、この生徒に拾わせることを繰り返し、ボールの返し方が悪いと激怒、足で背中や顔面を何回も蹴った 09年6月、被害者が寮内で3年生4人に取り囲まれ、点呼に遅れたという理由で、そのうちの1人から殴られる等の暴行を受けた 顔面打撲等で3週間と診断され、脳への影響も心配されたためCT検査も行った	警察署	被害者は09年秋、同校を転出 生徒側の相談をもとに警察署が捜査を開始、複数のテニス部員を書類送検する方針を出した 学校側は全国高校体育連盟に報告せず、09年夏の高校総体に出場していた	
軟式部員の万引き	日本学生野球協会	対外試合禁止1ヶ月	
部員の窃盗	日本学生野球協会	対外試合禁止1ヶ月	
部員の万引き・無銭飲食	日本学生野球協会	対外試合禁止1ヶ月	
部員の万引き、喫煙	日本学生野球協会	対外試合禁止3ヶ月	
部員の喫煙	日本学生野球協会	対外試合禁止1ヶ月	
軟式部員の飲食、バイク無免許運転	日本学生野球協会	対外試合禁止1ヶ月	
部員の暴力	日本学生野球協会	警告	
部員のバイク窃盗無免許運転	日本学生野球協会	警告	
喫煙、自動車窃盗	日本学生野球協会	警告	

資料

通番号	処分対象者の類型	不祥事の類型	不祥事発生時期	処分時期	具体的な処分対象者
69	団体	財産犯	2009年4月から7月、2009年9月	2009年12月	学校
70	団体	交通事故	不明	2009年12月	学校
71	団体	飲酒	2009年12月	2010年1月	学校
72	団体、選手、指導者	暴力	2010年2月	2010年2月	学校
73	団体	暴力	不明	2010年4月	学校
74	団体	暴力	不明	2010年4月	学校
75	団体	暴力	不明	2010年4月	学校
76	団体	暴力	2009年12月から2010年4月	2010年4月	学校
77	団体	財産犯	不明	2010年4月	学校
78	団体	喫煙	不明	2010年4月	学校
79	団体	喫煙	不明	2010年4月	学校
80	団体	喫煙	不明	2010年4月	学校

不祥事の内容	処分決定者	処分内容	備考
部員の部内暴力、万引き、窃盗 09年4月から7月にかけ、部員6人が、片付けをしなかった下級生らの腹を叩く等していた。それぞれ、コンビニ店で駄菓子やキーホルダー等を万引きしていたことがあった 下級生にケガはなく、万引きを含め、いずれも集団的な行動ではなかった 09年9月、部屋から野球用具がなくなった	日本学生野球協会	対外試合禁止6ヶ月	
コーチの交通事故	日本学生野球協会	警告	
プロ野球チームにドラフト会議で指名された3年生が09年12月に飲酒で補導された	日本高野連	対外試合禁止にしないことを決めた	
2年生部員が10年2月初旬の練習後、同校敷地内にあるバスの車庫で1年生部員を殴りケガを負わせた	同校	県高野連に事実関係を報告 2年生部員を学校謹慎処分 野球部の監督や部長に口頭注意	暴行の翌日に2年生部員と保護者が監督、校長とともに1年生部員と保護者に謝罪 1年生部員は現在、通常どおり登校、野球部も活動を続けている
部員の暴力、いじめ	日本学生野球協会	対外試合禁止1ヶ月	
部員の暴力、いじめ	日本学生野球協会	警告	
部員の暴力、いじめ	日本学生野球協会	対外試合禁止6ヶ月	
上級生いじめ 2009年12月から2010年4月にかけ、現3年生部員数人が現2年生の5人ほどにスプレーをかけた髪にライターで火をつける、鼻の穴に芝生を詰め込む等のいじめを繰り返した 2010年4月、保護者からの訴えで発覚し、学校側が部員らにアンケートや面談をして確かめた	同校	県高野連に対し、春季高校野球大会の出場辞退のほか、4月末までの練習自粛、5月末までの対外試合自粛を申し入れた県高野連はこれを受理し、日本高野連に報告した	
部員の窃盗	日本学生野球協会	警告	
部員の喫煙	日本学生野球協会	対外試合禁止1ヶ月	
部員の喫煙	日本学生野球協会	対外試合禁止1ヶ月	
部員の喫煙	日本学生野球協会	対外試合禁止3ヶ月	

資料

通番号	処分対象者の類型	不祥事の類型	不祥事発生時期	処分時期	具体的な処分対象者
81	指導者	暴力	不明	2010年4月	野球部の部長
82	指導者	暴力	不明	2010年4月	野球部の監督
83	指導者	暴力	2010年3月	2010年4月	野球部の元監督
84	指導者	暴力	不明	2010年4月	野球部の監督
85	指導者	暴力	不明	2010年4月	野球部の顧問
86	指導者	暴力	不明	2010年4月	野球部の監督
87	指導者	暴力	不明	2010年4月	野球部の顧問
88	指導者	暴力	不明	2010年4月	野球部の元監督
89	団体	暴力	不明	2010年5月	学校
90	指導者	暴力	不明	2010年5月	野球部の監督
91	指導者	暴力	不明	2010年5月	野球部のコーチ
92	指導者	暴力	不明	2010年5月	野球部の部長兼監督
93	指導者	報告遅れ	不明	2010年5月	野球部の部長
94	団体	暴力	2010年4月以降	2010年6月	学校
95	団体	暴力	不明	2010年6月	学校
96	団体	暴力	不明	2010年6月	学校
97	団体	暴力	不明	2010年6月	学校
98	団体	暴力	不明	2010年6月	学校
99	団体	財産犯	不明	2010年6月	学校
100	団体	喫煙	2010年5月	2010年6月	学校・軟式野球
101	団体	暴力・喫煙	不明	2010年6月	学校
102	指導者	暴力	不明	2010年6月	野球部の元部長
103	監督等	暴力	不明	2010年6月	野球部の監督
104	指導者	暴力	不明	2010年6月	野球部の部長

不祥事事案集

不祥事の内容	処分決定者	処分内容	備考
部長の暴力	日本学生野球協会	警告	
監督の暴力	日本学生野球協会	警告	
3月に飲食店で教え子を殴ったとして傷害の疑いで逮捕	日本学生野球協会	部外であること、不起訴処分になったこと等を考慮し謹慎1ヶ月	
部内暴力 09年11月、練習中の態度が悪い等として部員の1人を殴り、靭帯損傷等のケガをさせた 校長や野球部長にも報告もしていなかった 監督は、部員や保護者には謝罪したが、経過を道高野連に報告したのは10年2月と遅れた	日本学生野球協会	謹慎3ヶ月	
顧問の部外暴力、暴言	日本学生野球協会	謹慎6ヶ月	
部員への暴力	日本高野連		
部外暴力と暴言	日本高野連		
部外暴力	日本高野連		
上級生4人が下級生4人に対し、ライターで髪を燃やしたり、胸を殴ったりといったいじめを繰り返した	日本学生野球協会	対外試合禁止2ヶ月「教育的見地から」 夏の高校野球選手権地区大会の出場は可能	改正された日本学生野球憲章の下で初めて協会の審査室会議による処分 これまで校名等が公表された警告処分は廃止された
部内暴力	日本学生野球協会	謹慎3ヶ月	
部内暴力	日本学生野球協会	謹慎3ヶ月	
部内暴力	日本学生野球協会	謹慎3ヶ月	
報告遅れ	日本学生野球協会	謹慎3ヶ月	
部員の暴力	日本学生野球協会	対外試合禁止1ヶ月	
部員の暴力	日本学生野球協会	対外試合禁止1ヶ月	
部員の暴力	日本学生野球協会	対外試合禁止1ヶ月	
部員の部外暴力	日本学生野球協会	対外試合禁止1ヶ月	
部員の暴力、いじめ	日本学生野球協会	対外試合禁止1ヶ月	
部員の金銭強要	日本学生野球協会	対外試合禁止1ヶ月	
部員の喫煙を監督が黙認	同校	軟式野球県大会準々決勝出場辞退	
部員間の暴力、集団喫煙	日本学生野球協会	対外試合禁止3ヶ月	
監督の暴力の報告遅れ	日本学生野球協会	謹慎1ヶ月	
部員への暴力	日本学生野球協会	謹慎3ヶ月	
部員の暴力報告漏れ	日本学生野球協会	謹慎3ヶ月	

資料

通番号	処分対象者の類型	不祥事の類型	不祥事発生時期	処分時期	具体的な処分対象者
105	指導者	暴力	不明	2010年6月	野球部の監督
106	指導者	暴力	不明	2010年6月	野球部の部長
107	指導者	暴力	不明	2010年6月	野球部の監督
108	指導者	ルール違反	不明	2010年6月	野球部の校長
109	指導者	ルール違反	不明	2010年6月	野球部の監督
110	団体	わいせつ	2010年8月	2010年9月	学校
111	団体	暴力	2010年9月	2010年10月	学校
112	団体	暴力	2010年9月	2010年10月	学校
113	団体	暴力	2010年9月	2010年10月	学校
114	団体	暴力	2010年9月	2010年10月	学校
115	指導者	暴力	不明	2010年10月	野球部の部長兼監督
116	指導者	暴力	不明	2010年10月	野球部のコーチ
117	指導者	ルール違反	不明	2010年10月	野球部の部長と監督
118	指導者	ルール違反	不明	2010年10月	野球部の監督とコーチ
119	指導者	報告遅れ	不明	2010年10月	野球部の部長
120	団体	暴力	2010年7月	2011年3月	学校
121	団体	財産犯	不明	2011年3月	学校
122	指導者	報告遅れ	2010年7月	2011年4月	野球部の部長・監督
123	団体	その他	不明	2011年4月	学校
124	団体	暴力	2011年5月	2011年6月	学校
125	団体	暴力	2011年5月	2011年6月	学校
126	団体	財産犯	2011年4月	2011年6月	学校

不祥事の内容	処分決定者	処分内容	備考
部員への暴力	日本学生野球協会	謹慎３ヶ月	
部員への暴力報告漏れ	日本学生野球協会	謹慎３ヶ月	
部員への暴力	日本学生野球協会	謹慎２年	
中学生練習参加規定違反	日本学生野球協会	謹慎６ヶ月	
中学生練習参加規定違反	日本学生野球協会	謹慎１年	
学校敷地内の寮で３年生部員による盗撮　３年生部員は８月11日夜、運動部の女子生徒が合宿中に野球部員の風呂を使った際、あらかじめ脱衣所に置いた撮影機能付携帯音楽プレイヤーで女子生徒を撮影、ほかの２、３年生部員６人がその画像を見た	日本高野連	厳重注意処分	日本学生野球協会審査には上申せず、９月３日に開幕する秋季信越高校野球県大会予選への出場は差支えないとした　同校部長を解任し、撮影した３年生部員を無期停学、画像を見た６人を自宅謹慎処分とした
部員の暴力、いじめ	日本学生野球協会	対外試合禁止１ヶ月	
部員の暴力、いじめ	日本学生野球協会	対外試合禁止１ヶ月	
部員の暴力	日本学生野球協会	対外試合禁止３ヶ月	
部員の暴力	日本学生野球協会	対外試合禁止３ヶ月	
暴力	日本学生野球協会	謹慎１ヶ月	
暴力	日本学生野球協会	謹慎３ヶ月	
指導者の中学生練習参加規定違反	日本学生野球協会	謹慎３ヶ月	
指導者の中学生練習参加規定違反	日本学生野球協会	謹慎１年	
報告遅れ	日本学生野球協会	謹慎３ヶ月	
部員の部内暴力	日本高野連	厳重注意処分	
部員の万引き	日本学生野球協会	対外試合禁止１ヶ月	
報告遅れ	日本学生野球協会	謹慎６ヶ月	2010年７月に１年生部員間の暴行が発生したにも関わらず、2011年２月まで高野連に報告しなかった
部員の賭けトランプ	日本学生野球協会	対外試合禁止１ヶ月	
部員の部内暴力	日本学生野球協会	対外試合禁止２ヶ月	
部員の部内暴力	日本学生野球協会	対外試合禁止２ヶ月	
東日本大震災で被災した無人のリサイクルショップへの建造物侵入	日本高野連	厳重注意処分	２、３年生部員７人が建造物侵入　同校は、当該部員を１週間の謹慎処分とし、野球部も１ヶ月の活動自粛とした

資料

通番号	処分対象者の類型	不祥事の類型	不祥事発生時期	処分時期	具体的な処分対象者
127	団体	財産犯	2011年6月	2011年6月	学校
128	団体	暴力	不明	2011年6月	学校
129	団体	暴力	不明	2011年6月	学校
130	団体	暴力	2011年5月	2011年7月	学校
131	団体	暴力	2011年6月	2011年7月	学校
132	団体	暴力	2011年6月	2011年7月	学校
133	団体	暴力	不明	2011年7月	学校
134	団体	暴力	2011年6月	2011年7月	学校
135	団体	暴力	2011年7月	2011年7月	学校
136	団体	飲酒	2011年8月	2011年8月	学校

不祥事の内容	処分決定者	処分内容	備考
部員の万引き	日本高野連	厳重注意処分	複数の2年生部員が万引きを行ったため、甲子園大会には3年生と1年生のみ出場。2年生が主体となる秋季大会には同校は参加を辞退
部員の部内暴力	日本学生野球協会	対外試合禁止1ヶ月	
部員の部内暴力	日本学生野球協会	対外試合禁止2ヶ月	
部員のいじめ	日本高野連	厳重注意処分	同校は厳重注意処分を受け、秋季大会の出場を辞退
部員の部内暴力 2、3年生の複数の部員が1年生部員に尻を蹴る等の暴行を行ったが、ケガ人はいなかった	日本学生野球協会	対外試合禁止1ヶ月	同校は、夏の甲子園地区予選を辞退
部員の部内暴力 2、3年生4人が1年生数人を平手打ち。うち1人が左耳鼓膜に穴が開くケガをした	日本学生野球協会	対外試合禁止1ヶ月	同校は、夏の甲子園地区予選を辞退
部員の部内暴力	日本学生野球協会	対外試合禁止1ヶ月	
部員の部内暴力 3年生部員4人が2年生部員3人に対して練習姿勢が悪いとして暴行。暴行を受けた1人は、顔等を骨折し10日間の入院	日本学生野球協会	対外試合禁止2ヶ月	同校は、夏の甲子園地区予選を辞退
部員の部内暴力	日本学生野球協会	対外試合禁止3ヶ月	同校は、夏の甲子園地区予選を辞退。また、日本学生野球協会は、暴力行為が悪質であったこと、2年生が複数関わったことから、秋季大会への出場不許可処分を下した
部員の飲酒	日本高野連	厳重注意処分	同校は全国高校野球選手権で準優勝。同選手権大会の成績はそのまま認め、同校は10月に開催される国体への出場を辞退。部員がブログに書き込んだことから発覚。飲酒した部員3人は同選手権でもプレイしていた。また、当該3人の部員は同校より停学処分を受けた

資料

通番号	処分対象者の類型	不祥事の類型	不祥事発生時期	処分時期	具体的な処分対象者
137	団体	暴力	2011年6月	2011年9月	学校
138	指導者	暴力	2011年6月	2011年9月	野球部の監督
139	指導者	暴力	2011年6月	2011年9月	野球部の監督
140	指導者	暴力	2011年7月	2011年9月	野球部の監督
141	指導者	暴力	2011年8月	2011年9月	野球部の監督
142	団体	暴力	不明	2011年9月	学校
143	団体	暴力	不明	2011年9月	学校
144	団体	暴力・喫煙	不明	2011年9月	学校
145	指導者	暴力	不明	2011年9月	野球部のコーチ
146	指導者	暴力	不明	2011年9月	野球部の監督
147	指導者	暴力	不明	2011年9月	野球部の副部長
148	指導者	暴力	不明	2011年9月	野球部の監督
149	指導者	暴力	不明	2011年9月	軟式野球部の部長兼監督
150	団体	財産犯	不明	2011年9月	学校
151	団体	財産犯	不明	2011年9月	学校
152	団体	財産犯	不明	2011年9月	学校
153	団体	ルール違反	2003〜2005年	2011年9月	学校・バスケットボール
154	指導者	報告遅れ	不明	2011年9月	学校
155	指導者	報告遅れ	不明	2011年9月	野球部の部長と監督
156	指導者	報告遅れ	不明	2011年9月	野球部の監督
157	指導者	報告遅れ	不明	2011年9月	野球部の部長
158	指導者	報告遅れ	不明	2011年9月	野球部の部長と監督
159	指導者	報告遅れ	不明	2011年9月	野球部の部長

不祥事の内容	処分決定者	処分内容	備考
監督・部員の部内暴力	日本学生野球協会	対外試合禁止1ヶ月	同校は秋季大会の参加を辞退
監督の部内暴力	日本学生野球協会	謹慎3ヶ月	
監督の部内暴力	日本学生野球協会	謹慎1年	同監督は別の高校で4年前にも部員への暴力で1年間の謹慎処分を受けていた
監督の部内暴力	日本学生野球協会	無期限謹慎	2年生部員に脳挫傷を負わせた
監督の部内暴力	日本学生野球協会	謹慎1ヶ月	
部員のいじめ	日本学生野球協会	対外試合禁止1ヶ月	
部員の部内暴力	日本学生野球協会	対外試合禁止1ヶ月	
部員の部内暴力、喫煙	日本学生野球協会	対外試合禁止3ヶ月	
コーチの部内暴力	日本学生野球協会	謹慎3ヶ月	
監督の部内暴力	日本学生野球協会	謹慎1ヶ月	
副部長の部内暴力	日本学生野球協会	謹慎1ヶ月	
監督の部内暴力	日本学生野球協会	謹慎1ヶ月	
監督の部内暴力	日本学生野球協会	謹慎1ヶ月	
部員の万引き、不正乗車	日本学生野球協会	対外試合禁止3ヶ月	
部員の万引き	日本学生野球協会	対外試合禁止3ヶ月	
部員の喫煙、万引き	日本学生野球協会	対外試合禁止3ヶ月	
選手の年齢詐称	全国高校体育連盟	2004年の全国高校総体優勝、2005年の同大会3位の記録の取消し	外国籍の選手の年齢詐称。同校は気づかなかったと主張した。その後、全国高校体育連盟は不服申立てができるのは「指導対象者」とされており、このケースでは直接の処分を受けた留学生のみが該当するとして同校から出された不服申立てを受理しないことを明らかにした。同連盟は、記録取消しは留学生の処分に伴う措置で、同校は不服を申し立てる立場にないとの見解を示した
報告遅れ	日本学生野球協会	謹慎3ヶ月	
報告遅れ	日本学生野球協会	謹慎3ヶ月	
報告遅れ	日本学生野球協会	謹慎6ヶ月	
報告遅れ	日本学生野球協会	謹慎3ヶ月	
報告遅れ	日本学生野球協会	謹慎3ヶ月	
報告遅れ	日本学生野球協会	謹慎6ヶ月	

資料

通番号	処分対象者の類型	不祥事の類型	不祥事発生時期	処分時期	具体的な処分対象者
160	指導者	指導不十分	不明	2011年9月	野球部の部長
161	団体	飲酒	2011年10月	2011年10月	学校
162	団体	暴力	不明	2011年10月	学校
163	団体	暴力	不明	2011年10月	学校
164	団体	暴力	不明	2011年10月	学校
165	団対	喫煙	不明	2011年10月	学校
166	団体	財産犯	不明	2011年10月	学校
167	指導者	報告遅れ	2011年1月～	2011年10月	野球部の部長と監督
168	指導者	ルール違反	2011年6月～	2011年10月	野球部の部長と元監督
169	団体	ルール違反	2011年6月	2011年10月	学校
170	指導者	報告漏れ	2011年7、9月	2011年11月	野球部の部長と監督
171	指導者	財産犯	2011年1月	2011年11月	野球部の監督
172	団体	財産犯	不明	2011年11月	学校
173	団体	財産犯	不明	2011年11月	学校
174	指導者	ルール違反	不明	2011年11月	野球部の監督
175	団体	暴力	不明	2011年12月	学校
176	団体	暴力	不明	2011年12月	学校

不祥事の内容	処分決定者	処分内容	備考
指導不十分	日本学生野球協会	謹慎1ヶ月	2011年6月に部が厳重注意処分を受けていたにも関わらず、その後、部内暴力が発覚したため
部員の飲酒	同校	当該選手の謹慎処分（期間は不明）	当該3年生部員は中学生の同級生と同級生宅で飲酒。同級生がブログで投稿したことから発覚。当該部員は甲子園ではベンチ登録されずにスタンドで応援していた
部員の部内暴力	日本学生野球協会	対外試合禁止3ヶ月	
部員の部内暴力	日本学生野球協会	対外試合禁止3ヶ月	
部員の部内暴力	日本学生野球協会	対外試合禁止1ヶ月	
部員の喫煙	日本学生野球協会	対外試合禁止1ヶ月	
部員の万引き	日本学生野球協会	対外試合禁止1ヶ月	
部員の万引きの報告遅れ 2010年12月に同校野球部員1名が万引きをし、同校野球部は2011年1月に万引きの事実を把握したが、高野連に報告しなかった	日本学生野球協会	謹慎3ヶ月	
学生野球憲章違反	日本学生野球協会	謹慎1年	
学生野球憲章違反	同校	県高野連を脱退	日本学生野球協会審査室が2011年6月に決めた不祥事に対する処分（部内暴力に関わった選手の登録を外す）に同校が従わず、その後の日本高野連の度重なる指導を受け、同校が事態を重く受けて脱退。なお、再加盟は可能
部員の不祥事隠蔽 3年生の寮内での現金窃盗、1年生の無賃乗車について2ヶ月間県高野連に報告をしなかった	日本学生野球協会	謹慎6ヶ月	チームは九州地区秋季大会への参加が認められたが、部長と監督を処分
監督の窃盗	日本学生野球協会	無期謹慎・退職	
部員の物品強要	日本学生野球協会	対外試合禁止1ヶ月	
部員の万引き、喫煙	日本学生野球協会	対外試合禁止1ヶ月	
監督の中学生勧誘	日本学生野球協会	謹慎6ヶ月	
部員の部内暴力、いじめ	日本学生野球協会	対外試合禁止3ヶ月	
部内のいじめ	日本学生野球協会	対外試合禁止3ヶ月	

資料

通番号	処分対象者の類型	不祥事の類型	不祥事発生時期	処分時期	具体的な処分対象者
177	団体	暴力	不明	2011年12月	学校
178	団体	暴力・喫煙	不明	2011年12月	学校
179	団体	財産犯	不明	2011年12月	学校
180	団体	財産犯	不明	2011年12月	学校
181	団体	財産犯	不明	2011年12月	学校
182	団体	その他	不明	2011年12月	学校
183	指導者	暴力	不明	2011年12月	野球部の監督
184	指導者	暴力	不明	2011年12月	野球部の監督
185	指導者	暴力	不明	2011年12月	野球部のコーチ
186	指導者	暴力	不明	2011年12月	野球部の部長
187	指導者	その他	2011年9月	2011年12月	野球部の部長
188	団体	暴力	不明	2012年1月	学校
189	団体	喫煙	不明	2012年1月	学校
190	団体	暴力・喫煙・飲酒	2011年9〜11月	2012年1月	学校
191	指導者	暴力	不明	2012年1月	野球部の部長
192	指導者	暴力	不明	2012年1月	野球部の監督
193	指導者	暴力	不明	2012年1月	野球部の監督
194	指導者	暴力	不明	2012年1月	野球部の監督
195	指導者	暴力	不明	2012年1月	野球部の部長
196	指導者	暴力	不明	2012年1月	野球部のコーチ
197	団体	暴力	不明	2012年3月	学校
198	団体	暴力	不明	2012年3月	学校
199	団体	暴力	不明	2012年3月	学校
200	指導者	暴力	不明	2012年3月	野球部の監督
201	指導者	その他	2010年4月〜2011年10月	2012年3月	野球部の監督
202	団体	財産犯	不明	2012年4月	学校
203	団体	暴力	2011年6月〜2012年2月	2012年4月	学校
204	団体	暴力	不明	2012年4月	学校
205	団体	暴力	2011年8月〜2012年2月	2012年4月	学校

不祥事の内容	処分決定者	処分内容	備考
部員の部内暴力	日本学生野球協会	対外試合禁止1ヶ月	
部員の部内暴力、喫煙	日本学生野球協会	対外試合禁止1ヶ月	
部員の恐喝、部内暴力	日本学生野球協会	対外試合禁止1年	
部員の万引き	日本学生野球協会	対外試合禁止1ヶ月	
部員の万引き、窃盗、喫煙	日本学生野球協会	対外試合禁止6ヶ月	
部員の駅駐輪場不正使用	日本学生野球協会	対外試合禁止1ヶ月	
監督の部内暴力	日本学生野球協会	謹慎3ヶ月	
監督の部内暴力	日本学生野球協会	謹慎3ヶ月	
コーチの部内暴力	日本学生野球協会	謹慎1ヶ月	
部長の部内暴力	日本学生野球協会	謹慎1ヶ月	
部長の覚せい剤使用	日本学生野球協会	除名	
部員の部内暴力	日本学生野球協会	対外試合禁止1ヶ月	
部員の喫煙	日本学生野球協会	対外試合禁止1ヶ月	
部員の部内暴力、喫煙、飲酒	日本学生野球協会	対外試合禁止6ヶ月	
部長の部内暴力	日本学生野球協会	謹慎3ヶ月	
監督の部内暴力	日本学生野球協会	謹慎1ヶ月	
監督の部内暴力	日本学生野球協会	謹慎1ヶ月	
監督の部内暴力	日本学生野球協会	謹慎1ヶ月	
部長の部内暴力	日本学生野球協会	謹慎1ヶ月	
コーチの部内暴力	日本学生野球協会	謹慎1ヶ月	
部員の部内暴力	日本学生野球協会	対外試合禁止1ヶ月	
部員の部内いじめ	日本学生野球協会	対外試合禁止3ヶ月	
部員の部内いじめ	日本学生野球協会	対外試合禁止3ヶ月	
監督の部内暴力	日本学生野球協会	謹慎1ヶ月	
部費使用に際する使途不明金発生	日本学生野球協会	無期限謹慎	監督は保護者から集めた部費のうち約389万円について領収書を偽造する等して使用。本人は「私的流用はしていない」と説明したというが、用途は明らかになっていない。元監督は金銭を弁済し、1月に同校を懲戒解雇となった
部員の窃盗、喫煙	日本学生野球協会	対外試合禁止1ヶ月	
部員の部内暴力	日本学生野球協会	対外試合禁止3ヶ月	
部員の部内暴力	日本学生野球協会	対外試合禁止2ヶ月	
部員の部内暴力、金銭強要	日本学生野球協会	対外試合禁止3ヶ月	

資料

通番号	処分対象者の類型	不祥事の類型	不祥事発生時期	処分時期	具体的な処分対象者
206	団体	暴力	不明	2012年4月	学校
207	団体	暴力	2012年4月	2012年4月	学校
208	団体	喫煙	不明	2012年4月	学校
209	指導者	暴力	不明	2012年4月	野球部の部長
210	指導者	暴力	不明	2012年4月	野球部のコーチ
211	指導者	暴力	不明	2012年4月	野球部の監督
212	指導者	暴力	不明	2012年4月	野球部の監督
213	指導者	暴力	不明	2012年4月	野球部のコーチ
214	指導者	暴力、ルール違反等	2009年9月等	2012年4月	野球部の前監督
215	団体	暴力	2012年4月	2012年5月	学校
216	団体	暴力	2011年8月～2012年4月	2012年5月	学校
217	団体	飲酒	2012年5月	2012年5月	学校・ボクシング
218	団体	その他	不明	2012年5月	学校
219	指導者	暴力	不明	2012年5月	野球部の監督
220	指導者	暴力	不明	2012年5月	野球部の監督
221	指導者	暴力	不明	2012年5月	野球部の部長
222	指導者	暴力	不明	2012年5月	野球部の監督
223	選手	飲酒	2012年5月	2012年6月	学校・ボクシング
224	団体	財産犯	不明	2012年6月	学校
225	団体	暴力	不明	2012年6月	学校
226	団体	暴力	不明	2012年6月	学校
227	団体	暴力	不明	2012年6月	学校

不祥事の内容	処分決定者	処分内容	備考
部員の部内いじめ	日本学生野球協会	対外試合禁止1ヶ月	
部員の部内暴力	同校	春季北信越地区県大会出場辞退	学校敷地内の野球部寮で22日、2年生部員2人が1年生5人に掃除の仕方等を注意した際、5人の顔や頭を平手で叩いたという。5人にケガはない
部員の喫煙	日本学生野球協会	対外試合禁止1ヶ月	
部長の部内暴力	日本学生野球協会	謹慎1ヶ月	
コーチの部内暴力	日本学生野球協会	謹慎3ヶ月	
監督の部内暴力	日本学生野球協会	謹慎1ヶ月	
監督の部内暴力	日本学生野球協会	謹慎1ヶ月	
コーチの部内暴力	日本学生野球協会	謹慎3ヶ月	
前監督の不適切行為、規定違反、部内暴力	日本学生野球協会	謹慎3ヶ月	前監督は2009年9月に他校の監督らとの酒席へマネージャーを呼び、ビールを注がせ、酒に酔って「女子生徒と不適切な関係を持った」ほか、シーズンオフの2月に禁じられた他校との合同練習を行い、部員にバットで小突くといった暴力も振るっていた
部員の部内暴力	日本学生野球協会	対外試合禁止1ヶ月	No.207と同上
部員の部内暴力	日本学生野球協会	対外試合禁止3ヶ月	
部員の飲酒	同校	部活動停止1週間 飲酒した部員の高校総体出場辞退	5月26日に、同部の2年生4人が1人の家に集まって飲酒した。生徒のブログの書き込みを読んだ外部からの通報で同月31日に発覚した
部員の賭けトランプ	日本学生野球協会	対外試合禁止1ヶ月	
監督の部内暴力	日本学生野球協会	謹慎1ヶ月	
監督の部内暴力	日本学生野球協会	謹慎1ヶ月	
部長の部内暴力	日本学生野球協会	謹慎1ヶ月	
監督の部外暴力	日本学生野球協会	謹慎1ヶ月	
部員の飲酒	高体連ボクシング専門部	飲酒した部員の高校総体出場不可	No.217と同上
部員の窃盗、無免許運転	日本学生野球協会	対外試合禁止1ヶ月	
部員の部内いじめ	日本学生野球協会	対外試合禁止1ヶ月	
部員の部内暴力	日本学生野球協会	対外試合禁止1ヶ月半	
部員の部内暴力	日本学生野球協会	対外試合禁止1ヶ月	

資料

通番号	処分対象者の類型	不祥事の類型	不祥事発生時期	処分時期	具体的な処分対象者
228	団体	暴力	不明	2012年6月	学校
229	団体	喫煙	不明	2012年6月	学校
230	指導者	暴力	不明	2012年6月	野球部の部長
231	指導者	報告遅れ	不明	2012年6月	野球部の部長
232	指導者	暴力	不明	2012年7月	野球部の部長
233	指導者	暴力	不明	2012年7月	野球部の副部長
234	団体	暴力	不明	2012年7月	学校
235	団体	暴力	2012年7月	2012年7月	学校・相撲
236	指導者	酒気帯び運転	2012年5月	2012年7月	野球部の監督
237	指導者	報告遅れ	不明	2012年7月	軟式野球部の監督
238	指導者	ルール違反	不明	2012年7月	野球部の監督と部長
239	団体	暴力	不明	2012年8月	学校
240	団体	暴力	2012年春〜夏	2012年8月	学校
241	団体	その他	2012年4〜7月	2012年8月	学校
242	団体	その他	2012年4〜7月	2012年9月	学校

不祥事の内容	処分決定者	処分内容	備考
部員の部内暴力	日本学生野球協会	対外試合禁止1ヶ月	
部員の喫煙、喫煙具所持	日本学生野球協会	対外試合禁止1ヶ月	
部長の部内暴力	日本学生野球協会	謹慎1ヶ月	
報告遅れ	日本学生野球協会	謹慎6ヶ月	
部長の部内暴力、報告遅れ	日本学生野球協会	謹慎6ヶ月	
副部長の部外暴力	日本学生野球協会	謹慎1ヶ月	
部員のいじめ	日本学生野球協会	対外試合禁止2ヶ月	上級生部員6人による1年生部員への部内暴力
部員の部内暴力	同校	活動停止	相撲部の主将である部員が、校内で部活の練習前に後輩を投げ飛ばし、頭部をふみつける等し、頭部や顔面に3週間の打撲を負わせた傷害の疑いで逮捕された
酒気帯び運転、物損事故	日本学生野球協会	無期限謹慎	監督は飲食店でビールをジョッキで6杯ほど飲んだ後、乗用車を酒気帯び運転し中央分離帯に衝突して、車の破片で周りの車4台に傷をつけた。監督は5月29日付けで懲戒免職となった
報告遅れ	日本学生野球協会	謹慎3ヶ月	
中学生の練習参加、シーズンオフの合同練習規定違反	日本学生野球協会	謹慎6ヶ月	
部員のいじめ	同校	秋季東海地区高校野球県大会予選出場辞退	野球部内で1年生を複数の上級生が叩いたり蹴ったりするといういじめがあった（1年生にケガはなかった）
部員のいじめ	同校	秋季東海地区高校野球県大会予選出場辞退	1年生の学級内で特定の生徒を叩いたり悪口を言う等のいじめがあり、野球部員が関与していた
部員の賭けゲーム	同校	秋季近畿地区大会予選出場辞退	2、3年生の部員数人が練習後等に金銭を賭けたゲームをした
部員の賭けゲーム	日本学生野球協会	対外試合禁止1ヶ月	同上

資料

通番号	処分対象者の類型	不祥事の類型	不祥事発生時期	処分時期	具体的な処分対象者
243	団体	財産犯	2012年8月	2012年9月	学校
244	団体	暴力	2012年6～9月	2012年9月	学校
245	団体	暴力	2012年8月	2012年9月	学校
246	団体	暴力	2012年8月	2012年9月	学校
247	団体	暴力	2011年4月～2012年7月	2012年9月	学校
248	団体	暴力	不明	2012年9月	学校
249	団体	暴力	2012年春～夏	2012年9月	学校
250	団体	暴力	2012年5～7月	2012年9月	学校
251	団体	暴力	不明	2012年9月	学校
252	団体	暴力	不明	2012年9月	学校
253	団体	暴力	不明	2012年9月	学校
254	団体	暴力	不明	2012年9月	学校
255	団体	暴力・喫煙	不明	2012年9月	学校
256	団体	喫煙	不明	2012年9月	学校

不祥事の内容	処分決定者	処分内容	備考
部員の強盗	日本高野連	厳重注意処分	部員は、雑木林で、少女（16）にわいせつ目的で後ろから襲いかかって軽傷を負わせ、現金数千円も奪った疑いで逮捕された。部員は調べに対し容疑を否認していた。部員は、同校を自主退学した 同部員は、その後、別の強制わいせつ等とともに逆送された なお、同校は出場していた全国高校野球選手権大会を辞退しなかった
部員のいじめ	同校	秋季県高校野球地区予選出場辞退	1年生の野球部員数人が、同じ1年生部員1人に対し、足を蹴ったり肩を強く叩いたりする等の暴力行為の他にグラブを隠したり暴言を浴びせたりする等の行為を繰り返していた。被害部員にケガはなかった
部員の部内暴力	同校	秋季県高校野球大会出場辞退	2年生が1年生に暴力をふるった
部員の部内暴力	日本学生野球協会	対外試合禁止3ヶ月	同上
部員のいじめ、賭けトランプ	日本学生野球協会	対外試合禁止6ヶ月	
部内の部内暴力、いじめ	日本学生野球協会	対外試合禁止3ヶ月	
部員の部内暴力	日本学生野球協会	対外試合禁止1ヶ月	No.240と同上
部員の部内暴力、金銭強要、いじめ	日本学生野球協会	対外試合禁止3ヶ月	
部員のいじめ	日本学生野球協会	対外試合禁止3ヶ月	No.239と同上
部員の部内暴力	日本学生野球協会	対外試合禁止1ヶ月	
部員の部内暴力	日本学生野球協会	対外試合禁止3ヶ月	
部員の部内暴力	日本学生野球協会	対外試合禁止1ヶ月	
部員の部内暴力、喫煙	日本学生野球協会	対外試合禁止1ヶ月半	
部員の喫煙	日本学生野球協会	対外試合禁止1ヶ月	

資料

通番号	処分対象者の類型	不祥事の類型	不祥事発生時期	処分時期	具体的な処分対象者
257	選手・指導者	その他	2012年9月	2012年9月	学校の生徒（6校・12名）・水泳
258	団体	その他	2012年9月	2012年9月	学校・弓道
259	指導者	暴力	不明	2012年9月	野球部の元監督
260	指導者	暴力	不明	2012年9月	野球部の監督
261	指導者	暴力	不明	2012年9月	野球部の監督
262	指導者	暴力	不明	2012年9月	野球部の監督
263	指導者	報告遅れ	不明	2012年9月	野球部の部長と副部長
264	指導者	ルール違反	不明	2012年9月	軟式野球部の監督
265	指導者	報告遅れ	不明	2012年9月	野球部の部長と監督
266	指導者	報告遅れ	不明	2012年9月	野球部の部長
267	指導者	その他	不明	2012年9月	野球部の元副部長
268	団体	暴力	2012年6～9月	2012年10月	学校
269	団体	暴力	不明	2012年10月	学校

不祥事の内容	処分決定者	処分内容	備考
盗撮、のぞき	県高校体育連盟	無期限謹慎処分 校長より訓戒 謹慎	9月に開かれた競泳の県高校新人大会の会場で、生徒が男子更衣室と女子更衣室を隔てる壁の上部隙間から携帯電話で複数回、動画を撮影した。他の者は隙間から一緒にのぞいたり、動画の送信を受けたりした。大会の数日後、女子生徒が「盗撮されたかもしれない」と顧問に訴えて発覚した。動画は男子生徒が削除し、外部流出は未確認
練習中の矢が場外の屋根に刺さった	同校	活動自粛	9月1日、県立高校弓道部員十数人が道場で練習していたところ、1年女子生徒の射た矢2本が28メートル先の的を外れて場外に飛び出し、近くの競輪場の通路屋根に刺さる等した。当日は競輪開催日で、通路も関係者らが行き来しており、「矢が人に当たる可能性もあった」という 事故の際、弓道部員の練習に立ち会うことになっていた顧問の教諭が現場にいなかったほか、同校によると、部員も矢が飛び出したのを認識しながら、しばらく練習を続けていた
元監督の部内暴力	日本学生野球協会	謹慎6ヶ月	
監督の部内暴力	日本学生野球協会	謹慎3ヶ月	
監督の部内暴力	日本学生野球協会	謹慎3ヶ月	
監督の部内暴力	日本学生野球協会	謹慎3ヶ月	
報告遅れ	日本学生野球協会	謹慎3ヶ月	
部員が禁じられているNHKバラエティー番組出演	日本学生野球協会	謹慎2ヶ月	
報告遅れ	日本学生野球協会	謹慎2ヶ月	
報告遅れ	日本学生野球協会	謹慎3ヶ月	
児童買春	日本学生野球協会	無期限謹慎	
部員のいじめ	日本学生野球協会	対外試合禁止3ヶ月	No.244と同上
部員のいじめ	日本学生野球協会	対外試合禁止3ヶ月	

通番号	処分対象者の類型	不祥事の類型	不祥事発生時期	処分時期	具体的な処分対象者
270	団体	暴力	不明	2012年10月	学校
271	団体	暴力	不明	2012年10月	学校
272	団体	暴力	不明	2012年10月	学校
273	団体	暴力	不明	2012年10月	学校
274	団体	暴力・喫煙・飲酒	不明	2012年10月	学校
275	指導者	暴力	不明	2012年10月	野球部の監督
276	指導者	暴力	不明	2012年10月	野球部の副部長
277	指導者	暴力	不明	2012年10月	野球部の部長
278	指導者	暴力	不明	2012年10月	野球部の監督
279	指導者	報告遅れ	不明	2012年10月	野球部の部長
280	団体	財産犯	不明	2012年11月	学校
281	団体	暴力	不明	2012年11月	学校
282	団体	暴力	不明	2012年11月	学校
283	団体	暴力	不明	2012年11月	学校
284	団体	喫煙	不明	2012年11月	学校
285	指導者	暴力	2010年6月〜2012年8月	11月	女子バスケ部の顧問
286	指導者	暴力、ルール違反等	2011年4月〜2012年5月	2012年11月	野球部の監督
287	団体	財産犯	不明	2012年12月	学校

不祥事事案集

不祥事の内容	処分決定者	処分内容	備考
部員のいじめ	日本学生野球協会	対外試合禁止1ヶ月	
部員のいじめ	日本学生野球協会	対外試合禁止1ヶ月	
部員の部内暴力	日本学生野球協会	対外試合禁止1ヶ月	
部員の部内暴力	日本学生野球協会	対外試合禁止1ヶ月	
部員のいじめ、喫煙、飲酒、バイク無免許運転	日本学生野球協会	対外試合禁止1ヶ月	
監督の部内暴力	日本学生野球協会	謹慎1ヶ月	
副部長の部内暴力	日本学生野球協会	謹慎1ヶ月	
部長の部内暴力	日本学生野球協会	謹慎1ヶ月	
監督の行き過ぎた指導、部員に対する体罰常習化	日本学生野球協会	無期限謹慎	
報告遅れ	日本学生野球協会	謹慎3ヶ月	
部員の窃盗	日本学生野球協会	対外試合禁止3ヶ月	
部員のいじめ	日本学生野球協会	対外試合禁止3ヶ月	
部員のいじめ	日本学生野球協会	対外試合禁止3ヶ月	
部員の部内暴力	日本学生野球協会	対外試合禁止1ヶ月	
部員の喫煙	日本学生野球協会	対外試合禁止1ヶ月	
顧問の部内暴力・暴言	県教育委員会	減給3ヶ月（給料の10分の1）	県教育局県立学校人事課によると、男性教諭は2010年6月頃から2012年8月頃まで、顧問を務める女子バスケットボール部の練習中や校外での練習試合で、部員10人以上に対し、頭部や頬を平手で叩いたり、暴言を発した。男性教諭は前任校でも男子生徒に体罰を加え、県教委から指導を受けたことがあった。自宅謹慎中の男性教諭は「生徒に覇気がなく、活を入れるために部活動指導の一貫として行った。体罰と認識しており、申し訳ない」と話していた
部員に対する体罰、保護者からの現金授受	同校	無期限指導禁止処分	監督は平手で部員の顔を叩く等の行為が過去に数件あり、進路が決まった複数の元部員の親から3万～5万円程度の現金等を受け取っていた
部員の窃盗	日本学生野球協会	対外試合禁止3ヶ月	

319

資料

通番号	処分対象者の類型	不祥事の類型	不祥事発生時期	処分時期	具体的な処分対象者
288	団体	恐喝	不明	2012年12月	学校
289	団体	暴力	不明	2012年12月	学校・軟式野球
290	団体	暴力	不明	2012年12月	学校
291	団体	暴力	不明	2012年12月	学校
292	団体	暴力	不明	2012年12月	学校
293	団体	喫煙	不明	2012年12月	学校
294	団体	喫煙	不明	2012年12月	学校
295	団体	暴力・窃盗・喫煙・飲酒	不明	2012年12月	学校
296	生徒	無免許運転	2012年12月	2012年12月	学校
297	団体	無免許運転	2012年12月	2012年12月	学校
298	団体	その他	不明	2012年12月	学校
299	選手	その他	2012年12月	2012年12月	学校

不祥事事案集

不祥事の内容	処分決定者	処分内容	備考
部員の恐喝・写真メール掲載	日本学生野球協会	対外試合禁止3ヶ月	
部員の部内暴力	日本学生野球協会	対外試合禁止3ヶ月	
部員の部内暴力	日本学生野球協会	対外試合禁止3ヶ月	
部員の部内暴力	日本学生野球協会	対外試合禁止1ヶ月	
部員の部内暴力	日本学生野球協会	対外試合禁止3ヶ月	
部員の喫煙	日本学生野球協会	対外試合禁止6ヶ月	部員の約半数が喫煙していた
部員の喫煙	日本学生野球協会	対外試合禁止3ヶ月	
部員の部内暴力、窃盗、喫煙、飲酒	日本学生野球協会	対外試合禁止1年	
無免許運転および速度超過違反	同校	無期限謹慎処分	プロ野球チームからドラフト指名を受けた部員が下校後、野球部を退部した自動車運転免許取得済みの3年生の運転する車に同乗。その後、同部員は、無免許にも関わらず、「運転を代わってくれ」と申し出て、運転を交代。速度超過で県警に検挙された。同部員は学校側に反省文を提出。監督の自宅で無期限謹慎
無免許運転および速度超過違反	日本高野連	厳重注意処分	同上
部員の賭けトランプ	日本学生野球協会	対外試合禁止1ヶ月	
障害者揶揄、動画投稿	同校	自宅謹慎処分5日間	県立高校の野球部員らが、路線バス内で障害者の男性に嫌がらせをし、様子を撮影した動画をスマートフォン（多機能携帯電話）の無料通話アプリから投稿、仲間内で閲覧していた 同校は重大な人権侵害にあたるとして、関係した野球部員8人を含む男子生徒10人を5日間の自宅謹慎とし、部活動についても禁止した 県教委によると、男子生徒らは下校中のバスの中で、男性が移動するのを邪魔してからかい、腹を立て興奮した男性の様子を携帯電話で撮影し、投稿した。乗り合わせた乗客が学校に連絡し発覚した

資料

通番号	処分対象者の類型	不祥事の類型	不祥事発生時期	処分時期	具体的な処分対象者
300	指導者	暴力	不明	2012年12月	野球部の副部長
301	指導者	暴力	不明	2012年12月	野球部の部長
302	指導者	その他	2012年10月	12月	野球部の監督
303	指導者	報告遅れ	不明	2012年12月	野球部の部長
304	指導者	報告遅れ	不明	2012年12月	野球部の部長
305	指導者	報告遅れ	不明	2012年12月	野球部の部長兼監督

【大学生編】

通番号	処分対象者の類型	不祥事の類型	不祥事発生時期	処分時期	具体的な処分対象者
1	団体	暴力	1986年7月1日	1986年7月2日	空手部
2	団体	暴力	1989年5月	不明	ラグビー部
3	―	刑法犯	1991年	1992年2月3日	ラグビー部
4	―	暴力	1991年7月2日	不明	日本拳法部
5	指導者	交通事故等	1993年	1993年12月8日	野球部の部長および監督
6	指導者／選手	暴力	1995年	1995年12月4日	野球部の部長、監督および部員
7	―	暴力	1996年12月13日	不明	フェンシング部

不祥事の内容	処分決定者	処分内容	備考
副部長の部内暴力	日本学生野球協会	謹慎1ヶ月	
部長の部内暴力	日本学生野球協会	謹慎1ヶ月	
大麻所持	日本学生野球協会	除名	監督は、10月29日、自宅で乾燥大麻0.5グラム（末端価格約3千円）を所持していたとして、現行犯逮捕された
複数の不祥事の報告遅れ	日本学生野球協会	謹慎1年	
複数の不祥事の報告遅れ	日本学生野球協会	謹慎1年	
報告遅れ	日本学生野球協会	謹慎3ヶ月	

不祥事の内容	処分決定者	処分内容	備考
部員の傷害致死等 1年生9人に腹を蹴る等の暴行を加えるリンチ事件があり、1年生が内臓出血等で死亡、同1年生が内臓破裂等の重傷を負った	学校	空手部の廃止	警察署は2日未明、リンチを加えた空手部員等の2年生5人を傷害致死等の疑いで緊急逮捕
部員の傷害 ラグビー部4年生部員に命令された1年生部員が、通行人に暴行して全治4週間の大ケガを負わせた	学校	対外試合自粛3ヶ月	
部員が暴力団員銃撃事件に加担した	―	不明	
退部希望の新入部員に暴行を加え死亡させた	―	不明	当該部員は休学
死亡交通事故	日本学生野球協会	部長および監督に対し、3ヶ月間の謹慎処分	
選手の試合中の暴力	日本学生野球協会	部長および監督に対し、警告処分	
		当該選手は秋季リーグ戦の試合出場停止	
3年生部員が、同じフェンシング部の同級生に殴る蹴るの暴行を加えたとして逮捕	―	不明	

資料

通番号	処分対象者の類型	不祥事の類型	不祥事発生時期	処分時期	具体的な処分対象者
8	—	暴力	1997年7月頃から1998年7月まで	不明	相撲部
9	団体	わいせつ	1997年5月4日未明	1998年1月	スケート部、同部の監督およびアイスホッケー部門の部員5名
	指導者				
	選手				
10	団体	わいせつ	1998年1月	1998年1月21日	A大・ラグビー部
11	—	—	1998年1月	1998年1月	B大・ラグビー部
12	団体	暴力	1998年	1998年12月11日	A大野球部、同部の部長および監督ならびに部員1名、およびB大野球部、同部の部長および監督
	指導者				
	選手				
13	団体	ルール違反	1999年	1999年5月13日	野球部および同部の部長
	指導者				

324

不祥事の内容	処分決定者	処分内容	備考
下級生部員2人に暴行を加えた問題	学校	処分なし	
集団暴行（部員のアパートで20代のOLを集団で暴行しケガをさせた）	東京都連盟	無期限出場停止	部員に対して監督が下した部内処分は、大学リーグ戦で「7試合中4試合に出場させない」というものだけ 1998年1月記者会見を開き、スピードスケート・フィギュア・アイスホッケーの三部門からなるスケート部は無期限活動停止処分。ただし、部員のうち五輪代表と冬季国体代表選手に関しては「例外」として出場が認められた マスコミで事件が明るみに出てから、急きょ対策会議を開いて監督の解任とスケート部の無期限出場停止処分を決め、スケート部長も五輪コーチを辞退した
	学校	スケート部全体が無期限活動停止処分	
		監督の解任	
		退学処分	
婦女暴行	同校	対外試合無期限辞退（関東対抗戦出場辞退を含む）	
上記事件への関与（逮捕されたうちの1人がB大ラグビー部員）	―	不明	
両校部員による試合中の暴力行為	日本学生野球協会	両校野球部に対し警告処分 （A大）部長および監督に対し、1998年10月29日から1999年春季リーグ終了までの謹慎処分 （B大学）部長および監督に対し、1998年10月29日から1999年3月31日までの謹慎処分 （A大）選手1人に対し、1998年10月29日から1999年3月31日までの謹慎処分	
県内にある四大学の対抗試合に高校生を出場させた（部員登録詐称）	日本学生野球協会	1999年4月26日から1999年5月15日までの対外試合禁止処分 部長に対し1年間の謹慎処分	地区大学野球連盟理事長に対し警告処分

資料

通番号	処分対象者の類型	不祥事の類型	不祥事発生時期	処分時期	具体的な処分対象者
14	選手	暴力	1999年	1999年5月13日	野球部の部員
15	団体 選手	暴力	1999年9月28日	1999年10月21日	剣道部および同部の部員
16	団体 指導者	ルール違反	1999年	2000年4月20日	野球部、同部の部長および監督
17	指導者	ルール違反	2000年6月10日	2000年6月11日 2000年6月11日	野球部の部長および監督
18	指導者	わいせつ	2001年1月7日	2001年4月27日	野球部の部長
19	団体 指導者	財産犯	2001年8月	2001年8月 2001年9月28日	野球部および部長
20	指導者	刑法犯	2003年3月中旬から4月上旬	2003年5月9日	野球部の総監督および部長
21	指導者	財産犯	2003年	2003年6月1日 2003年7月7日	野球部の部長および監督
22	指導者	ルール違反	2003年6月	2003年7月7日	野球部の総監督
23	指導者	暴力	2003年	2003年9月24日	野球部の部長および監督
24	指導者	財産犯	2003年	2003年9月24日	野球部の部長
25	団体	ルール違反	2003年	2003年11月23日	バレー部

不祥事の内容	処分決定者	処分内容	備考
試合中の暴力行為	日本学生野球協会	各該当部員に対し1999年5月2日から1999年5月26日までの謹慎処分	
部員同士の傷害致死事件	学校	剣道部の解散	
		当該部員の退学処分	
不正入試	日本学生野球協会	6ヶ月間の対外試合禁止処分	
		部長および監督に対し1年間の謹慎処分	
監督がプロ野球コーチとの接触	全日本大学野球連盟	監督に対し当面の謹慎処分	監督が、全日本大学野球選手権開催中、雨のためプロ野球球団の室内練習場を借り、選手たちが練習中、投手統括コーチと指導方法等について話し合った
	日本学生野球協会	部長および監督に対し1年間の謹慎処分	
部員が強姦致傷の疑いで逮捕	日本学生野球協会	部長に対し1年間の謹慎処分	部員は、退部届を提出
部員2名が恐喝容疑で逮捕	学校	秋季リーグ戦の出場辞退および期間中の対外試合自粛の方針	
	日本学生野球協会	部長に対し6ヶ月間の謹慎処分	
総監督等の公職選挙法違反	日本学生野球協会	総監督に対し1年間の謹慎処分	選挙運動をした大学生に対し現金を渡した等して、総監督等が逮捕
		部長に対し6ヶ月間の謹慎処分	
部員の窃盗 リーグ戦中に相手チームの部員の財布を盗み、キャッシュカードで現金を引き出していた	北東北大学連盟	監督に対し厳重注意処分	部長は辞任
	日本学生野球協会	部長に対し1年間の謹慎処分	
現役部員が大リーグ球団の入団テストに参加 当該入団テストのためにグラウンドを提供	日本学生野球協会	総監督に対し1年間の謹慎処分	
部員の暴力	日本学生野球協会	部長に対し1年間の謹慎処分	
		監督に対し6ヶ月間の謹慎処分	
部員の窃盗	日本学生野球協会	部長に対し1年間の謹慎処分	
部員が、全日本大学バレーボール選手権の組み合わせ抽選で不正行為をしていた	全日本大学連盟	全学連および関東学連主管競技会への1年間出場禁止（男子6人制チームに限定）	

資料

通番号	処分対象者の類型	不祥事の類型	不祥事発生時期	処分時期	具体的な処分対象者
26	指導者	交通事故等	2003年	2003年12月3日	野球部の部長
27	団体 指導者	刑法犯	2004年6月	2004年	水泳部水球部門および同部門の監督
28	団体	ルール違反	2003年12月から2004年7月	2004年11月10日	野球部
29	団体 団体 選手	わいせつ	2004年8月6日未明	2004年11月	スキー部および同部の部員の2名
30	団体 指導者 指導者	わいせつ	2004年9月（発生）、同年12月9日逮捕	2004年12月17日	野球部、同部の部長および監督
31	指導者	ルール違反	2002年	2004年11月10日	野球部の部長および監督
32	団体 指導者	わいせつ	2004年2月または10月	2004年11月10日	野球部、同部の部長および監督
33	団体 団体 選手	わいせつ	2004年11月30日 2004年12月7日	2004年12月 2005年2月 2005年4月28日	野球部および同部の部員
34	団体	わいせつ	2004年12月1日	2004年12月2日	サッカー部
35	指導者	財産犯	2005年	2005年3月18日	野球部の部長および監督
36	指導者	暴力	2005年2月〜3月	2005年3月18日	野球部の部長

不祥事事案集

不祥事の内容	処分決定者	処分内容	備考
部員の酒気帯び運転事故	日本学生野球協会	部長に対し1年間の謹慎処分	
水球部門の部員2人が線路に置き石し、往来危険の現行犯で逮捕	学校	水球部門は無期限対外活動停止	部長は辞任
		監督を解任	
部員がプロ野球チームからの金銭授受	日本学生野球協会	警告処分	当該部員は退部届 総監督は辞任
部員の女子部員に対する強制わいせつ	全日本学生スキー連盟	全日本大学選手権への出場権剥奪（男子）	
	日体大	部活動を3ヶ月自粛	
		退学処分	
婦女暴行で逮捕	愛知大学野球連盟	活動自粛（ただし、対外試合、リーグ戦出場については認める）	
		部長に対し1年間の謹慎処分	
		監督に対し厳重注意処分	
	日本学生野球協会	部長に対し1年間の謹慎処分	
プロ入りした部員の契約金から、寄付金・謝礼金の名目で約700万円を口座から引き落とし、そのまま着服した	日本学生野球協会	監督に対し無期限謹慎処分	
		部長に対し1年間の謹慎処分	
2年生部員4名の18歳未満の少女に対するわいせつ行為	日本学生野球協会	警告処分	当時の部長・監督が引責辞任
		監督および部長に対し1年間の謹慎処分	
部員5名が強制わいせつ未遂の現行犯で逮捕	学校	半年間の対外試合禁止処分	5名中4名については不起訴処分
		当分の間部活動の中止	
	日本学生野球協会	退学処分	
少女に対してわいせつな行為をしたとして、部員14人を青少年育成条例違反の罪等で起訴、少年1人を家裁送致	全日本大学連盟	無期限の活動停止処分	部長が辞任
窃盗	全日本大学野球連盟	部長および監督に対し、当面の間謹慎処分	
部員間の暴力行為 3年生1人が1年生2人に対して暴行を加え、1人は打撲を負った。また、3年生1人が1年生多数を暴行。スリッパで叩いたり顔を踏みつけたりした	全日本大学野球連盟	部長に対し当面の間謹慎処分	

資料

通番号	処分対象者の類型	不祥事の類型	不祥事発生時期	処分時期	具体的な処分対象者
37	団体 選手	わいせつ	2006年1月26日	2006年1月	アメリカンフットボール部および同部の部員3名
38	団体 選手	暴力	2005年12月末	2006年1月～2月	スケート部アイスホッケー部門および同部の部長
39	団体 指導者 指導者	暴力	2005年3月	2006年3月15日 2006年12月18日	野球部および同部のコーチ
40	団体	暴力	2006年	2006年7月19日	野球部
41	団体 指導者	財産犯	2006年	2006年7月19日	野球部および同部の部長
42	指導者	わいせつ	2006年夏	2006年8月2日 2006年10月5日	野球部の部長
43	団体	暴力	2006年	2006年10月5日	野球部
44	団体 部員	刑法犯	2006年8月（発覚）	2006年10月	サッカー部および同部の部員の10数名
45	指導者	暴力 財産犯	2006年	2006年12月18日	野球部の部長および監督
46	団体	刑法犯	2006年	2006年12月18日	野球部
47	指導者	ルール違反	2006年10月22日	2006年12月18日	野球部の部長および監督
48	団体 指導者 選手	ルール違反	2004年春～2007年	2007年3月23日	野球部、同部の部長、監督および部員

不祥事事案集

不祥事の内容	処分決定者	処分内容	備考
部員3名が集団準強姦	学校	春季公式戦の出場辞退 チーム練習の当面の自粛	
		退学処分（起訴された3学生）	
部員が他大学との合宿の際に泥酔のうえ暴れた	学校（スケート部）	退部処分	
		公式戦出場を辞退し、活動を自粛	
コーチが4年生だった時期に、1年生3人を平手で叩く等し、2人が鼓膜が破れる等のケガを負わせた。コーチが部員に口止めをして「暴力はなかった」という報告書を提出していた	日本学生野球協会	警告処分	監督、部長、別のコーチは辞表提出
	学校	コーチを解任	
	近畿学生野球連盟	コーチを無期限謹慎処分	
部員の暴力	日本学生野球協会	警告処分	
部員の業務上横領	日本学生野球協会	2ヶ月の対外試合禁止処分	
		部長に対し6ヶ月間の謹慎処分	
大学構内で知人女性とのわいせつ行為をビデオで撮影のうえ、オープンキャンパスのゼミ紹介の場で放映	日本学生野球協会	無期限の謹慎処分	
部員の暴力	日本学生野球協会	警告処分	
サッカー部員19人が、通学証明書の住所に虚偽の住所を書く等して通学定期を不正に購入し、大学と練習場との区間で使用していた問題	学校	公式試合の出場辞退	
		10月14日の時点では、部員への処分が行われていない	
部員の暴力、窃盗等	日本学生野球協会	部長および監督に対し1年間の謹慎処分	
部員の器物破損、名誉棄損	日本学生野球協会	警告処分	
元プロ野球選手の特別コーチが試合中に指導した（指導の事実は確認できなかったが、選手と容易に接触できる場所に常駐したことと、登録外の選手がベースコーチとして試合に関わったことが規則違反）	日本学生野球協会	監督に対し1ヶ月の謹慎処分	
		部長に対し警告処分	
部員がプロ野球球団より入学時から毎月10万円を受け取っていた	学校	再発防止策の策定と適切な指導体制の改善を勧告	
		部長および監督に対し厳重注意処分	
		退部処分＋停学1ヶ月	

331

資料

通番号	処分対象者の類型	不祥事の類型	不祥事発生時期	処分時期	具体的な処分対象者
49	団体 / 選手	わいせつ	2007年5月14日	2007年5月〜8月	ラグビー部および同部の部員
50	選手	刑法犯	2007年11月	2007年12月1日	運動部の部員3名
51	団体	暴力	2007年7月	2008年1月	応援団リーダー部
52	団体 / 選手	刑法犯	2007年11月	2007年12月・2008年1月	ラグビー部および同部の部員
53	団体 / 団体 / 選手	暴力	2008年4月20日	2008年7月4日 / 2008年9月3日	野球部および同部の部員
54	―	その他	2008年10月22日	2008年10月	応援団吹奏楽部
55	団体 / 団体	暴力	2008年3月23日	2008年10月31日 / 2008年11月25日	野球部
56	団体	刑法犯	2008年11月19日（発覚）	2008年11月1日	ボート部員の30名
57	指導者	暴力	2008年	2008年11月25日	野球部の監督
58	選手	わいせつ	2008年12月1日	2008年12月	陸上部の部員

不祥事事案集

不祥事の内容	処分決定者	処分内容	備考
部員がわいせつ目的で無理やり自動車に乗せようとして逮捕	学校	公的活動の自粛 無期限謹慎処分の後、退部処分、2人につき退学処分＋1人につき停学処分	部長は辞任
校内の掲示物を破り取った	学校	実際に破り取った1人を退学処分・一緒にいた2人を無期停学処分	無期停学処分を受けた1人は、自主退学。ほかの2人については、反省の態度を示したとして、退学処分の学生に復学を認め、無期停学の1人は停学を解除した
部員に対する暴行 部内で上級生から裸にされ熱湯をかけられる等の暴行を受けていた その後部員は自殺	学校	解散処分	
大麻取締法違反（大麻栽培）で逮捕 部員12人の大麻吸引が発覚	学校	6ヶ月の対外試合禁止 大麻取締法の罪に問われた部員2人を退学処分 大麻吸引を認めた12人は無期停学および部活動の無期限謹慎処分	監督は辞任
2年生部員3人が1年生部員2人に対して平手打ちや蹴る等して、1年生の1人が鼓膜を損傷するケガを負った。もう1人にケガはなかったが、事件直後に退部	学校	警告処分 2008年8月7日まで練習自粛	監督は辞任
	日本学生野球協会	秋季リーグ戦終了まで合同練習参加禁止処分	
相撲部の合宿所で行われた懇親会で、応援団吹奏楽部に所属する男子部員が酒を飲んで体調不良を訴え、死亡した	―	不明	
未成年者の飲酒 4年生が1年生に対して火傷を負わせる行為	学校	2008年11月30日まで活動禁止 コンパ・宴会等での飲酒禁止（1年間） 活動報告を毎月提出する	
	日本学生野球協会	警告処分	
定期券の不正使用	学校	無期限活動停止処分	
部内暴力	日本学生野球協会	監督に対し警告処分	
強制わいせつ	学校	退部処分	陸上部監督は辞任

333

資料

通番号	処分対象者の類型	不祥事の類型	不祥事発生時期	処分時期	具体的な処分対象者
59	団体	財産犯	2008年11月7日から8日	2009年2月12日	野球部および同部の部長
	指導者				
60	団体	財産犯	2008年10月頃	2009年2月12日	野球部および同部の部長
	指導者				
61	団体	刑法犯	2007年3月～2008年8月	2009年2月12日	硬式野球部
62	団体	暴力 財産犯	2008年10月～12月	2009年2月	野球部および同部の部員の5名
	選手			2009年3月19日	
63	団体	わいせつ	2009年2月25日	2009年3月	陸上部、アメリカンフットボール部、サッカー部、男子ハンドボール部および同部の部員
	選手				
64	選手	刑法犯	2009年3月	2009年3月5日	陸上部および同部部員
	団体			2009年4月	
65	団体	財産犯	2009年2月3日	2009年5月	ホッケー部および同部の部員の2名
	選手				
66	団体	財産犯	2009年6月逮捕	2009年9月	ボクシング部および同部の部員の2名
	選手				
67	選手	その他	2009年6月	2009年	アメフト部の部員
68	団体	その他	2009年6月頃	不明	ラグビー部の部員の2名
69	団体	刑法犯	2009年7月逮捕	不明	ラグビー部の部員の3名
70	団体	財産犯	2009年8月5日逮捕	2009年8月～9月	野球部および同部の部員
	団体				
	指導者			2009年9月25日	

334

不祥事の内容	処分決定者	処分内容	備考
高校の部室から野球用具を窃盗	日本学生野球協会	3ヶ月の対外試合禁止処分 部長に対し6ヶ月の謹慎処分	
県内高校の野球部から野球用具を盗み、インターネットオークションで転売	日本学生野球協会	3ヶ月の対外試合禁止処分 部長に対し6ヶ月の謹慎処分	
監督が接骨院を開設し、野球部員に対し施術していないにも関わらず架空の申請書を市町村や健保組合に提出し、療養費を不正受給した	日本学生野球協会	1月20日から5月25日までの対外試合禁止	春季入れ替え戦の出場については、学校の自主判断に任せたが、学校が出場を主張したことにより出場が決まった
下級生に対し暴行したり部員の所持金を盗んだ	学校	1～2週間の停学処分	
	日本学生野球協会	警告処分	
部員が集団強姦容疑で逮捕	学校	運動部4部（陸上部、アメリカンフットボール部、サッカー部、男子ハンドボール部）を無期限で活動停止処分	全員を不起訴処分
		無期停学処分	
大麻栽培、大麻吸引	学校	退学処分 全部員につき4月末までの公式戦出場禁止、活動自粛、大学周辺の清掃活動等	
	関東学生陸上競技連盟	箱根駅伝につきシード権剥奪、出雲・全日本の各駅伝の推薦取消	
窃盗	日本ホッケー協会	今季の日本リーグ出場資格を剥奪し、7月7日までの対外試合禁止	当時の部長・監督が引責辞任
		無期限謹慎処分	
強盗（合計17件の強盗致傷、恐喝等の容疑で立件）	学校	廃部	検察官送致（逆送）
		退学処分	
アダルトビデオ出演	学校	退部処分 警告処分	
アダルトビデオ出演 大麻取締法違反（譲り受け）容疑で逮捕	学校	無期限活動停止処分 （両方の処分を合わせて）	
振り込め詐欺に絡む恐喝未遂事件で逮捕 別の部員が証拠隠滅容疑で逮捕	学校	約1ヶ月の活動禁止処分 関西学生野球秋季リーグ参加を辞退	
	日本学生野球連盟	警告処分 部長に対し警告処分	

資料

通番号	処分対象者の類型	不祥事の類型	不祥事発生時期	処分時期	具体的な処分対象者
71	団体 指導者 選手	わいせつ	2009年9月下旬逮捕	2009年10月14日	レスリング部および同部の部長、監督、部員
72	指導者	暴力	2009年8月、同年9月	2010年1月6日	野球部の監督
73	選手 団体 団体	財産犯	2009年3月～5月	2010年2月25日 2010年3月5日	野球部および同部の部員
74	指導者 団体 指導者 団体	暴力	2008年9月 2009年8月	2010年2月5日 2010年4月9日	野球部および同部のコーチ
75	団体 指導者	ルール違反	2010年	2010年3月5日	野球部および同部の部長
76	指導者	暴力	2010年	2010年6月4日	野球部の部長
77	選手	暴力	2010年8月	2010年9月10日	野球部の部長
78	指導者	暴力	―	2011年4月	野球部の監督
79	団体	ルール違反	2011年10月中旬	2011年11月	野球部
80	指導者	わいせつ	2011年9月19日	2011年11月	柔道部のコーチ

不祥事事案集

不祥事の内容	処分決定者	処分内容	備考
強姦致傷容疑で逮捕	学校	対外活動の無期限禁止処分 監督・部長を解任 退学処分	
部員に対する体罰	学校	監督に対し譴責処分 監督に対し警告処分	その後、暴行以外に言動で苦痛を与えるパワーハラスメントもしていたことが判明し、大学は、監督と男性コーチに対し厳重注意
交通事故を装って金銭をだまし取る当たり屋行為を計画し、後輩部員に実行を強要さらに3年生部員が2年生部員に対し合計20万円を貸すよう強要	学校		監督、部長、相談役が辞任
	日本学生野球連盟	当該部員は無期停学 1ヶ月活動停止 警告処分	
部員に対する暴行	学校	コーチに対し無期限職務停止処分 監督および部長に対し厳重注意処分 すべての調査が終わるまで、春のリーグ戦出場禁止	
	日本学生野球連盟	コーチに対し1ヶ月の謹慎処分 監督に対し警告処分 警告処分	
元プロ野球チームの監督就任を発表したが、日本学生野球協会への申請を行っていなかったため、憲章違反となり就任が認められず	日本学生野球連盟	警告処分 部長に対し警告処分	その後、監督就任は認可
部内暴力	日本学生野球連盟	部長に対し3ヶ月の謹慎処分	報告遅れがあったことを含めての処分
部内暴力	日本学生野球連盟	1年生部員全員（34名）に対し3ヶ月の登録抹消処分	
暴力	日本学生野球協会	謹慎8ヶ月	
部員の学生野球憲章違反行為	全日本大学野球連盟	注意措置	同部の部員が学生野球憲章で禁じられている現役のプロ選手やコーチからの指導を受けた旨をブログに書き込んだ
部員である未成年との飲酒、同人に対するセクハラ（準強姦）	学校	懲戒解雇	

資料

通番号	処分対象者の類型	不祥事の類型	不祥事発生時期	処分時期	具体的な処分対象者
81	団体	財産犯	―	2012年2月	ラグビー部
82	指導者	ルール違反	2009年	2012年2月	野球部の監督および部長
83	選手	暴力	2011年8月	2012年3月	ヨット部の部員
84	団体	わいせつ	2012年1月	2012年4月	ラグビー部の部員
85	指導者	ルール違反	2011年	2012年5月	野球部の監督
86	団体 / 選手	わいせつ	―	2012年7月	サッカー部および同部の部員
87	団体 / 選手	未成年者の飲酒	2012年5月7日	2012年7月	アメフト部および同部の部員
88	団体 / 選手	未成年者の飲酒	―	2012年7月	アメフト部および同部の部員
89	指導者	暴力	―	2012年7月	野球部の部長
90	指導者	ルール違反	―	2012年9月	野球部の監督・部長
91	団体	暴力	2012年8月	2012年10月	馬術部

不祥事の内容	処分決定者	処分内容	備考
窃盗	関西ラグビーフットボール協会	1年間対外試合禁止	部員は処分保留で釈放
報告懈怠	日本学生野球協会	監督：2年間謹慎処分 部長：6ヶ月間謹慎処分	2009年に酒気帯び運転等で免許取消処分を受けながら、報告を怠っていた
傷害	学校	停学4週間	後輩に対して暴行し、頬やあごの骨を折る重傷を負わせた
下半身露出	学校	無期限活動禁止	アルバイト先の寺院で、男子学生が下半身を露出して接客し、その写真がインターネット上に流出
日本学生野球憲章違反	日本学生野球協会	1年間謹慎処分	監督当時、市販の野球技術書3冊を監修し、全日本大学野球連盟の承認なしに報酬を得ており、学生憲章第26条違反とされた
集団準強姦	学校	無期限活動禁止	2名については、公判期日において起訴事実を認めたことから、大学が処分
		2名：退学処分 1名：譴責処分	1名については、不起訴となったため、譴責処分となった
飲酒（死亡事故） 未成年者を含む9名が病院に搬送され、うち1名が死亡	学校	主将ら8名：無期停学 26人：2週間～1ヶ月の停学 16人：戒告	同部は廃部 無期停学者のうち、主将と副将の停学期間は3ヶ月以上、残る6名は3ヶ月未満で解除するとされた
		廃部	
飲酒強要等 合宿中、上級生らが未成年の部員に飲酒を強要し、また、風呂場のぞきをしていた	学校	公式戦出場禁止（最大3試合）	アメフト部の部長および監督は辞任
	関東学生連盟	戒告	
元部員への暴力	日本学生野球協会	6ヶ月間謹慎処分	
報告遅延	日本学生野球協会	6ヶ月謹慎処分	未成年の1年生部員37人による飲酒・喫煙の報告が遅れた
暴行	学校	公式試合出場停止（1ヶ月）	上級生による暴力行為

資料

【社会人・プロスポーツ編】

通番号	処分対象者の類型	不祥事の類型	不祥事発生時期	処分時期	具体的な処分対象者
1	選手	刑法犯	1987年8月6日	1988年1月	プロ野球選手
2	選手	刑法犯	1988年6月7日	1988年6月	プロ野球選手
3	選手	わいせつ	1991年11月12日	1992年1月	プロ野球選手
4	選手・球団職員	交通事故等、刑法犯	2000年9月	2000年9月	プロ野球選手
5	選手	わいせつ	2001年6月30日	2001年11月	Jリーガー
6	選手	交通事故等	2002年12月	2003年3月	プロ野球選手
7	選手	交通事故等	2003年6月8日	2003年6月	プロ野球選手
8	選手／指導者	交通事故等	2003年6月26日	2003年6月	プロ野球選手、球団本部長および管理部長
9	選手	交通事故等	2003年6月9日、同年7月18日	2004年2月	プロ野球選手
10	団体	その他	1970年代〜	2004年5月	社会人野球チーム
11	選手	未成年者の飲酒・喫煙	2005年	2005年2月	プロ野球選手
12	選手	ルール違反	—	2005年2月	社会人野球選手
13	選手	その他	2005年2月8日	2005年3月	スキー選手
14	団体／選手	わいせつ	2005年3月1日	2005年3月	アメリカンフットボール選手
15	選手／指導者／団体	暴力	2005年5月17日	2005年5月	ラグビー選手、同チーム部長およびチーム
16	選手	暴力	2005年5月9日	2005年5月	ラグビー選手
17	選手	交通事故等	2005年9月5日	2005年9月	実業団サッカー選手

不祥事の内容	処分決定者	処分内容	備考
麻雀賭博	球団	謹慎6ヶ月 減俸2500万円	
大麻不法所持	球団	契約解除	
少女への強制わいせつ	球団	解雇	
免許停止中に違法駐車。球団関係者が身代わり出頭し、反則切符を受け取った。	球団	選手：無期限自宅謹慎処分 球団職員：辞職	選手は約1ヶ月で謹慎解除
児童買春等禁止法違反	―	不明	
スピード違反	球団	口頭注意	
酒気帯び運転	球団	厳重注意 罰金50万円	
スピード違反	球団	選手に罰金10万円 厳重注意	
		球団本部長および管理部長に厳重注意	
スピード違反、出頭要請放置	球団	自宅謹慎 罰金100万円 4月16日までの公式戦出場停止	
自社製造大型車の欠陥を巡る事件	会社	今季公式戦を全て辞退	
パチンコ店での喫煙	球団	謹慎	
	学校	無期限停学	
ドーピング違反（メトキシフェナミン陽性、咳止め薬）	日本野球連盟	出場停止3ヶ月間	
泥酔して警察に保護される	会社	謹慎5日間	
強姦、婦女暴行	会社	春季公式戦の出場辞退 6月末までの対外試合自粛	
		退部	
傷害（クラブ従業員への暴行）	会社	一切の活動中止 減俸	
		辞任（チーム部長）	
		練習、対外試合の当面の自粛	
傷害（女子プロレスラーへの暴行）	日本ラグビー協会	日本代表活動停止1年間	
無免許運転、追突事故	球団	公式戦出場停止14日間	

資料

通番号	処分対象者の類型	不祥事の類型	不祥事発生時期	処分時期	具体的な処分対象者
18	選手	わいせつ	2006年7月16日	2006年7月	社会人野球選手3名
19	選手 / 指導者	交通事故等	2006年10月	2006年10月	ラグビー選手および部長
20	選手	交通事故等	2007年1月7日	2007年1月	プロ野球選手
21	選手 / 団体	ルール違反	2004年1月～9月	2007年3月	社会人野球選手およびチーム
22	選手	交通事故等	2007年4月	2007年5月	力士
23	団体	ルール違反	—	2007年5月	球団および球団社長ら関係者9名
24	指導者				
25	指導者	暴力	2007年6月	2007年6月	親方（相撲）
26	選手	財産犯	—	2007年6月	元プロボクサー
27	選手	交通事故等	2007年7月	2007年7月	フィギュアスケート選手
28	選手 / 団体	ルール違反	2005年～	2007年8月	プロ野球選手および球団
29	選手	ルール違反	2007年7月	2008年7月	力士（相撲）
30	選手 / 指導者	交通事故等	2008年8月28日	2008年8月	実業団サッカー選手および球団代表取締役
31	選手	刑法犯	2008年8月、同年9月	2008年8月・9月	力士3名（相撲）

342

不祥事の内容	処分決定者	処分内容	備考
未成年者に対する暴行	球団	選手の登録抹消。飲酒同席の2選手の謹慎（その後退団）	
業務上過失傷害、道交法違反（酒気帯び運転）	会社	選手の1年間の公式戦出場停止および部活動の無期限停止	ラグビー部の活動は継続
		辞任（部長）	
無免許運転（2002年にスピード違反で運転免許失効）、ひき逃げ	球団	無期限謹慎	
プロ野球球団の裏金問題で、所属選手が球団から現金を受取り	日本野球連盟	投手に1年間の謹慎と対外試合出場禁止	
		チームに5月下旬までの公式戦出場禁止	
人身事故	日本相撲協会	夏場所の出場停止	
アマチュア2選手に不明朗な金銭を渡し、不正なスカウト活動を行った	日本プロ野球組織	高校生ドラフトの上位2選手の指名権を剥奪。制裁金300万円	
	球団	球団社長ら関係者9名の降格、降職、減給、配置転換、譴責	
序ノ口力士が稽古中に倒れて急死、その後、師匠や兄弟子による暴行が発覚	日本相撲協会	解雇	
恐喝未遂	日本ボクシングコミッション	永久追放	
酒気帯び運転	日本スケート連盟	12月までの国際大会派遣停止	
	関西大学	厳重注意	
ドーピング違反（フィナステリド陽性、育毛剤）	日本プロ野球組織	出場停止20日間	
		球団に750万円の制裁金	
夏巡業を休場して帰国中にサッカーをしていたことが判明	日本相撲協会	2場所出場停止	
ひき逃げ	球団	1週間の自宅謹慎。当面の対外活動禁止	
		代表取締役の減俸30%（1ヶ月）	
大麻陽性	日本相撲協会	解雇	その後、力士2名は解雇は無効であるとして地位確認の訴えを提起したが、請求棄却されている

資料

通番号	処分対象者の類型	不祥事の類型	不祥事発生時期	処分時期	具体的な処分対象者
32	選手 指導者	財産犯	—	2009年1月	ラグビー選手、同チーム部長および監督
33	選手 団体	刑法犯	2009年	2009年2月	ラグビー選手および同チーム
34	選手	未成年者の飲酒・喫煙	2009年12月4日	2009年12月	プロ野球選手
35	選手 指導者	刑法犯	—	2010年7月	親方、力士（相撲）
36	指導者	交通事故等	2011年4月18日	2011年4月	親方（相撲）
37	選手	ルール違反	2006年以降	2011年9月	調教師（競馬）
38	選手	その他	2011年9月25日	2011年10月	ラグビー選手
39	選手	暴力	2011年3月	2011年12月	プロ野球独立リーグ選手
40	選手	暴力	2011年3月	2011年12月	プロ野球独立リーグ選手
41	団体	財産犯	—	2012年1月	プロバスケットボールチーム
42	指導者	その他	2012年4月21日	2012年5月	Ｊリーグチーム監督

不祥事事案集

不祥事の内容	処分決定者	処分内容	備考
窃盗	日本ラグビー協会	選手の公式試合の無期限出場停止。チームに対する処分は行わず	
	会社	選手の退部	
		部長の辞任。監督の今季終了までの謹慎	
大麻陽性	日本ラグビー協会	選手の個人記録の失効	
	会社	選手の退部	
		チームの日本選手権への出場辞退	
居酒屋で飲酒喫煙	球団	入団発表への出席禁止	
	学校	停学2週間。授業観察期間10日間	
野球賭博	日本相撲協会	親方、力士の解雇。親方の降格。親方11名の謹慎	
酒気帯び運転	日本相撲協会	親方階級で最下位となる「年寄」に10年間据え置き、開催予定場所千秋楽までの謹慎	
暴力団関係者との交際	日本中央競馬会	調教師免許をはく奪	
試合中に暴言	関東ラグビーフットボール協会	30日間の対外試合出場停止処分	相手チームである東日本大震災の被災地を拠点とするチームの選手に対して、「お前ら、震災で頭おかしくなったんちゃうか」と暴言を吐いた
後輩選手に対し、床に並べたバット3本の上に長時間正座させた	球団	6ヶ月間の謹慎処分	
上記選手の行為を止めなかった	球団	3ヶ月間の謹慎処分	
万引き	bjリーグ	譴責処分	選手は契約解除
審判員への中傷に該当する発言	Jリーグ	譴責処分	Jクラブに所属する選手、監督、コーチおよび役員その他の関係者は、公の場において、協会（審判を含む）、Jリーグまたは自他のJクラブを中傷または誹謗してはならないというJリーグ規約第26条に抵触

345

通番号	処分対象者の類型	不祥事の類型	不祥事発生時期	処分時期	具体的な処分対象者
43	選手	その他	2012年5月16日	2012年6月	Ｊリーガー
44	選手	ルール違反	―	2012年6月	調教師（競馬）
45	団体	その他	―	2012年10月	プロ野球独立リーグチーム
46	団体	刑法犯	2012年8月	2002年11月	社会人野球球団

不祥事の内容	処分決定者	処分内容	備考
審判員への中傷に該当する発言	Ｊリーグ	譴責処分	報道陣に対して、主審を中傷する発言をした
レース後の共同記者会見拒否	日本中央競馬会	厳重注意処分	
事故	BCリーグ	警告処分	球団の男性スタッフが、試合後に胴上げされてケガをした
部員らの賭博行為	日本野球連盟	６ヶ月対外試合禁止	

第一東京弁護士会 総合法律研究所 研究叢書⑤
スポーツ権と不祥事処分をめぐる法実務
スポーツ基本法時代の選手に対する適正処分のあり方

2013年7月4日　発行

編著者	第一東京弁護士会総合法律研究所スポーツ法研究部会 ©
発行者	小泉　定裕
発行所	株式会社　清文社 東京都千代田区内神田1-6-6（MIFビル） 〒101-0047　電話03(6273)7946　FAX 03(3518)0299 大阪市北区天神橋2丁目北2-6（大和南森町ビル） 〒530-0041　電話06(6135)4050　FAX 06(6135)4059 URL http://www.skattsei.co.jp/

印刷：亜細亜印刷㈱

■著作権法により無断複写複製は禁止されています。落丁本・乱丁本はお取り替えします。
■本書の内容に関するお問い合わせは編集部までFAX（03-3518-8864）でお願いします。

ISBN978-4-433-55073-8